《马藏》研究

第 一 辑

2018 年

北京大学《马藏》编纂与研究中心 主编

北京

内 容 简 介

《马藏》是对马克思主义形成和发展过程中相关文献的汇集与编纂。《马藏研究》第一辑收录的文章，是近两年《马藏》编纂中部分研究成果，主要是对《马藏》第一部第一至第七卷收录的部分文本的研究及评介，作者多为《马藏》编纂成员。研究涉及的文本主要有：《广长舌》《社会主义神髓》《社会主义概评》《近世社会主义》《理想社会主义与实行社会主义》《俄罗斯大风潮》《万国历史》《近世政治史》等。本辑的文章展现了马克思主义在中国初始传播阶段的样貌，探讨了这一传播过程的思想影响、理论意向、基本特征和学术价值，对深化马克思主义在中国早期传播的研究有着重要的意义。

图书在版编目（CIP）数据

《马藏》研究（第一辑）/北京大学《马藏》编纂与研究中心主编. —北京：科学出版社，2019.1
ISBN 978-7-03-059949-0

Ⅰ. ①马… Ⅱ. ①北… Ⅲ. ①马克思主义-研究 Ⅳ. ①A81

中国版本图书馆 CIP 数据核字（2018）第 272192 号

责任编辑：刘英红 / 责任校对：赵桂芬
责任印制：赵 博 / 封面设计：黄华斌

科学出版社 出版
北京东黄城根北街 16 号
邮政编码：100717
http://www.sciencep.com

北京市金木堂数码科技有限公司印刷
科学出版社发行 各地新华书店经销

*

2019 年 1 月第 一 版 开本：787×1092 1/16
2024 年 11 月第四次印刷 印张：15 插页：2
字数：294 000
定价：98.00 元
（如有印装质量问题，我社负责调换）

《马藏》编纂工程启动会议

《马藏》文本审读会

《马藏》编纂专家会议

2018年5月2日新闻联播报道习近平总书记考察北大期间视察《马藏》编纂工作

《马藏》总序

（代《发刊词》）

北京大学《马藏》编纂与研究中心

　　《马藏》是对马克思主义形成和发展过程中相关文献进行的汇集与编纂，旨在通过对文献的系统整理及文本的再呈现，把与马克思主义在中国和世界传播与发展的相关文献集大成地编纂荟萃为一体。作为马克思主义理论研究的重大基础性学术文化工程，《马藏》分为中国编与国际编，中国编是对马克思主义中国化历史进程中相关文献和研究成果的汇纂；国际编是对马克思主义在世界其他国家传播和发展过程中产生的历史文献和研究著述的汇纂。

　　在十九世纪后期西学东渐的过程中，中国知识界开始译介各种有关社会主义思想的著作，中国人开始了解和认识马克思及其社会主义学说，这是马克思主义在中国传播的开端。十月革命给中国送来了马克思列宁主义，中国先进知识分子显著地增强了对马克思主义和社会主义文献的移译和理论阐释。中国共产党成立后，马克思主义开始在中国得到更为广泛的传播。在中国革命、建设和改革过程中，马克思主义经典著作的编辑和研究，成为中国共产党思想理论建设的重要组成部分。

　　马克思主义在中国的传播和发展已经有一百多年的历史，但学界至今仍然缺乏将这一历史过程中产生的相关文献汇集和编纂为一体的权威典籍，尤其缺乏对早期文献和相关数据的系统整理与汇纂，以至在中国马克思主义传播史和中国近现代思想文化史中大量的有价值的文本几被埋灭；已经发掘出来的一些原始文本，也由于种种原因，在转引转述中，多有讹夺、失真，造成有关理论研究的结论有失准确，缺乏说服力。编纂《马藏》，无论是对中国马克思主义发展史研究，还是对中国近现代思想文化史研究，都十分必要且刻不容缓。

北京大学是中国最早传播马克思主义的基地和中国共产党的理论发源地，有着深厚的马克思主义研究和传播的历史积淀和文化传统。编纂一套系统呈现马克思主义在中国传播、接受和发展的历史文献典籍，推动新时代马克思主义理论研究和哲学社会科学发展，是北京大学应当肩负的使命和学术担当。基于此，北京大学启动了《马藏》编纂与研究工程，成立了《马藏》编纂与研究中心，由北京大学马克思主义学院负责编纂工作的具体实施。

《马藏》中国编的编纂原则如下：一是突出思想性。按照毛泽东所揭示的马克思主义中国化历史过程的"使马克思主义在中国具体化"和"使中国革命丰富的实际马克思主义化"的基本特点，编纂坚持尊重历史、求真拓新，系统编排、科学诠释。二是体现全面性。《马藏》力求全面搜集文献，这些文献主要包括马克思主义经典作家著作的中文译本、国外学者有关马克思主义和社会主义问题相关著述的中文译本、中国共产党领导人和重要理论家的著述、中国学者有关马克思主义和社会主义问题的研究著述与报纸杂志等媒体的通讯报导等、中国共产党成立以后有关马克思主义中国化的文献资料，以及其他相关的各种文本，如档案、日记、书信等。三是彰显学术性。编纂与研究过程，力求忠实于原始文本，完整呈现文献内容。对原始文本作学术考证和研究，注重对各种文本及其内容、作者、版本、出版者、流传和影响等作出基本的、必要的学术考证和研究，同时还对文本中的重要词汇、用语和关键词的内涵及其演化、流变等作基本的、必要的学术考证和说明。四是力求权威性。对相关文本作出准确说明，注意整理国内已有的研究成果，甄别有争议的问题，并且提供有助于问题解决的相关文本数据。通过文本再呈现，为进一步研究提供学术资源和理论依据。对一些有争议的问题，重于文本引导、考据说明，避免作简单的判断。

根据上述原则，《马藏》中国编分作四部：第一部为著作（包括译著）类文本；第二部为文章类文本；第三部为各类通讯报导，各种档案、笔记、书信等文本；第四部为中国共产党有关文件类文本。各部之下，按照历史发展过程分别设卷。

《马藏》对各文本的编纂，主要分为三大板块，即文本呈现、文本校注和文本述评。一是文本呈现，坚持原始文献以原貌呈现。为有利于学术研究，凡与马克思主义在中国传播和发展相关的有思想价值、学术价值或文本价值的文献，在内容上依照原貌呈现。对于同一文献有不同版本的，如有思想价值、学术价值或文本价值，则逐一收录；对于不同时间出版的同一文献和数据，在内容上没有变化或变动较少的，只收录最初的版本。二是文本校注，以页下注释的方式，对原书中的误译、误写或误排之处，予以更正；对文本中出现的人名、地名、著述、历史事件、组织机构和报刊等名词给予准确而简要的说明。三是文本述评，以"编者说明"的方式附于相应文本之后，呈现编校者对该文本的述评。"编者说明"对文本形成和流传情况作出描述，如介绍文本原貌及来源、作者、译者、历史背景、出版情况、不同译本和版本演变情况、文中涉及的重要概念和史实、文本传播状况、文本的思想倾向等问题。"编者说明"也对文本研究状况作出述评，注重对与该文本及其主要内容相关的国内外学术界研究现状、主要观点和各种评价作出述评；力求对已有的研究成果作出思想性和学术性的总体述评。

《马藏》不是简单的数据汇编或者是对原有文本的复制，而是强调对所收文本进行必要的研究、考证、注释和说明，以凸显《马藏》汇集与编纂为一体的学术特色。需要说明的是，由于收集、整理和研究的是繁芜丛杂的历史文献，不可避免地会出现一些缺憾：一是文献收集过程中，虽然编纂人员尽力收集已见的和可能发掘的所有文献资料，但因文献数量庞大，原始文本散落，著录信息不完整等原因，难免会有部分重要文献遗漏；二是编纂过程中，编纂者虽尽力对文献的版本、作者、译者、出版者、翻译状况，以及文献中的人名、地名、事件等作出有根有据的考证、注释与说明，但因文献情况复杂，在一些文本中仍有少许问题没能解决，注释与"编者说明"中也可能存在偏差。

《马藏》编纂意义重大，可谓是功在当代，利在千秋。《马藏》对于促进马克思主义学术研究和理论发展，增强马克思主义理论自信和文化自信，提升中国化马克思主义的影响力，推进中国哲学社会科学的繁荣发展有着重大而深远的意义；《马藏》对中国近现代思想文化史资料的收集与整理，对于促进中国近现代思想文化史、中外文化交流史的研究，对于展现真实而客观的中国近现代史具有重大意义；《马藏》翔实的文献将向人们展示近代以来中国人民是如何历史地选择马克思主义和社会主义，是如何执着地传播马克思主义和推进马克思主义中国化、时代化、大众化的，具有以史为镜、资政育人的重要意义。

The General Preface to *Ma Zang*
(As Introduction to *Ma Zang* Research)

Marxism Literature Compilation and Research Center

Abstract: *Ma Zang* refers to Marxism literature compilation, having as its central aim the synthesizing of literature related to the spread and development of Marxism based on systematic literature collection, arrangement and reproduction. *Ma Zang* consists of a "China Part" and a "World Part", the former referring to the literature compilation of the spread and development of Marxism in China, while the latter referring to the compilation of relevant literature in other countries.

Key words: *Ma Zang*; China Part; World Part

目　　录

《马藏》总序（代《发刊词》）… 北京大学《马藏》编纂与研究中心　i
《共产党宣言》是马克思主义诞生的标志 …………………… 孙代尧　1
《马藏》编纂对收集与整理中国近现代思想文化史资料的

　　重要意义 …………………………………………………… 王保贤　9
译者的作用：论及马克思及其学说的清末汉译日书 ……… 刘庆霖　27
20世纪初的无政府主义在早期社会主义传播中的地位 ……… 王　倩　47
世界变迁与思想变革的因应 ………………………………… 裴　植　65
论《理想社会主义与实行社会主义》的译文特点 ………… 许文星　80
新史传新知：《近世政治史》与马克思主义在中国的

　　早期传播 ………………………………………… 马思宇　吕惠东　91
《万国历史》与马克思主义在中国早期传播的语境塑造 …… 王　磊　103
津村秀松对社会主义的评介及其在中国的早期传播 ……… 李　健　117
马君武译《俄罗斯大风潮》中文本研究 ………… 仝　华　岳从欣　126
《社会主义神髓》版本和译者考证及其传播效力 ………… 李爱军　145
《广长舌》对社会主义在中国早期传播的思想贡献 ………… 路　宽　158
《近世社会主义》对马克思主义在中国早期传播的

　　贡献 ……………………………………………… 王朝庆　王　刚　171

《社会主义概评》中译本考析……………………………韦　磊　185

关于康民尼斯特丛书第一至第四种文本说明……………仝　华　197

关于《共产党底计划》的翻译、发行及其影响研究………李红霞　206

《马藏》第一部第一卷至第七卷内容述要…………………巩　梅　222

补白：◆《自由血》中的普列汉诺夫（"布勒哈诺"）（26）　◆"马藏"的"藏"字怎么读？（46）　◆毛泽东谈他的青年时代与无政府主义（64）　◆《近世社会主义》所载《共产党宣言》片段（79）　◆同德意志的"新社会主义"相比，英法两国的社会主义是"空想的学理"与"儿戏的企图"（90）　◆《近世政治史》中记载的雨果（"由刚"）葬礼（102）　◆侯外庐谈用《资本论》解《道德经》中的"有之以为利，无之以为用"（116）　◆克鲁泡特金回国后拒绝出任教育部长（144）　◆幸德秋水的汉学功底（157）　◆《近世社会主义》所载《共产党宣言》结束语

《共产党宣言》是马克思主义诞生的标志

孙代尧

摘要：《共产党宣言》是马克思主义经典中的经典，第一次全面阐述了科学社会主义基本原理，深刻阐述了马克思主义建党学说。《共产党宣言》的问世，开启了世界社会主义发展新时代，深刻改变了人类历史进程。中国共产党是《共产党宣言》精神的忠实传人。

关键词：《共产党宣言》；马克思主义；世界社会主义；人类文明发展史

作者简介： 孙代尧，北京大学马克思主义学院副院长、教授，主要从事马克思主义理论、社会主义的历史和理论、中国特色社会主义研究，著有《与时俱进的科学社会主义》等著作。

1848 年发表的《共产党宣言》（以下简称《宣言》）是马克思主义诞生的标志性著作，也是马克思主义文献中传播最广和最具有国际性的著作，具有划时代的意义。习近平总书记在中共中央政治局以《宣言》及其时代意义为主题的集体学习中，以宏阔的历史视野，对《宣言》在人类思想史、马克思主义发展史、世界社会主义运动史、人类社会发展史上的重大贡献作了全面深刻的论述，对于我们深入理解和把握《宣言》的深邃思想和时代价值具有重要指导意义。

一、《宣言》是马克思主义的出生证明，深刻阐述了马克思主义的基本立场、观点和方法

一切划时代体系的真正的内容都是产生这些体系的时代的需要。19

世纪上半叶,资本主义在生产力快速发展的同时弊病丛生。这一时期,除了劳动力不足的美国,欧洲主要资本主义国家工人的工资都不同程度地下降,社会财富分配极为不均,劳动者生活非常困苦,阶级矛盾十分尖锐,经济危机具有极大的破坏性,资本主义显露出了其固有的内在矛盾。如何制服资本主义这个"怪物",人类社会向何处去,成为"时代之问"。当时,包括空想社会主义在内的各种思潮和学说都不能回答这个时代之问。刚刚兴起的现代工人运动,也因为缺乏科学的理论指导而归于失败。

时代呼唤科学理论,马克思主义的问世顺应了时代呼唤。马克思和恩格斯通过艰苦的理论探索,在19世纪40年代中期创立了唯物史观;剩余价值学说虽然尚未形成完备的理论形态,但马克思通过多年对政治经济学的潜心研究和对资本主义的深入考察,在《哲学的贫困》和《雇佣劳动与资本》等著作中已经发现了剩余价值产生的源泉①。这就为《宣言》的创作和科学社会主义的诞生奠定了坚实的理论基础。这一时期,马克思、恩格斯自觉投身工人运动,积极指导和帮助建立无产阶级革命政党的活动。在充分准备的基础上,他们受共产主义者同盟委托共同完成了同盟的纲领即《宣言》。一个无远弗届、对人类社会产生深远影响和卓越贡献的伟大思想从此诞生。

《宣言》是一部秉持人民立场、为人民大众谋利益、为全人类谋解放的经典著作,集中反映了共产党人的"初心"。马克思主义是作为说明无产阶级和全人类利益的学说而产生的,人民立场是马克思主义的根本立场。《宣言》明确指出,过去的一切运动都是少数人的或者为少数人谋利益的运动,无产阶级的运动是绝大多数人的、为绝大多数人谋利益的独立的运动。为人民大众谋利益是马克思主义的根本宗旨。《宣言》充满了对无产阶级生存状态的深切关怀,阐述了马克思主义以人民为中心,为绝大多数劳动人民谋利益的价值目标。为全人类求解放是马克思主义的天下情怀。《宣言》以宽广的国际视野和人类关怀,阐明了马克思主义以实现"无产阶级解放"和"世界解放"相一致、建立"自由人

---

① 恩格斯在为《资本论》第二卷所写的序言中指出,在1847年出版的《哲学的贫困》和1847年所作、1849年发表的关于《雇佣劳动与资本》的讲演中,马克思"不仅已经非常清楚地知道'资本家的剩余价值'是从哪里'产生'的,而且已经非常清楚地知道它是怎样'产生'的。"参见马克思,恩格斯. 马克思恩格斯文集:第6卷[M]. 北京:人民出版社,2009:12.

联合体"的美好社会为己任的国际主义思想,给人类指明了一条通向世界大同的光明大道。

《宣言》把马克思主义哲学、政治经济学和科学社会主义融为一体,是一部全面阐述马克思主义基本原理的经典著作。列宁评价这部著作"以天才的透彻而鲜明的语言描述了新的世界观"①,"篇幅不多,价值却相当于多部巨著"②。《宣言》阐述了唯物史观的基本原理、阶级斗争和"两个不可避免"("两个必然"原理)、无产阶级历史使命理论、无产阶级革命和无产阶级专政理论、无产阶级政党学说、共产主义新社会的基本特征和人的自由全面发展理论、各民族相互联系和依存的世界历史理论等,奠定了马克思主义理论体系的基础。中国特色社会主义坚持了马克思主义基本原理,这些原理在《宣言》中大都作了阐述。《宣言》发表以后马克思主义的发展,都是在这一基本框架下的拓展和深化。

《宣言》是一部阐述马克思主义科学方法论的经典著作。《宣言》贯穿的辩证唯物主义和历史唯物主义的科学方法论,是马克思主义的精髓和活的灵魂,为我们认识世界、改造世界提供了强大思想武器。《宣言》教会我们要以科学的态度对待马克思主义,使之变成强大的实践力量。马克思、恩格斯在《宣言》1872年德文版序言中强调,《宣言》所阐述的一般原理是完全正确的,但这些原理的实际运用,随时随地都要以当时的历史条件为转移③。《宣言》发表以来170年的实践证明,无论时代如何变迁,社会如何发展,科学如何进步,马克思主义基本原理依然是科学真理,历久弥新。马克思主义是共产党人的理想信念之魂、精神之钙,是共产党治国理政的根本,必须毫不动摇地坚持。同时,马克思主义只有与本国国情相结合、与时代同步伐、与人民共命运,关注和回答时代和实践提出的重大课题,才能永葆生机活力。在中国革命、建设、改革的历史进程中,我们党始终坚持《宣言》提供的科学方法论,坚持马克思主义的科学性与实践性的统一,不断推进马克思主义中国化、时代化、大众化,开辟了马克思主义创新发展的新境界。毛泽东提出"马克思主义的中国化"、邓小平提出"建设有中国特色的社会主

---

① 列宁. 列宁选集:第2卷[M]. 北京:人民出版社,2012:416.
② 列宁. 列宁选集:第1卷[M]. 北京:人民出版社,2012:93.
③ 马克思,恩格斯. 马克思恩格斯文集:第2卷[M]. 北京:人民出版社,2009:5.

义"、习近平创立新时代中国特色社会主义思想,都是以科学的态度对待科学,以真理的精神追求真理,在回答时代和实践提出的重大课题中对马克思主义创新发展作出的原创性贡献。中国共产党是《宣言》精神的忠实传人。

二、《宣言》是共产党的出生证明,为无产阶级进行伟大社会革命提供了科学指南

《宣言》的任务,是宣告现代资产阶级所有制必然灭亡。推动这场伟大社会革命,需要有全新理论武装的伟大政党领导。《宣言》把马克思、恩格斯创立的新世界观同无产阶级革命运动结合起来,深刻阐述了马克思主义政党的先进品格,深刻阐述了马克思主义政党的政治立场,深刻阐述了马克思主义政党的崇高理想,深刻阐述了马克思主义政党的革命纲领,深刻阐述了马克思主义政党的国际主义精神,标志着一个有科学理论指导的新型政党登上人类政治舞台。

在马克思主义诞生以前,欧洲的工人运动长期缺乏科学的行动纲领。《宣言》第一次向全世界公开阐明了共产党人"自己的观点、自己的目的、自己的意图"①,是共产党的第一个"完备的理论和实践的党纲"②,是马克思主义政党学说形成的标志。《宣言》阐述了无产阶级建立自己独立政党的历史必然性和必要性。无产阶级要完成自己的历史使命,必须作为一个阶级来行动,组织成为政党,才能取得斗争的胜利。《宣言》阐述了共产党阶级性和人民性的一致性。"共产党人始终代表整个运动的利益","他们没有任何同整个无产阶级的利益不同的利益"。③共产党以工人阶级的历史追求为追求,以工人阶级所代表的绝大多数人的利益为自己奋斗的利益,没有自己特殊的利益诉求。人民性是共产党的天然属性。始终同人民在一起,为人民的利益而奋斗,是马克思主义政党同其他政党的根本区别。《宣言》阐述了共产党的先进性。共产党是无产阶级的先进组织,"是各国工人政党中最坚决、始终起推动作用的部分"④,始终站在无产阶级解放运动的前列。实践中的先进性来源于思想理论上的科学

---

① 马克思,恩格斯. 马克思恩格斯文集:第 2 卷[M]. 北京:人民出版社,2009:30.
② 马克思,恩格斯. 马克思恩格斯文集:第 2 卷[M]. 北京:人民出版社,2009:11.
③ 马克思,恩格斯. 马克思恩格斯文集:第 2 卷[M]. 北京:人民出版社,2009:44.
④ 马克思,恩格斯. 马克思恩格斯文集:第 2 卷[M]. 北京:人民出版社,2009:44.

性。在理论方面，共产党"了解无产阶级运动的条件、进程和一般结果"①，因此只有共产党才能充当无产阶级革命事业的领导核心。《宣言》阐述了共产党的最低纲领和最高纲领的统一、阶级性和国际性的统一。"共产党人为工人阶级的最近的目的和利益而斗争，但是他们在当前的运动中同时代表运动的未来。"②共产党人的最近目的即最低纲领是推翻资产阶级统治和夺取政权，最终目标即最高纲领是消灭阶级对立和阶级差别，建立起一个崭新的社会制度。共产党肩负着解放工人阶级与解放世界的双重使命。"全世界无产者联合起来"的战斗口号，代表了走向未来的全人类的统一，即消灭私有制，消灭阶级，最终实现共产主义。

列宁指出，我们应该像马克思、恩格斯那样称自己为共产党，"我们是马克思主义者，我们是以《共产党宣言》为依据的"③。《宣言》规定了共产党的性质、特点、策略原则和目标宗旨，塑造了共产党的形象，为后来各国无产阶级建立政党树立了标杆。《宣言》发表以后马克思主义建党思想的发展，都是在这一基础上的进一步丰富。《宣言》也是中国共产党建党的范本。1920 年 11 月上海共产主义小组起草的《中国共产党宣言》，关于共产主义者的理想、共产主义者的目的、阶级斗争必然导致无产阶级专政的三个部分的内容，都直接来自《宣言》的思想。

《宣言》是马克思主义政党保持先进性和纯洁性的理论源头，为我们今天坚持和加强党的领导，推进党的建设新的伟大工程提供了科学指南。列宁曾经指出，共产党是无产阶级的"集中的战斗组织"④，不是清谈馆、俱乐部。共产党的先进性、纯洁性和战斗力，就在于它能够始终站在时代前列和人民解放运动的前列，成为全体人民团结一致的核心；在于它能够自我净化、自我革命。中国共产党是按照马列主义建党学说建立起来的无产阶级革命政党，要实现伟大梦想，进行伟大斗争，推进伟大事业，首先必须毫不动摇地坚持党对一切工作的领导。同时，党要领导人民进行伟大社会革命，就要始终保持一往无前的革命精神、革命斗志，勇于进行自我革命，把党建设得更加坚强有力。这是中国共产党领导人民进行伟大社会革命的客观要求，也是马克思主义政党建设

---

① 马克思，恩格斯. 马克思恩格斯文集：第 2 卷[M]. 北京：人民出版社，2009：44.
② 马克思，恩格斯. 马克思恩格斯文集：第 2 卷[M]. 北京：人民出版社，2009：65.
③ 列宁. 列宁全集：第 29 卷[M]. 北京：人民出版社，2017：178.
④ 列宁. 列宁全集：第 6 卷[M]. 北京：人民出版社，2013：128.

和发展的内在需要。

三、《宣言》开启了世界社会主义发展新时代，对人类历史进程产生了深远影响

习近平总书记指出，《共产党宣言》一经问世，就震动了世界，在实践上推动了世界社会主义发展，深刻改变了人类历史进程。

《宣言》推动国际共产主义运动浪潮奔涌向前。列宁指出，《宣言》是"每个觉悟工人必读的书籍"①，《宣言》阐述的科学理论，是启发工人阶级觉悟的最好材料。有了科学理论的引领，就会有思想统一，就会有万众一心。《宣言》发表以后 30 多年，科学社会主义与工人运动结合的初步成果就显示出来——马克思主义在国际工人运动中占据了统治地位。恩格斯在 1888 年后《宣言》的几个译本序言中都讲到这样一个历史事实，即《宣言》的传播史"在很大程度上反映着现代工人运动的历史"。随着《宣言》的广泛传播，科学社会主义为广大工人群众所响应，成为"从西伯利亚到加利福尼亚的千百万工人公认的共同纲领"。②工人阶级政党在欧美各国普遍建立，工人运动突飞猛进地发展。《宣言》发表 70 年后，社会主义在俄国变成制度现实；发表 100 年后，社会主义从一国发展到多国；发表 130 年后，社会主义从一种模式走向多样化发展。在《宣言》发表后的一个多世纪中，科学社会主义展示了推动历史进步的巨大理论和实践力量，证明了没有革命的理论，就没有革命的运动，"理论一经掌握群众，也会变成物质力量"③。

《宣言》与中国共产党人结下了不解之缘。《宣言》直接催生了中国共产党的成立，也滋养了一代又一代中国共产党人。毛泽东、刘少奇、周恩来、邓小平等中国共产党人，都是在读了《宣言》后开始确立马克思主义信仰，走上了为人民求解放的革命道路。

《宣言》深刻改变了人类历史进程。《宣言》充满了引领人类发展进步的思想魅力和行动力量，它所揭示的真理和人类社会的美好未来，激发起一代又一代共产党人和人民群众为了建设新社会、创造美好生活而斗争，从而对此后 170 年世界历史的走向产生了深远影响。世界社会主义运

---

① 列宁. 列宁选集：第 2 卷[M]. 北京：人民出版社，2012：310.
② 马克思，恩格斯. 马克思恩格斯文集：第 2 卷[M]. 北京：人民出版社，2009：13，21.
③ 马克思，恩格斯. 马克思恩格斯文集：第 1 卷[M]. 北京：人民出版社，2009：11.

动尽管遭受过各种挫折,也陷入过低潮,但是社会主义思想始终指引人类的正确航向,社会主义运动始终凝聚人类社会的正义力量。正是社会主义运动的兴起和社会主义制度不断彰显的优越性,使得资本主义遇到了前所未有的压力和挑战,迫使资本主义国家不断调整统治策略,利用社会主义制度的一些举措来修补自身弊端,缓和资本主义制度日趋尖锐的基本矛盾。可以说,自从《宣言》发表后,资本主义的每一步发展,都被深深打上了它的对立面即社会主义的印记。2013年,《共产党宣言》起草手稿页,被联合国教科文组织列入"世界记忆遗产"名录。《宣言》和它的两位作者的名字,已深深地镌刻在人类文明发展史的丰碑上。

当代资本主义正面临系统性的危机。马克思主义对资本主义的系统性批判和提出的解决方案,仍然闪耀着思想的光芒和真理的光辉,仍然是剖析当代资本主义的锐利武器和引领人类走出困境的科学理论。《宣言》犹如一座灯塔,照亮着人类前行的方向。

四、跑好历史"接力赛"

中国特色社会主义进入新时代,使科学社会主义在 21 世纪焕发出强大的生机与活力。中国特色社会主义成为当代世界社会主义运动发展的旗帜,成为振兴世界社会主义的中流砥柱,这表明历史没有终结,也不可能被终结;马克思主义所揭示的人类社会发展的总趋势没有改变,也不会改变。

共产主义绝不虚无缥缈。对共产主义的信仰,不仅在于其美好,而首先在于其科学。人类社会最终走向共产主义的必然趋势,是马克思、恩格斯深入研究人类社会发展规律的科学洞见,奠定了共产党人坚定理想信念、坚守精神家园的理论基础。习近平总书记指出,"时代在变化,社会在发展,但马克思主义基本原理依然是科学真理。尽管我们所处的时代同马克思所处的时代相比发生了巨大而深刻的变化,但从世界社会主义 500 年的大视野看,我们依然处在马克思主义所指明的历史时代。这是我们对马克思主义保持坚定信心、对社会主义保持必胜信念的科学根据"①。"事实一再告诉我们,马克思、恩格斯关于资本主义社会基本矛盾的分析没有过时,关于资本主义必然消亡、社会主义必然胜利的历史唯物主义观

---

① 习近平. 习近平谈治国理政:第 2 卷[M]. 北京:外文出版社,2017:66.

点也没有过时。这是历史发展不可逆转的总趋势，但道路是曲折的。"①从《宣言》揭示的人类社会发展的必然趋势中，我们可以不断汲取智慧和力量，坚定社会主义和共产主义必胜的信念。

实现共产主义是一代又一代人的"接力赛"，是由一个一个阶段性目标逐步达成的历史过程。理想的坚定在于既志存高远又脚踏实地。今天，历史的"接力棒"已传递到当代中国共产党人手中。跑好历史"接力赛"，我们既不能"抢跑"，搞超越历史发展阶段的"冒进"；也不能"后退"，回到僵化封闭的老路；更不能"掉棒"，对共产主义前途丧失信心而走改旗易帜的邪路。在历史"接力棒"的交替传递过程中，更有定力、更有自信、更有智慧地坚持和发展中国特色社会主义，推进新时代党领导人民进行的伟大社会革命，就是为实现共产主义远大理想所进行的实实在在的努力。

Manifesto of the Communist Party is the Symbol of the Birth of Marxism

Sun Daiyao

Abstract：*Manifesto of the Communist Party* is one of the most classic in the Marxist classics. For the first time, it comprehensively explained the basic principles of scientific socialism and profoundly expounded the Marxist theory of party construction. The publication of the *Manifesto of the Communist Party* ushered in a new era of world socialist development and changed the course of human history. The Communist Party of China is a faithful disciple of the essence of the *Manifesto of the Communist Party*.

Key words：*Manifesto of the Communist Party*；Marxism；world socialism；history of human civilization

---

① 中共中央文献研究室. 十八大以来重要文献选编：上册[M]. 北京：中央文献出版社，2014：117.

《马藏》编纂对收集与整理中国近现代思想文化史资料的重要意义
——以校编整理《帝国主义》《社会改良论》《自由血》三书为例

王保贤

摘要： 本文以校编、整理《帝国主义》《社会改良论》和《自由血》为例，说明了《马藏》编纂对中国近现代思想文化史资料的收集与整理，对于促进中国近现代思想文化史、中外文化交流史的研究，对于展现真实而客观的中国近现代史具有的重要意义。

关键词：《马藏》编纂；《帝国主义》；《社会改良论》；《自由血》；中国近现代思想文化史

作者简介： 王保贤，陕西师范大学马克思主义学院副教授，北京大学《马藏》编纂与研究中心特聘研究员。

《马藏·总序》给"《马藏》"下的定义是："《马藏》是对马克思主义形成和发展过程中相关文献的汇集与编纂，旨在通过对文献的系统整理及文本的再呈现，把与马克思主义在中国和世界传播与发展的相关文献集大成地编纂荟萃为一体。"《马藏》编纂的意义是多方面的，就《马藏》中国编来说，《马藏·总序》中提到了这么一点：它"对中国近现代思想文化史资料的收集与整理，对于促进中国近现代思想文化史、中外文化交流史的研究，对于展现真实而客观的中国近现代史具有重大意义"。①

笔者有幸参与《马藏》编纂与研究工作，目前已先后完成了对《帝国

---

① 见《马藏·总序》。

主义》《社会改良论》《自由血》三书的校编和整理。①本文即以编校和整理这三本书为例,谈谈自己关于《马藏》编纂与研究对收集与整理中国近现代思想文化史资料的意义的一些认识和体会。

一、《帝国主义》

这是一本通常被认为让中国人最早知道了"帝国主义"这一术语的小册子,也是商务印书馆"汉译世界学术名著丛书"的滥觞。我们在整理中确认该书最早是在1901年被翻译成中文,同年首先刊载于《清议报》,并在1902年出版了单行本;我们还通过实地调查和对有关文献的分析,提出了关于进一步认定该书作者的一些看法。

中国人是在世界资本主义进入帝国主义阶段以后,在饱受帝国主义的经济、政治和文化侵略的时候,才逐渐知道了马克思和恩格斯,接触到了马克思主义的;而关于中国人最早是在什么时候知道了"帝国主义"这一术语的问题,学界长期以来普遍认为是在1895年。比如,周策纵先生在他的著作中就说:"'帝国主义'一词在中国最早见于1895年日本学者浮田和民②的《帝国主义》一书的译本,稍后,1902年赵必振又翻译了日本学者幸德传次郎的《帝国主义,二十世纪的幽灵》。"③章开沅先生也说:"如果与欧美的有关出版物相比,中国资产阶级、小资产阶级知识分子用'帝国主义'这个概念来说明当时的新的时代特征,从时间来看可以说是相距甚近的,从内容来看也可以说是基本相似的","不过,中国人最初并非从英国经济学家约·阿·霍布森的《帝国主义》一书那里汲取新知,而是通过日本人浮田和民的《帝国主义》和幸德秋水的《二十世纪之怪物帝国主义》,获得了对于帝国主义基本经济、政治特点的初步理解。

---

① 这三本书现在分别收入《马藏》第一部的第一卷、第二卷、第六卷。
② 浮田和民(1859—1946),日本明治末年至昭和初期著名的时政评论家、政治学家、历史学家。1900年起先后任东京专门学校教授、早稻田大学教授及图书馆馆长等职;1909至1917年还兼任当时在日本舆论界颇有影响的综合性杂志《太阳》的主编。主要著作有《西洋古代史》(1889)、《史学通论》(1901)、《伦理的帝国主义》(1909)等,此外还译有弗兰克·古德诺(Frank Goodnow)的《比较行政法》和柯尔(G. Cole)的《产业自治论》。浮田和民的思想,主要是他的史学理论和所谓"伦理的帝国主义"等,对晚清时期的中国思想界产生过较大影响。梁启超在流亡日本期间,接触了浮田和民的大量论著,他的"新史学"及民族主义思想或直接或间接地都受到了浮田和民思想的影响。李大钊留学日本期间(1913—1916),浮田和民是他在早稻田大学的任课教授,李大钊曾听过他的《近代政治史》课程;李大钊回国后在1919年初撰文批评过浮田和民所主张的"亚细亚主义"。
③ 周策纵. 五四运动:现代中国的思想革命[M]. 南京:江苏人民出版社,1999:357.

幸德秋水的书，系赵必振所译，出版于20世纪之初。浮田和民的书则系'出洋学生编辑所'译，刊行时间可能稍早一些。"①在近年国内出版的有关晚清西学的书目集中，我们也都可以看到《帝国主义》一书是在1895年由"出洋学生编辑所"翻译出版的叙述和记载。②

在《马藏》编纂与研究中，我们通过多种渠道，并未找到1895年出版的《帝国主义》一书。通过检索相关文献发现，个别学者曾经对该书出版于1895年的说法表示过怀疑，但他们又没有提出确切的证据。③我们后来发现，所谓1895年的"出洋学生编辑所"，实际上是子虚乌有的。虽然我们通过查找大量材料，最终还是没有确定"出洋学生编辑所"成立的准确时间，但却确认了这样一个事实："出洋学生编辑所"是由晚清时期清政府派出的首批（1896年）留日学生中的戢翼翚等人组建的，时间在1900年底至1902年春之间。④

在《马藏》文献资料搜集中，先后在南京图书馆和北京大学图书馆找到了署名日本浮田和民原著、出洋学生编辑所编译，由商务印书馆于光绪二十八年三月（1902年4月）和同年十月（1902年11月）先后出版的《帝国主义》一书的初版本和再版本；找到了清光绪二十七年十月初一日至十一月十一日（1901年11月11日至12月21日）的《清议报》第97—

---

① 转引自金冲及. 辛亥革命研究论文集：上卷[M]. 北京：生活·读书·新知三联书店，2011：62.

② 比如近年出版的这类书目集就有：张晓. 近代汉译西学书目提要：明末至1919[M]. 北京：北京大学出版社，2012：105.该书载《帝国主义》一书的基本信息如下："《帝国主义》一卷 （日）浮田和民著；出洋学生编译所译（出版者不详）；1895年（清光绪二十一年）初版一册。出洋学生编译所1902年（清光绪二十八年）一册；上海 商务印书馆清光绪末（帝国丛书）。"田雁. 汉译日文图书总书目（1719—2011）：第一卷（1719—1949.9）[M]. 北京：社会科学文献出版社，2015：3. 该书在1895年条下，也收录了《帝国主义》一书。

③ 20世纪80年代以来，学术界也曾有人对《帝国主义》一书在1895年就有了中文版的说法表示过怀疑。但他们只是表示自己并未发现过浮田和民有原题为"帝国主义"的文章或小册子。比如美国学者史扶邻在他的一本书中，虽然也提到浮田和民的《帝国主义》一书"早在1895年就被译成了中文"，但他又给这一说法作了如下注释："这个译著列在张於英的《辛亥革命书征》，……但我没有发现浮田这本书的任何其他出处。它的书名可能取自他发表在《国民新闻》上的一篇文章。我曾见到他在1901年出版的《帝国主义与教育》一书，从这本书得知他的观点。"史扶邻. 孙中山与中国革命[M]. 太原：山西人民出版社，2010：198-199. 郑匡民、邓文初等学者的论著中，也都不同程度地对浮田和民有原题为"帝国主义"的文章或小册子表示过怀疑。参见郑匡民. 梁启超启蒙思想的东学背景[M]. 上海：上海书店出版社，2003：188.邓文初. 民族主义之旗：革命与中国现代政治的兴起[M]. 北京：中国政法大学出版社，2013：94.

④ 详见《马藏》第一部第一卷关于该书的"编者说明"。

100册①，这四册《清议报》的"时论译录"栏目中，连载了一篇题为"帝国主义"的长文（全文约1.8万字）。我们通过比较确认，商务印书馆《帝国主义》一书的内容，与《清议报》连载的同名文章的内容，是完全一致的。区别仅在于，《清议报》连载该篇长文时，仅注明译自日本《国民新闻》；而在商务印书馆的单行本中，则注明作者是"日本浮田和民"，"译述者"和"校阅者"均为"出洋学生编辑所"。

我们通读了《帝国主义》一书后进一步发现，该书中所述的大量历史事件，都是发生在1895年以后的。比如：亚美尼亚（书中的"阿美尼亚"）虐杀事件（1894—1896）、英布战争（1899—1902，书中称"英杜战争"或"南阿战争"，亦即"南非战争"）、比洛（书中的"卑路伯"）出任德意志帝国外交大臣（1897）、德意志帝国亨利亲王（书中的"显利亲王"或"轩利亲王"）来华（1898）、1898年德意志帝国议会"决议以十亿圆之豫算而扩张海军"、义和团事件（1900，书中所谓"北清之乱"）等。书中还有两处叙述可以帮助我们确认该书的成书过程，一处是："又今年中俄密约……"——此处的"中俄密约"，指1896年6月3日李鸿章与俄财政大臣维特、外交大臣罗拨诺夫在莫斯科签订的《御敌互相援助条约》，文中的"今年"一词说明，该书中的这部分文字（至少是这部分文字），是写于1896年的。另一处是："如昨年总举大统领，麦端尼之帝国主义与拉罂之非帝国主义为大竞争，帝国主义得大胜利"——这里的"总举大统领"，指1900年的美国总统选举，当时麦金莱（即书中的"麦端尼"）胜选（连任），从文中的"昨年"又可知，该书中的这部分文字（至少是这部分文字），又是在1901年所写。

由此，我们得出了如下结论：第一，《帝国主义》作为一本完整的小册子（译著），不可能是在1895年出版的；第二，《帝国主义》作为一本完整的小册子，最早是在1901年出版的；第三，《帝国主义》作为一本完整的小册子，其内容是由作者写于不同时期的不同文章中的相关内容拼合而成的。我们最后确认：学界长期以来所说的让中国人最早知道了"帝国主义"这一术语的《帝国主义》一书，最早就是连载于1901年《清议报》第97—100册上的同名长篇文章，这篇文章在次年由商务印书

---

① 这四册（现在所说的"期"）《清议报》出版的日期先后为光绪二十七年十月初一日、十月十一日、十月二十一日、十一月十一日（1901年11月11日、11月21日、12月1日、12月21日）。

馆出版了单行本。

那么，一本被认为是最早让中国人知道了"帝国主义"这一术语的小册子，为什么竟然有那么多的学者连它出版的准确时间都没有搞清楚呢？我们认为，主要原因之一，就是在1991年9月中华书局《清议报》影印版出版之前，国内学者是很难看到百余年前改良派在海外出版的这份机关刊物的，而距今116年由商务印书馆出版的《帝国主义》一书，在后来也是很难寻觅得到的——退一步说，即使少数人有幸看到了这本书，也不见得是研究帝国主义理论的，是不会留意的。这本小册子如今收入《马藏》第一部第一卷，极大地方便了有关领域专业研究者的搜寻，无疑具有重要意义。

校编和整理《帝国主义》一书过程中遇到的，并不只是关于该书的出版时间问题，事实上还有很多其他问题。这里再谈谈关于该书的作者问题。长期以来，国内外学界普遍认为《帝国主义》一书的作者是日本的浮田和民。但如上所述，《帝国主义》一书最初翻译成中文连载于《清议报》第97—100册时，仅注明译自《国民新闻》，并无著者署名。那么，当时日本的《国民新闻》上究竟是如何署名的？我们发现，20世纪末，在狭间直树教授主持下，日本京都大学的人文科学研究所曾历时四年，进行了主题为"西方近代思想的输入与明治时代的日本"的专题研究，研究中多涉及梁启超的生平与思想，不久还出版了一本《梁启超·明治日本·西方》的研究报告。这个研究报告中收有石川祯浩的《梁启超与文明的视点》一文，该文指出，刊登在《清议报》第97—100册上的《帝国主义》，是"独醒居士"所著（他同时还提出了译者有可能是梁启超的猜测）。2017年8月，《马藏》编纂与研究中心研究人员、北京大学马克思主义学院刘庆霖博士在日本访学时，专门去东京大学查检了当年的《国民新闻》，发现《帝国主义》的原文（日文）初次刊载于1901年11月5日的《国民新闻》上，在11月5—7日、9—10日、12—17日、19日、21—23日，共连载了15次（每次都刊于该报第二版），作者署名确实为"独醒居士"。

不过，石川祯浩虽然指出最初连载于日本《国民新闻》上的《帝国主义》的作者署名是"独醒居士"，但他却一方面猜测"独醒居士"很可能是浮田和民的一个笔名：浮田和民"当时的帝国主义论，特别是发表在《东亚同文会报告》第19期（1901年6月）的《帝国主义》和独醒居士的《帝国主义》基调相同，甚或即可视为同出一人之手"；另一方面又认为:"浮田在《帝国主义之理想》中盛赞独醒居士的文章说:'正补余说之不足,尽道余将言而未言……对独醒居士之高论,吾当深谢其劳矣'。(《国民教育论》第150—151页)。可见二者并非同一人物。"①也就是说,关于"独醒居士",石川祯浩认为有两种可能:一种可能是,它就是浮田和民的笔名,其根据是"独醒居士"的《帝国主义》与浮田和民当时关于帝国主义问题的观点"基调相同";而另一种可能是,它是另一个人的名字(或笔名),这个人在帝国主义问题上的观点,与浮田和民基本是一致的,还得到过浮田和民的赞许——正是由于浮田和民赞许过"独醒居士"的观点,石川祯浩才作出了"独醒居士"也可能不是浮田和民的笔名的猜测。

我们认为,石川祯浩这两种猜测(或判断)的根据,都是不充分的。其一,不同的作者,完全可以对同一问题持"基调相同"的观点;其二,在中外文化史上,一个作者发表文章肯定、称赞他以笔名(或化名)发表的另外文章的观点的现象,其实并不鲜见。因此,要确认"独醒居士"究竟是不是浮田和民的笔名,只能有待于"独醒居士"生平著作资料的发掘。但遗憾的是,"独醒居士"究竟何许人也,目前并未发现具体的记载;而关于《帝国主义》一书的作者,目前中日两国学人中,也并无其他人进行过进一步的考证和研究。因此,在将《帝国主义》一书收入《马藏》时,我们只是姑且仍然将其作者当作浮田和民来处理,同时在"编者说明"中强调,关于该书的作者,仍然是一个有待进一步考证的问题。

另外,石川祯浩还曾猜测《帝国主义》一书的译者亦有可能是梁启超。尽管我们对他的这一大胆猜测不敢苟同,但我们又的确发现,虽然梁启超在1902年初写成的《论民族竞争之大势》一文的开头即声明:"篇中取材,多本于美人灵绶氏所著《19世纪末世界之政治》、杰丁士氏所著《平民主义与帝国主义》、日本浮田和民氏所著《日本帝国主义》《帝国主义之理想》等书"。②但《论民族竞争之大势》一文中,与《帝国主义》一书中雷同的文字,实在是太多了③,这一现象究竟该如何解释,倒

---

① 狭间直树. 日本京都大学人文科学研究所共同研究报告:梁启超·明治日本·西方[M]. 北京:社会科学文献出版社,2012:105-106.
② 梁启超. 论民族竞争之大势[J]. 新民丛报,1902(2).
③ 有关文本比较的材料详见《马藏》第一部第一卷关于《帝国主义》一书的"编者说明"。

是一个非常有意思的话题。①

我们在研究中还发现，这本被认为是让中国人最早知道了"帝国主义"这一术语的小册子，在中国近代文化思想史上，还具有另外特殊的地位。在当代中国学界，恐怕几乎没有人不知道商务印书馆的"汉译世界学术名著丛书"，但却很少有人知道，这套著名的丛书，正是滥觞于《帝国主义》一书。曾任商务印书馆副总编辑的胡企林先生在回忆商务印书馆汉译世界学术名著出版历史的一篇文章中说过："商务印书馆成立不久就开始介绍西学，传播新知。1902年，商务约请戢翼翚主持的留日学生团体'出洋学生编辑所'编译的一套'帝国丛书'开始出版，首卷为《帝国主义》，此即商务移译和印行外国哲学社会科学著作的开端。"②

有必要指出，这本《帝国主义》并不是以马克思主义的观点分析帝国主义的著作，其主旨反而是为帝国主义辩护的，书中美化、欣赏帝国主义的言论，比比皆是。但客观的历史事实恰恰是这本美化帝国主义、为帝国主义辩护的小册子，让中国人初步知道了"帝国主义"这一术语，马克思主义也正是在这样的历史语境下，逐渐为中国人所知晓和接受的。

二、《社会改良论》

这是一本长期被学界认为是"社会主义的出版物"，我们通过研究否定了这一结论。将该书收入《马藏》，可以生动反映出百年前社会主义思潮传入中国时国人的思想认识水平，有助于读者较为直观地体会当时中国思想文化界的实际情况，并通过比较进一步加深对马克思主义、社会主义的理解。

光绪二十八年（1902），上海广智书局出版了日本岛村满都夫③

---

① 梁启超最初发表在《新民丛报》上的《新史学》，长期以来被认为是20世纪初中国新史学理论的代表作，梁启超因此也被许多人视为中国新史学理论的奠基人。近年国内有学者通过对梁的《新史学》和浮田和民的《史学通论》在文本方面的仔细比较后指出，浮田和民的《史学通论》"实际上是梁启超撰写《新史学》等专论最主要的参考书。在某种程度上，甚至可以说，前者是后者的蓝本"。"梁氏藉以剖析旧史弊病的武器，亦即他在《新史学》等专论中所阐述的基本史学理论"，"实际上主要是从浮田和民的《史学通论》中有选择地移植过来的"。参见尚小明.论浮田和民《史学通论》与梁启超新史学思想的关系[J].史学月刊.2003（5）.详见《马藏》第一部第一卷关于《帝国主义》一书的"编者说明"。

② 胡企林.学术文化事业的一项基本建设——商务的汉译世界学术名著出版工作[M]//商务印书馆一百年（1897—1997）.北京：商务印书馆，1998：252.

③ 生平不详，待进一步考证。

著、赵必振翻译的《社会改良论》一书。在关于马克思主义、社会主义思想在中国早期传播的研究中，国内学术界长期以来都是将该书当作"社会主义出版物"看待的。尤其是一个叫作司马璐①的前共产党人，他在海外编写了一本《中共党史暨文献选粹》，在国内的有关研究领域中曾经产生了较大的影响。该书第1部《马克思主义在中国的传播》中是这样说的：

> 中国最早的社会主义思想翻译书籍是在1902年出版的。被称为"科学的社会主义"思想之马克思主义也差不多在同一时期被介绍到中国。中国最早的社会主义思想文艺作品是上海商务印书馆出版的《回头看》一书。

对于"中国最早的社会主义思想翻译书籍是在1902年出版的"这一判断，他还加了一条注释给予具体说明：

> 据1948年中共所办的"华北大学"历史研究室所编的《中国近代史》记载：1905年起陆续有人将社会主义片断地介绍到中国来，但据笔者所搜集的资料，1902年（壬寅、清光绪二十八年），中国已出版了多种介绍社会主义思想的书，例如：
> 《社会主义》——原著者日人村井知至，译者罗大为，上海广智书局出版。（另一译本也同时在上海文明书店出版，译者为侯太绾②）
> 《社会党》——原著者日人西川光次郎，译者周子高，上海广智书局出版。
> 《社会改良论》——原著者日人乌村满都夫③，译者赵必振，上

---

① 司马璐，又名马义。1919年生于江苏泰州，1937年6月参加中国共产党，1941年皖南事变后被派往皖南、浙西开展秘密工作，因犯有严重错误而被开除党籍。抗战胜利后与国民党特务分子蔡力行组织"中国人民党"，发行《人民周报》，进行反共宣传。1948年又在上海创办特务外围组织"大江通讯社"，自任社长，不久又拼凑成立"和平民主同盟"继续反共，失败后逃往香港。1952年写了《斗争十八年》一书，并开办了"亚洲出版社"。1953年后又开办《自联通讯》、自联出版社，任社长。在此期间，多次参与反共反华活动。其主要著作除《中共党史暨文献选粹》《斗争十八年》外，还有《瞿秋白传》《中国和平演变论》《中国问题论集》等。
② 原文如此。在《马藏》编纂中，我们在北京大学图书馆和南京图书馆分别发现了广智书局1902年4月和文明书局1903年6月出版的《社会主义》，译者署名分别为罗大维和侯士绾。
③ 应为"岛村满都夫"。广智书局当年书名页上的作者名为名人（不详）题签，在辨认过程中，该书作者常常被误作"乌村满都夫"或"乌村满都夫"。我们在《马藏》编纂过程中确认该作者名为岛村满都夫。详见《马藏》第一部第二卷该书的"编者说明"。

海广智书局出版。

《社会主义概评》——原著者日人岛田三郎，上海作新社出版。

《社会问题》——原著者日人大原详一，高种译，上海闽学会出版。

司马璐后来在香港办了一家"自联出版社"，该社曾经将1902年广智书局版《社会改良论》影印出版。1977年8月，司马璐在影印版的扉页上又写了如下说明：

中共有关资料都说，中国最早的社会主义出版物是1905年。

清光绪壬寅三月（1902年3月）上海广智书局《社会主义》《社会党》《社会改良论》三书为中国最早的社会主义出版物。①

这是原书的影印本。

司马璐一再强调"中共有关资料都说，中国最早的社会主义出版物"是在"1905年"出现的，其目的无非是想说明，他通过检索史料，把这一时间提前到了1902年——事实上，司马璐引用的关于中国最早的社会主义出版物是在"1905年出现的"这一说法，只是从1948年华北大学的《中国近代史》上而来。由于他早就离开了大陆，因此对大陆史学界后来的有关研究成果，并不了解。当然，司马璐关于"中国最早的社会主义思想翻译书籍是在1902年出版的"这一判断，也是不无根据的，他所列举的5本书中，除《社会改良论》一书外，其他4本书确实属于"社会主义的出版物"。

我们在《马藏》编纂与研究过程中通读了《社会改良论》全书。我们的结论是：《社会改良论》根本不是一本"社会主义的出版物"。该书凡12章，第一章和第十二章分别是"绪论"和"结论"。在"绪论"中，作者首先借他不久前游历西方国家时遇到的一日本前辈的看法，对当时的国情表示了忧虑和担心，而且认为主要问题在文化方面，为此他提出了改良社会的主张，认为"改良之要诀，在乎转移社会全般之风气，而以美德为之归"。该书"结论"部分无甚具体内容，只是照应了开头部分，再次表示了作者对社会改良问题的重视和对未来的希望。中间十章可以算作

---

① 原文如此。

"分论",实际上又可以分作三个层面。第一个层面包括第二至第五章及第十一章,分别是"社会之本质"、"社会之中轴"、"社会之边幅"、"社会之偏僻"及"社会之调和";第二个层面是第六、第七两章,分别是"教育之本领"和"宗教之利害";第三个层面是第八至第十章,分别指出了社会中的先进、青年和妇女各群体在社会改良中的意义和他们各自应承担的社会责任。

综观《社会改良论》一书可以看出,作者并未揭示出社会的本质,他虽然对宗教迷信和男尊女卑持批判态度,但整个说来,对当时日本的社会问题仍然缺乏全面的观察与深刻的思考;作者似乎非常重视社会改良,但在他的心目中,所谓的社会改良,无非就是通过普及教育,发挥前辈贤达和青年、妇女等群体各自的优势,树立民族自信,增强民族自重罢了;更为重要的是,尽管作者刚从美国游历归来,似乎对欧洲的社会情况也有一定了解,但他在书中却只字未提欧美的资本主义社会制度及其问题。在当时的欧美社会,马克思主义已经产生了巨大的影响,马克思主义和其他各种社会主义思想影响下的社会主义运动的进展,也是非常活跃的,而且有关动态也已经传入东方,但哪怕对于欧美的空想社会主义思想,作者在书中也没有作任何介绍。另外,在当时欧美的社会主义运动中,第二国际的大多数党也主张对资本主义制度进行"社会改良",但《社会改良论》一书中所说的"社会改良",与此并不存在基本的相同或相通之处。

因此,尽管赵必振在 20 世纪初翻译了不少有关社会主义、马克思主义学说的书籍,他甚至因此也被称为"中国较系统地介绍马克思主义学说的第一人"[①],尽管广智书局当年也的确出版了不少宣传和介绍社会主义的著作,但具体到《社会改良论》,该书并不属于此类著作,作者在该书中根本没有对社会主义思想进行过任何的宣传、介绍或研究。

那么,既然我们已经确认该书并不是一本"社会主义的出版物",为什么还要将它收入《马藏》呢?主要原因是,在 1902 年,赵必振至少是将《社会改良论》一书当作一种"新学读物"介绍给了国人的;《社会改良论》又是在同一年与《社会主义》《社会党》等"社会主义出版物"一起,由上海的出版机构(主要是广智书局)出版的;而直到半个多世纪

---

① 张旭. 湘籍近现代文化名人:翻译家卷[M]. 长沙:湖南师范大学出版社,2011:44-45.

前，仍然有曾经的共产党人将《社会改良论》一书当作"社会主义读物"来看待——这种现象实际上并不奇怪，它恰好说明社会主义思想在20世纪初传入中国时，确有鱼目混珠的现象。也说明，那些对共产主义缺乏坚定信仰的人，事实上并没有真正分清真假马克思主义，甚至真假社会主义的界限。今天，在专门研究马克思主义、社会主义思想在中国早期传播的学者中，或许仍然还有人受这一错误判断的影响，而他们之所以会受这一错误判断的影响，主要原因则很可能是并未看到过该书。那么，我们现在将《社会改良论》一书进行整理和说明，收入《马藏》出版，必将有助于读者通过比较，进一步体会当时的情况，加深对马克思主义的理解，提高辨别真假社会主义的能力。

三、《自由血》

这是一本曾经鼓舞过中国无数反对君主专制制度的仁人志士，但却与原著思想大相径庭的译述作品。该书在介绍俄国民粹派运动的同时，还向国人介绍了当时有关马克思、世界社会主义运动、国际共产主义运动，以及俄国思想文化史、世界（外国）历史等方面的大量情况，史料非常丰富，值得我们进一步挖掘、研究。

明治三十五年四月（1902年4月），日本东京专门学校（早稻田大学前身）出版部出版了该校教授烟山专太郎①的《近世无政府主义》一书。该书本是一部学术著作，比较详细地梳理了近代欧美无政府主义思想和运动产生的渊源及其演变的历史。作者撰写此书的目的，是要防止

---

① 烟山专太郎（1877—1954），日本历史学家。1902年在东京帝国大学哲学科毕业后，在有贺长雄的举荐下担任东京专门学校讲师，在政治经济学部和文学部史学科讲授历史课程。1911年升任教授，1951年在早稻田大学退休。他曾兼任《外交时报》的俄事记者，在该报上发表了许多有关俄国政治问题的文章，在日本被称为"用俄语研究俄罗斯历史的创始人"。20世纪初，除过《近世无政府主义》一书外，烟山专太郎的其他有关论著也曾被我国译印，比如光绪二十九年（1903），湖北学报馆译印了《俄国侵略黑龙江地方史》，湖南学报馆译印了《俄国侵略西藏略述》；《征韩论实相》1907年由早稻田大学出版部出版后，1909年楚南拾遗社就译印出了中文本。20世纪初，早稻田大学曾专门设立了清国留学生部，教师中就包括烟山专太郎。我国民主主义革命的先驱、国民党左派著名领袖廖仲恺1903年1月赴日，1904年3月考入早稻田大学经济预科（后入中央大学政治经济科）学习，他说自己在早稻田大学曾"直接受教"于烟山专太郎。廖仲恺曾一度信奉无政府主义，将烟山专太郎《近世无政府主义》一书的第三章《革命运动之历史》的部分内容翻译成了中文，先后刊登于1907年《民报》第11和第17两期。1908年8月，鲁迅在《河南》杂志上发表《文化偏至论》，据考证，其中有关德国施蒂纳（鲁迅文中作"斯契纳尔"）"极端之个人主义"的材料，也来自烟山专太郎1902年2月在《日本人》杂志第157期上发表的《论无政府主义》一文。

在日本发生"实行的恐怖主义"。①但该书出版后，其中提供的关于无政府主义尤其是俄国无政府主义（书中将俄国的无政府主义称为"虚无主义"）的资料，却吸引了不少中国的知识分子。一时间，编译、译述该书者云集。而由金一②编译、1904 年 4 月由上海东大陆图书译印局刊印、镜今书局发行的《自由血》一书，则被认为是这一著作"最详细"甚至"最完整"的译本③。还有人认为，"时人有关虚无主义的文章多以之为依据"④。

从翻译方式来看，《自由血》一书采用了当时中国翻译界非常流行的一种翻译方式，即"译述"⑤。这主要表现在以下三个方面：第一，尽管它被认为是烟山专太郎《近世无政府主义》当时在中国"最详细"甚至

---

① 该书分前后两编，其中前编为《俄国虚无主义》（共 7 章），后编为《欧美诸国的无政府主义》（共 3 章）。从篇幅上看，介绍俄国"虚无主义"（即无政府主义）的材料较多，占了全书的 2/3；但作者反对无政府主义、防止在日本出现"实行的"无政府主义这一主张和用心，在该书的"序言"中就写得非常清楚："近时每闻无政府党之暴行，实为极其惨烈，便有人为之感到心惊胆战。然而世人多知谓其名，而不知其实，本编乃聊以应对此之缺乏者也。""所谓实行的无政府党者，其凶乱狞猛为天人所共疾视，然而其无智蒙昧又颇值得怜悯，……本编由纯历史研究出发，尝试探明这些妄者、狂热者作为一种呈现于现实社会的事实是怎样一种情形，其渊源和发达过程如何。"转引自（日）李冬木. 留学生周树人"个人"语境中的"斯契纳尔"——兼谈"蚊学士"、烟山专太郎[J]. 东岳论丛，2015（6）.

② 金一（1873—1947），原名金天翮，祖籍安徽歙县，生于苏州一官宦家庭，字松岑、号壮游、天放，使用过"金一""爱自由者"等笔名，是中国近代思想史上一位重要人物。1903 年，他曾经一气写成小册子《女界钟》，署名"爱自由者金一"，于同年 8 月由上海爱国女校印刷发行。不久，又与友人薛凤昌合作，翻译了日本宫崎寅藏（1871—1922）自述参与孙中山革命活动的《三十三年落花梦》。并为留日学生刊物《江苏》撰写了小说《孽海花》的前六回（《孽海花》后由曾朴完成，成为晚清著名的"四大谴责小说"之一）。

③ 马祖毅，等. 中国翻译通史：古代部分[M]. 武汉：湖北教育出版社，2006：439；曹世铉. 清末民初无政府派的文化思想[M]. 北京：社会科学文献出版社，2003：31.

④ 孟庆澍. 无政府主义与五四新文化：围绕《新青年》同人所做的考察[M]. 郑州：河南大学出版社，2006：27.

⑤ 翻译中的所谓"译述"，一般指译者不是那么完全地、严格地按照原文来翻译，而只是表达出原文的主要内容或大意；有时，译者也会对原文的形式进行一番调整，甚至在内容上还会有所增删——这里的所谓"增"，就是会加上译者自己的看法甚至是发挥。从广义上讲，"译述"也可以说属于"意译"，但毕竟又是一种过于自由的意译。在近代中国早期的翻译史上，很多译著实际上都是"译述"的产物，比如最早提出"信、达、雅"即翻译三原则的严复先生，他在 1898 年将英国生物学家赫胥黎所著的《进化论与伦理学》译述成了《天演论》出版；又如先是在 1899 年的上海《万国公报》上部分连载，后来又于同年由广学会出版的《大同学》，标明由"李提摩太译、蔡尔康纂述（或'笔述'）"，实际上也是由两人译述的；而最为著名的译述作品，大概非 1899 年在福州出版的《巴黎茶花女遗事》莫属了——该书实际上是由不懂法文的林纾和当时从法国归国不久的他的朋友王寿昌合作完成的，方法是先由后者据原文口述，再由林纾根据口述组织文字而成。据说，林纾才思敏捷、下笔成章，往往在王寿昌还没有把全段意思说完时，就已落笔于纸——这当然是一种非常自由的"译述"了。

"最完整"的译本,但也还只是一本节译的作品,只是从该书的前编(《俄国虚无主义》)中选译了部分内容。第二,在选译时,金一偏重于选取他自己愿意让读者了解的原著中的内容,亦即主要是当时俄国民粹派中部分激进分子(主要是民意党)所从事的恐怖暗杀活动等内容;他编译该书的目的和意图是非常明确的,就是鼓吹和赞赏俄国"虚无党人"的主张和行动,因此他编译后的成书,其主题思想可以说与《近世无政府主义》的原著,是完全相反的。第三,就是在译介到某些民意党人的言行时,金一往往还会脱离开原著,大发一番感慨,如"伟哉俄国虚无党!""伟哉俄国虚无党之女杰!"说面对民意党的"女杰","余心怪,余魄骇,余体投地","呜呼,吾须眉男子,日日言革命,言独立,对此诸女杰,不愧死其亦愤死"。同时,金一在编译中还插入了不少中国古典诗词中的相关诗句,以烘托气氛和语境,如"锦带佩吴钩,黄金络马头。失意杯酒间,白刃起相仇"①;"妾手纤纤软玉枝,事成不成未可知。妾心铮铮金百炼,刺虎还如刺绣时!"②

有学者经过统计比较后指出,在1902年至1905年出版(发表)的27部(篇)译著中,介绍俄国虚无党的至少有17部(篇),而其中"影响最大的",就是金一翻译的《自由血》,并在征引了金一所写的绪言中热烈赞美俄国虚无党是"自由之神也,革命之急先锋也,专制政体之敌也"后,明确指出金一介绍的"俄国虚无党那些采取暗杀行动、具有献身精神的英雄男女,成了中国革命分子崇敬和效仿的对象"③。事实也的确如此,正是受该书影响,当时中国无数反对君主专制制度的仁人志士,对无政府主义思想及其影响下的俄国民粹派运动,尤其是民粹派运动后期出现的民意党人暗杀沙皇的行动,采取了欣赏、赞成、拥护甚至效法的态度。

从内容上来看,《自由血》一书的主题,虽然是介绍并鼓吹俄国民粹派特别是民意党的活动的,但它在并不是很大的篇幅里(约6万余字),同时给国人介绍了有关马克思、世界社会主义运动、国际共产主义运动,以及俄国思想文化史、世界(外国)历史等方面的大量情况。我们在研究

---

① 南朝诗人鲍照(414—466)有诗《代结客少年场行》,前四句是:"骢马金络头,锦带佩吴钩。失意杯酒间,白刃起相仇。"
② 出自清代袁枚(1716—1797)的《费宫人刺虎歌》。
③ 罗列. 女性形象与女权话语:20世纪初叶中国西方文学女性形象译介研究[M]. 成都:四川辞书出版社,2008:80.

中发现，该书提供的史料是非常丰富的，其丰富的程度远远超出了我们的预料。比如，关于当年俄国民意党人暗杀沙皇的行动，该书中提到的有名有姓的人物，就有近百人，目前国内有关此类内容的文章和著作（包括译著），根本无法与此相比。

该书出版于 1904 年初。我们知道，这时关于马克思、恩格斯的一些主要材料，比如生平简介、马克思主义的基本主张等，关于社会主义思想的一些基本材料，都已陆续传入我国。但与以往这方面的译著相比，该书的特点和价值仍然是非常明显的。第一，全书共有 9 处提到马克思，并统一使用了"马格司"这一译名①，这一译名已经非常接近今译名了；第二，在提到马克思的这 9 处地方，实际上包括了多个相关术语，为读者提供了有关马克思和马克思主义的大量信息，这就是"马克思之主义"、"马克思之力"（实际上就是马克思主义的"影响"）、"马克思党"（第一国际和第二国际）、"马克思派"、"马克思社会运动"（相当于"国际共产主义运动"）、"马克思的《资本论》"等。再以该书所涉及的普列汉诺夫的生平著作为例。光绪二十九年正月二十五日（1903 年 2 月 22 日），上海广智书局发行了日本社会民主党创始人之一西川光次郎著、周子高翻译的《社会党》一书，其中的"俄罗斯之社会党"一章，概述了 1898 年俄国社会民主工党成立后的活动情况，并写道："以上所述，虽未详细，要之俄国社会党之大势，可知矣。今为之领袖者，为桥旗菩来夸脑，皆与二十年前革命有大关系之人也。现居于瑞士而著书，其主义以马克（即马克思，笔者注）为师，其著述在俄者极多。"有学者认为，这是我国近代出版物中首次出现的对普列汉诺夫（"桥旗菩来夸脑"）的简介。②金一编译的《自由血》一书，付印于"中历甲辰二月十五日"（1904 年 3 月 31 日），同年三月十五日（4 月 30 日）开始发行，比周子高翻译的《社会党》晚了一年多，但它却有如下特点：第一，所译普列汉诺夫名为"布勒哈诺"（或"布哈诺"），更接近于今译名；第二，该书共有六处提到普列汉诺夫（其中五处译"布勒哈诺"，一次译

---

① 译名的统一，显然对包括马克思主义在内的所有进步思想传入中国具有重要意义。但 19 世纪末 20 世纪初不少译著中对同一人名的翻译，是极为混乱的，甚至在同一本译著中，对同一人名的翻译，有时也是不一致的。比如日本福井准造著、赵必振译，1903 年 2 月广智书局发行的《近世社会主义》一书（该书已收入《马藏》第一部第二卷），对马克思的译名多达四种（加陆马陆科斯、马陆加斯、马露科斯、马克斯）。

② 高放，高敬增. 普列汉诺夫评传[M]. 北京：中国人民大学出版社，1985：704.

"布哈诺"),先后提到了普列汉诺夫生平中的以下重要活动:一是1876年12月6日,作为第二个"土地与自由社"①的主要成员,普列汉诺夫在圣彼得堡喀山大教堂前举行的示威活动中发表了演说,这是他第一次在群众集会上发表革命演说。由于这次游行示威是民粹派分子和先进工人共同组织的,因此被认为是俄国"民主运动和工人运动中的一个大里程碑",是"俄国第一次社会革命的游行示威"。②二是"土地与自由社"分裂后,普列汉诺夫在西欧流亡时的革命活动,主要有"劳动解放社"的创建及其初期活动;普列汉诺夫当时的两部重要著作,即《我们的意见分歧》(1884)和《无政府主义和社会主义》(1894);1889年7月普列汉诺夫参加在巴黎举行的欧美社会主义工人代表大会(第二国际的成立大会),并在大会上发言。这些材料,都是非常详细和具体的。

又比如,在介绍巴枯宁等人的生平时,该书几次提到了1848年革命(主要是其中的法国革命和德国革命),提到了1830—1831年和1863—1864年的波兰民族起义,提到了意大利民族解放运动中的两位杰出领袖马志尼和加里波第,提到了第一国际、巴黎公社和第二国际的情况。该书在译介俄国民粹主义产生及民粹派活动之前的历史时,还译介了德国古典哲学和俄国革命民主主义文学的大量材料——我们现在所说的德国古典哲学和俄国革命民主主义文学的主要代表人物,比如康德、谢林、费希特、黑格尔、费尔巴哈;比如普希金、"斯拉夫派"、"西欧派";比如赫尔岑③和奥格辽夫;比如别林斯基、车尔尼雪夫斯基和杜勃罗留波夫;比如屠格涅夫、涅克拉索夫等一大批俄国当时著名的作家和诗人,在该书中也都出现了。当然,与今天的通译名相比,1904年出版的《自由血》一书

---

① 俄罗斯近代史上曾经先后出现过两个"土地与自由社"。第一个存在的时间为1861年底至1864年3月,在国外以赫尔岑和奥加辽夫为领袖,在国内以车尔尼雪夫斯基为领袖。第二个成立于1876年10月,最初取名为"北方革命民粹主义小组",1878年为纪念第一个"土地与自由社",就取了同样的名称。1879年夏秋之交,该组织分裂为"民意党"和"土地平分社"。

② 彼·尼·波斯别洛夫.《苏联共产党历史》第1卷[M]. 彭卓吾,等译. 上海:上海人民出版社,1983:95-96.

③ 阿英经考证指出,赫尔岑第一次被介绍到中国,是在《自由血》一书中。不过,我们在《马藏》编纂中发现,早于《自由血》出版一年多,在作新社1903年3月出版的《近世政治史》一书(日本有贺长雄著、富士英译)的俄国史部分中,已提到了赫尔岑的事迹。《自由血》中将赫尔岑的名字译作"赫辰",该书译作"赫震",说他"刊一杂志,其名曰警钟,痛论俄国内地腐败情形……"该书现已收入《马藏》第一部第三卷中。阿英考证文章见阿英. 阿英全集:第2卷[M]. 合肥:安徽教育出版社,2003:850.

中的很多译名，对于我们来说是非常生僻的，尽管我们在注释时确实为此花费了大量的精力，但我们认为自己的收获，尤其是关于 20 世纪初中外文化交流史知识方面的收获，则是更大的。

最后还想提一件事。1939 年 12 月 9 日，毛泽东在延安各界纪念"一二·九运动"四周年的大会上发表了《一二·九运动的伟大意义》的讲话，其中有一句是："拿破仑说，一支笔可以当得过三千支毛瑟枪。"① 该讲话在收入《毛泽东文集》第 2 卷时，中央文献研究室的有关同志通过查找研究拿破仑的书籍并向著名专家请教，都没有查到这句话的出处。他们当时"最大的担心"是"有没有可能是毛泽东记错了，这句话是别人说的，不是拿破仑的话"。② 后来，他们从《孙中山全集》中看到了孙中山 1922 年 10 月 17 日《致〈党民日报〉函》，孙中山在这封信中说："夙仰贵报为吾党之喉舌，作侨界导师，大声疾呼，发声振久矣，尽宣传之巨责，收文字之奇功，一纸风行，万流景仰。……拿氏谓：'报纸功力胜于三千毛瑟'，斯言殆可为贵报道矣，感甚佩甚！"③ 中央文献研究室的同志认为，孙中山"这里明确指出是拿破仑说的，但话中的'报纸功力'与'一支笔'还是有差别的。孙中山的这两段论述，虽然都不能作为毛泽东讲话中引用的拿破仑说的'一支笔可以当得过三千支毛瑟枪'的直接出处，但作为拿破仑讲过这类意思的话的佐证，却是有价值的，说明毛泽东没有记错"④。

我们在《马藏》编纂与研究中发现，《自由血》第四章的末尾，在提到亚历山大三世即位（1881 年 3 月）后严查国内新闻书刊的情况时，也引了拿破仑这句名言，只是译文略有差异。原文是，"拿破仑曰：遇一反对之报馆，其势力胜于四千枝毛瑟枪"。这说明，最晚在孙中山 1922 年讲话的 18 年前，表述拿破仑这句名言意思的话，就出现在中文中了。这可以说是我们在《马藏》编纂与研究中收获的一个"副产品"，但也不能不说是近代中外文化交流史中一则非常宝贵的资料。当然，拿破仑这句名言究竟出自何处，还是需要进一步考证的。

---

① 毛泽东. 毛泽东文集：第 2 卷[M]. 北京：人民出版社，1993：257.
② 冯蕙. 毛泽东文集编辑记事[J]. 党的文献，2002（1）.
③ 中国社科院近代史所，等. 孙中山全集：第 6 卷[M]. 北京：中华书局，2011：530.
④ 冯蕙. 毛泽东文集编辑记事[J]. 党的文献，2002（1）.

四、余　论

　　2018年5月2日上午，习近平总书记在北京大学考察时，在北京大学国际马克思主义文献中心察看了馆藏的马克思主义典籍，并询问了"马藏工程"的进展情况，同时称赞这一工作是"非常有意义"的。《马藏》编纂与研究当然绝不只是对中国近现代思想文化史资料的收集与整理，对于促进中国近现代思想文化史、中外文化交流史的研究，对于展现真实而客观的中国近现代史具有重大意义，它的意义是多方面的。《马藏》编纂与研究的工作也只是刚刚起步，而笔者所谈关于《马藏》编纂与研究对收集与整理中国近现代思想文化史资料的意义，也只是从目前刚刚完成的对《帝国主义》《社会改良论》《自由血》三书的校编和整理中得出的一些粗浅体会。但即使这样，我们还是从中深深认识到，我国是一个文明古国，中华文化源远流长，如同中国古代典籍一样，中国近现代史上的文化典籍也是非常浩瀚的。中华人民共和国成立以来，虽然学术界对马克思主义在中国早期传播史的研究，给予了越来越多的重视，但在这方面，仍然有大量文献资料需要我们不断地去挖掘和整理，而已经挖掘出来的一些原始文献，由于种种原因，在利用的过程中，多有讹夺、失真的现象发生，造成了有关历史和理论研究的结论失于准确，缺乏说服力。因此，编纂《马藏》无论是对马克思主义发展史的研究，还是对中国近现代思想文化史的研究，都是十分必要的，也是刻不容缓的。同时，《马藏》编纂并不是简单的资料汇编或者是对原有文本的简单复制，《马藏》的编纂过程也是一个重新学习、深入研究的过程。因此，只有沉下心来，认认真真地、踏踏实实地、仔仔细细地去进行相关的比较、辨析和考证，才能把这一工作做得更好，使这一工作真正发挥其在促进马克思主义学术研究和理论发展、增强马克思主义理论自信和文化自信、提升中国化马克思主义影响力等方面的重要作用。

The Significance of Compilation and Research of *Ma Zang* on the Collection of Modern Chinese Ideology and Cultural History：Taking the works of Di Guo Zhu Yi，She Hui Gai Liang Lun and Zi You Xue as an example

Wang Baoxian

Abstract：This article uses the compilation and arrangement of *Di Guo*

Zhu Yi, *She Hui Gai Liang Lun* and *Zi You Xue* as an example to illustrate the significance of compilation and research of *Ma Zang* on the collection of modern Chinese ideology and cultural history, and also to promote the study of the history of modern Chinese ideology and culture and the history of cultural exchanges between China and foreign countries. And it is of great significance for showing the true and objective history of modern Chinese history.

Key words: *Ma Zang*; *Di Guo Zhu Yi*; *She Hui Gai Liang Lun*; *Zi You Xue*; China modern ideological and cultural history

《自由血》中的普列汉诺夫（"布勒哈诺"）

◆国民受打击一次，则革命之程度必进行一次。流血不足以为志士悲，先见者当醇酒以贺其成也。夺尔格圣既被捕，乃有布勒哈诺者，大慨叹其徒党之衰飒，与蔡科威之残员，复于一八七六年组织大团体，刺击人民，采武器以反抗政府。世称之曰"拿鲁脱尼本达黎"，译言谋叛之谓也。彼等有机关新闻曰"土地及自由"，亦称土地自由党。

◆布勒哈诺，马格司之学徒也。著"我等之争论"，言俄国社会主义，非自集产之制而得，须以资本论求其出发之点。与亚革塞罗特、韦露，共设俄国社会民主党同盟，搜集图书，建劳动者文库。一八八八年九月，发刊机关纸"社会民主党"于瑞士，复著"无政府及社会主义"，萌柢于科学哲学，以代游说，而谓将来世界，必组织一工民团体。此实马格司之主义也。八九年，在巴黎之哈格俄国亡命客中马格司派开大会，布氏与勒维鲁实执牛耳，巴克宁派反对之。而布氏之言，则谓巴克宁与克陆菩金之主义，本不可以同一视也。

《自由血》，金一编译自日本烟山专太郎著《近世无政府主义》，现收入《马藏》第一部第六卷。

（严何摘编）

译者的作用：论及马克思及其学说的清末汉译日书

刘庆霖

摘要：清末留日学生和旅日学人通过日文西书转译了大量新学论著，其中有不少论及马克思及其学说的作品。国人通过汉译日书对马克思及其学说有了比以往更系统的了解，中国译者在其中起到非常关键的作用。来自西方的新思想、新知识经日本转道入中国以前，日本学者已对马克思及其学说进行了筛选与消化。而中国译者的译书活动，也不仅仅是简单的"知识搬运"的过程。译者对日文西书进行选择与诠释以后，才将马克思及其学说呈现给中国读者。其中译书的翻译水平、译者对原著的理解和偏差，以及在有意或无意中对原著论及的马克思及其学说所进行的增删，都值得通过文本对比的方式加以细究。此外，清末汉译日书的译者，多从属于某个学术派别，或具有明确的政治立场。他们的译书能传达日文原书的大意，也能体现自身的学术或政治主张。这使汉译日书与日文原书呈现出不尽相同的思想旨趣。在马克思及其学说传入中国并得以内化的过程中，中国译者通过译书充分展现了他们的主体作用，也影响了译书的读者对马克思及其学说的理解和接纳。

关键词：马克思；社会主义；翻译；日本；文本对比

作者简介：刘庆霖，北京大学历史学系博士，北京大学马克思主义学院博士后。北京大学马克思主义学院《马藏》编撰与研究中心工作人员。主要研究方向为中国近现代史、中日思想文化交流史、马克思主义传播史。

引　言

马克思及其学说是在近代西学东渐的过程中传入中国的。清末留日学生及旅日学人在报刊、图书等出版物中对西方论著的译介，涉及不少与马克思学说相关的内容。在马克思主义传播史中，国人在清末对马克思及其学说的译介通常被划入"早期传播"或"传播前史"的范畴，汉译日书在其中占有非常重要的地位。北京大学《马藏》编纂与研究中心出版的《马藏》第一部前七卷文献中，收入了近40册与马克思学说相关的文本①，其中有30册是译自日文论著的，由此也可说明汉译日书在早期传播中的重要性。

关于汉译日书中的马克思及其学说，在社会主义及马克思主义早期传播史的研究中已有所论及。姜义华编《社会主义学说在中国的初期传播》，林代昭、潘国华编《马克思主义在中国——从影响的传入到传播》等文献汇编中，编者已对清末涉及马克思及其学说的汉译日书进行了整理和摘录，而狭间直树《中国社会主义の黎明》，杨奎松、董士伟《海市蜃楼与大漠绿洲——中国近代社会主义思潮研究》，谈敏《回溯历史——马克思主义经济学在中国的传播前史》等研究论著，则对部分汉译日书进行了述评。此外，也有针对某位日本学者（如幸德秋水、福井准造等）、中国译者（如赵必振）或某种译作（如《社会主义神髓》《近世社会主义》《社会主义》等）进行的专题研究②。前人研究已总结出了一些早期传播史中汉译日书的基本特点，肯定了清末汉译日书对马克思主义中国化的历史贡献。例如，有研究指出，清末汉译日书为中国带来了一套马克思主义的基本术语和表述体例，且比以往更具系统、更有条理地介绍了社会主义及马克思学说③。也有研究认为，汉译日书对马克思及其学说的认识还不

---

① 《马藏》第一部前七卷所收入的近 40 种文献，除《社会主义神髓》的其中三个译本出版于1904年以后（蜀魂译本出版于 1906 年、创生译本出版于 1907 年、高劳译本于 1912 年 5 月在《东方杂志》上连载），其他文献均出版于 1904 年以前。

② 如：长谷川博. 十九世纪末のわが社会主义：郭沫若先生の一指摘への关说[J]. 社会劳动研究，1956（6）：109-124；田伏隆，唐代望. 马克思学说的早期译介者赵必振[J]. 求索，1983（1）：118-120；蒋逸人，戴梦桃.《社会主义神髓》的中译问题及其它[J]. 浙江学刊，1983（1）：24-28；王刚. 论中国早期知识精英对马克思主义的选择性传播[J]. 中共党史研究，2009（8）：58-67；王元. 幸德秋水的社会主义思想以及对中国的影响[J]. 日本问题研究，2015，29（5）：30-37；鲜明.《近世社会主义》对马克思主义学说译介的贡献[J]. 社会科学论坛，2015（4）：220-225.

③ 谈敏. 回溯历史——马克思主义经济学在中国的传播前史：上册[M]. 上海：上海财经大学出版社，2008：364-385.

够深入，相关知识混乱杂糅，且大部分论著的原作者并不信仰社会主义，更不是马克思学说的信者①，翻译这些论著的中国译者也主要是改良主义者②。以上的研究成果及相关总结，已勾勒出马克思及其学说在清末汉译日书中的基本情况。

汉译日书的翻译底本是日文原书。中国的研究者在探讨马克思主义早期传播史时，经常只以译书为材料，对日文原书的关注度尚有欠缺③。关于清末中国译者的在日活动，以及对日文原书作者生平、思想的介绍与分析，研究者也主要参考中文史料或中文研究著述。这种主要以中文史料为基础的研究，能反映译书出版后，马克思及其学说在中国的传播和影响，其论述内容及研究结论固然有重要的价值与意义。但这样的研究缺乏日文原书中的信息，容易忽视中国译者在译书过程中对翻译底本的理解和接纳。而这一理解和接纳的过程，也是思想传播中非常重要的一环，值得深入分析与探讨。日本学者的研究能对这种情况给予一定的补充。但近30年内，日本学界对日本社会主义、马克思主义思想的关注已不如往前，中日马克思主义思想交流的日文研究论著也并不多见。因此，本文希望结合前人研究的重要成果，以日文原书和汉译日书为基本史料，在文本对比与分析的基础上，对清末汉译日书中所见的马克思及其学说作出进一步考察。

本文所涉及的汉译日书④，涵盖了政治学、历史学、经济学以及政治小说等不同门类和体裁的译作。其中有以"社会主义"为主题的专著（如村井知至《社会主义》，幸德秋水《社会主义神髓》），也有仅简单提及社会主义或马克思学说的通论性著书（如田岛锦治《最新经济学》，酒井雄三郎《十九世纪欧洲政治史论》）。现列出本文提及的汉译日书，并附

---

① 孙建昌. 社会主义学说在中国的早期译介与传播（1900—1908）[D]. 济南：山东大学，2014：133-144.
② 狭间直树. 中国社会主义の黎明[M]. 东京：岩波书店，1976：73.
③ 对于译自日文论著，或受日文论著影响较大的一些经典马克思主义文献，如《共产党宣言》《我的马克思主义观》等作品，已有结合日文原作进行文本分析的研究成果。如陈力卫. 让语言更革命——《共产党宣言》的翻译版本与译词的尖锐化[M]//孙江. 新史学：第二卷：概念·文本·方法. 北京：中华书局，2008：189-210；王宪明. 李大钊《我的马克思主义观》（上篇）思想来源管窥[J]. 政治思想史，2011，2（3）：1-11；安雅琴. 陈溥贤《马克思的唯物史观》与李大钊《我的马克思主义观》文本关系考——基于唯物史观的相关论述[J]. 中共党史研究，2016（2）：115-120. 但这些研究多针对产生于20世纪10年代以后的文本。
④ 参见附录表1。

上其日文原书的版本信息，整理成表（表1）。

表1 本文提及的汉译日书及日文原书对照表

汉译日书					日文原书		
书名	出版年	原作者	译者	出版者	书名	出版年	出版者
十九世纪欧洲政治史论	1902	酒井雄三郎	不详	作新社	十九世纪欧洲政治史论	1900	东京专门学校出版部
社会问题	1902	大原祥一	高种	闽学会	社会问题	1902	秀英舍
近世社会主义	1902—1903	福井准造	赵必振	广智书局	近世社会主义	1899	有斐阁
社会主义	1902—1903	村井知至	不详	《翻译世界》杂志连载	社会主义	1899	劳动新闻社
社会主义	1903	村井知至	罗大维	广智书局			
社会主义	1903	村井知至	侯士绾	文明书局			
二十世纪之怪物帝国主义	1903	幸德秋水	赵必振	广智书局	二十世纪之怪物帝国主义	1901	警醒社
社会改良论	1903	岛村满都夫	赵必振	广智书局	社会改良论	1900	静修馆
社会主义神髓	1903	幸德秋水	不详	达识译社	社会主义神髓	1903	万朝社
社会主义神髓	1906	幸德秋水	蜀魂	乐群编译社			
社会主义神髓	1907	幸德秋水	创生	东京奎文馆			
近世政治史	1903	有贺长雄	富士英	作新社	近时政治史	1900—1901	东京专门学校出版部
社会党	1903	西川光次郎	周子高	广智书局	社会党	1901	内外出版协会
新社会	1903	矢野龙溪	不详	作新社	新社会	1902	大日本图书株式会社
极乐世界	1903	矢野龙溪	披雪洞主	广智书局			
最新经济学	1903	田岛锦治	不详	作新社	增订最近经济论	1901	有斐阁
近世社会主义评论	1903	久松义典	杜士珍	《新世界学报》连载	近世社会主义评论	1900	文学同志会
社会主义概评	1903	岛田三郎	不详	作新社	社会主义概评	1901	警醒社
世界之大问题	1903	岛田三郎	不详	通社			
群义衡论	1903		侯明	不详			

这些译作的原作者和中国译者有着不同的身份和立场，译书中介绍社

会主义和马克思学说的态度亦不尽相同。中国译者作为译书活动的主体，为近代中国带来了这些种类丰富、立场不一的译作，他们对所接触到的日文西书进行的选择与诠释，成为广大中国读者了解马克思学说的思想资源。译书的过程，不仅是知识被"搬运"的过程，也是知识被选择、学习与理解的过程，其中可能还有曲解或误解的部分。译者对原作进行了怎样的节选、删改和增补，原作中论及马克思及其学说的内容具体是怎样被接纳和翻译的，译者是否能完全理解和译出原作的内容，这些将是本文重点关注的问题。

一、译书质量的基本考察

19 世纪末 20 世纪初，在西学东渐的大背景下，日书汉译是近代翻译出版活动的重要组成部分，同时也是介绍马克思及其学说的主要载体。留日学生和旅日学人接触到各种日文西书，并将其译介成中文，由此加快了国人认识与接纳马克思及其学说的步伐。清末论及马克思及其学说的汉译日书，集中于 1902—1903 年出版，且主要出自商务印书馆、作新社和广智书局这三家出版机构。参与译书的留日学生与旅日学人通过译书活动深化了对西学的认识，其中部分译者是近代翻译出版活动的重要人物。在避免用现代译书规范去评价清末译作的前提下，本文尝试对相关译书的翻译质量作出基本考察。

通览清末论及马克思及其学说的汉译日书，可见译者基本上只能传达原书的大意，若细究译文，便能发现各种各样的翻译瑕疵。译文的精准度和译书的完成度参差不齐，部分译书能体现出译者对马克思及其学说较高的理解水平，而部分译者的知识把握程度和翻译能力则有所欠缺。

分析清末汉译日书的翻译特点及其对马克思学说的认识水平，有必要先留意当时译书的文体风格。清末著述的文体风格正处于转型时期。虽然不同的译者有各自的行文特色，但受梁启超"新文体"和报刊白话文的影响[1]，汉译日书基本采用浅近文言或文白并用的方式行文。由于原作来自汉字文化圈内的日本，译者倾向于借中日同文之便，从原作引进成套概念术语，同时也在译文中留下了或多或少的日式表述语句。要完全读懂文白并用、又夹杂了日式表述的译文，并领会其中论及的马克思学说，对于当

---

[1] 夏晓虹. 作为书面语的晚清报刊白话文[J]. 天津社会科学，2011（6）：115-124.

时的读者或现今研究者而言，都并非易事。因此，译者对西学的掌握程度及其处理翻译文字的能力尤为关键。

以岛田三郎著《社会主义概评》为例，此书的三个译本《世界之大问题》《群义论衡》《社会主义概评》皆出版于1903年①。就译书的完成度和译文质量而言，《社会主义概评》是清末汉译日书中的佳作，《群义论衡》次之，仅有少量误译及部分语义模糊的问题。而《世界之大问题》漏译和误译的情况较多。岛田三郎的日文原书介绍了 19 世纪欧美各国社会党（包括俄国虚无党）的发展情况，并对社会主义与其他主义的区别与联系、社会主义对政治和宗教的相互影响、社会主义的发展前景等问题进行了论述。原书的第四节题为"德意志的社会主义"，副标题为"拉萨尔与马克思"。此节简单介绍了拉萨尔和马克思的生平，并指出他们对国际工人运动及 19 世纪经济学界的影响。其中有一段文字，论及二人思想学说的传播背景与形成经过。在《群义衡论》中，这段译文如下：

> 而时又当自由竞争之盛会，资本增殖，<u>而劳动者所期之余利极微</u>，亦多歉然之意。又千八百四十八年，有法国第二革命，思界与政界同变，实二人之说，传播各国之机也。（中略）要之，伦敦虽为大陆群党之避患地，而群党于英，势力极微，非示革命之状者。反之，而德法二国，有群党之由哲学思想而来者。<u>意大利平民，多愤闷不平</u>。西班牙亦有此党，由群党之名而为暴。<u>然至路色莱、马古斯等所提倡之协力同盟，亦可加以群党名也</u>。②

《社会主义概评》的对应译文如下：

---

① 本文所引《群义衡论》收录于《马藏》，底本来源于国家图书馆缩微胶卷，其封面和版权页缺失，据底本中译者序所署年份"癸卯"，推测其出版年应为 1903 年。
② 岛田三郎. 群义衡论[M]. 侯明, 译. 1903: 15. 引文中的新式标点、粗体、下划线均为笔者所加，下同。
　此段译文对应的日文原文（岛田三郎. 社会主义概评[M]. 东京：警醒社书店，1901: 25-26.）如下：
> 而して時勢恰も自由競争の旺盛なる運に會し、資本劇に増殖して、<u>其の餘利労働者の期待せし如く彼等に及ばず</u>、其の困難を痛く感ずるに當り（中略）之を要するに、龍動は常に大陸社會黨の來り寓する避難地たるも、英国は社會黨の勢力極めて微にして、革命の態度を示すとあらず、之に反して獨佛二国には哲学思想より來る社會黨あり、<u>伊太利には不平絶望の暴民多く</u>、西班牙亦此種の者が社會黨の名によりて暴力を振ふとあり、<u>然れ共正當に社會黨の名を附すべきは、ラサァルレ、マルクス等の提唱する協力同盟者なるべし</u>。

而又适逢自由竞争极盛之时，资本家之势力大增，其余利之波及彼等者，未能如其所期，而大有所感。时方千八百四十八年，法国第二次之革命起，思想界亦随政治界之变革而动摇，此正二人传播其说于各国之一绝好时会也。（中略）要之，伦敦为大陆社会党之逋逃薮，而其势力之及于英国者则甚微，并未尝有革命之象。德法二国则与之相反，是由哲学思想而化为社会党者。在意大利，则自甘暴弃者多。在西班牙，则有假社会党之名而施其暴力者。然其可称社会党者，仅拉杀路列、麻娄克司所主唱之协力同盟者耳。①

引文篇幅虽小，但能反映全书之一斑。《群义衡论》采用了简练的浅近文言，而《社会主义概评》文白并用的情况更为明显。整体上误译、漏译较多的《世界之大问题》并未翻译此段文字。

清末日书译者遇到日文"社会主义"一词，通常会在译文中保留原词不变。《群义衡论》的译者②应是受严复影响，在全书中将"社会主义"译为"群义"，"社会党"译为"群党"，这种译法很少出现在其他汉译日书中，译者可能有尽量不受日文表述影响的行文意识。这种意识在全书中都有所表现，也使译文更符合中国人的阅读习惯。相比之下，《社会主义概评》文白并用，对日文语词概念作了较多保留，这在清末汉译日书中较为多见。

在日文原书中，岛田三郎提到 19 世纪中叶正值自由竞争的盛期，资本急剧增殖，但"劳动者却得不到他们所期待的余利"。《群义衡论》和《社会主义概评》都译出了原文的意思，但后者的表述更接近日文原书的句式③。岛田三郎在原文中还简要总结了英国、德国、法国、意大利和西班牙等国社会主义组织的特点，并认为"真正可称为社会党的，仅有拉萨尔和马克思所提倡的合作联盟"，以此强调拉萨尔和马克思的政党组织具有高度的组织性与联合性。《群义衡论》将原句中"仅可"误译为"亦可"，而《社会主义概评》的译文则较为准确。此外，在提到意大利的情况时，岛田三郎的原句意为"在意大利，有较多不平绝望的暴民"。这句

---

① 岛田三郎. 社会主义概评[M]. 上海：作新社，1903：13-14.
② 译者侯明，江苏金匮人，字杰广，生平事迹不可考。
③ 《社会主义概评》引文中的"彼等"代指的是"劳动者"。由于前文的论述以劳动者为主，此处不难判断"彼等"的所指，译文表述尚无疑义。

话在《群义衡论》中译为"意大利平民,多愤闷不平";而《社会主义概评》中则译为"在意大利,则自甘暴弃者多"。在此,比起仲裁两种译文的准确性,似乎更应注意译者对"不平绝望的暴民"持有何种情感及立场。对于中国译者在译书中展现的立场问题,将于第三节进行详述。

《社会主义概评》由作新社出版,译者未署名,应是该社成员或与该社关系密切的留日学生所译。作新社为清末汉译日书的出版重地之一,其译书水平总体较高。在清末的汉译日书中,翻译质量能达到《社会主义概评》这种程度的并不多见。实际上,清末大部分译书的译文质量都与《群义衡论》的水平相近。《群义衡论》虽在总体上传达了原书的大意,但如引文所示,在论及与马克思相关的文段内,译者很有可能并没有完全理解日书原意,这当然也会影响到译书的读者对相关知识的理解。

《群义衡论》在清末的影响并不及《社会主义概评》。因其将"社会主义"译为"群义",在依靠关键词查找文献的现今研究中,《群义衡论》也容易被视为与马克思无关的著述。而另一本以"社会主义"为主题的汉译日书,名为《近世社会主义》①,则在出版后传播较广、影响较大。在现有马克思主义早期传播的研究中,提及或专论《近世社会主义》的著述也较多②。有研究将其评价为"近代中国系统介绍马克思主义的第一部译著"③。此书译者赵必振,是清末日书汉译活动以及马克思主义早期传播史中功不可没的人物。除《近世社会主义》以外,他所译的《二十世纪之怪物帝国主义》④和《社会改良论》⑤也是影响国人认识与接纳马克思及其学说的作品。但从赵必振的这三种译书中可见,他虽然积极参与日文西书的译介活动,但日语水平不高,对于原书所论述的理论和知识,也并未理解透彻。

以《近世社会主义》为例,此书分为四编,作者福井准造在前两编以马克思科学社会主义的诞生为界,将社会主义的发展历史划分为"第一期"和"第二期",分别予以论述。后两编则介绍了欧美诸国社会党的发

---

① 福井准造. 近世社会主义[M]. 赵必振, 译. 上海:广智书局, 1903.
② 长谷川博. 十九世纪末のわが社会主义:郭沫若先生の一指摘への关说[J]. 社会劳动研究, 1956(6):109-124;鲜明.《近世社会主义》对马克思主义学说译介的贡献[J]. 社会科学论坛, 2015(4):220-225.
③ 姜义华. 我国何时介绍第一批马克思主义译著[N]. 文汇报, 1982-7-26(3).
④ 幸德秋水. 二十世纪之怪物帝国主义[M]. 赵必振, 译. 上海:广智书局, 1903.
⑤ 岛村满都夫. 社会改良论[M]. 赵必振, 译. 上海:广智书局, 1903.

展现状。① 福井准造对于马克思的认识，有部分是来自美国学者理查德·伊利（Richard Ely，1854—1943）的《现代法国和德国的社会主义》（*French and German Socialism in Modern Times*，1883）一书。该书对马克思及其学说进行了概括性的介绍。伊利对于马克思资本理论的理解，还有不甚透彻的地方，但《现代法国和德国的社会主义》作为通论社会主义思想的英文读物，在明治末年的日本颇具影响。② 福井准造参考了伊利的观点，在《近世社会主义》第二编《第二期的社会主义》的第一章"卡尔·马克思及其主义"中，用近40页约15 000字，分"其履历"和"其学说"两部分，系统介绍了马克思及其学说。赵必振基本完整翻译了这一章的全文，仅删去了德国诗人、《新莱茵报》创刊者之一的弗莱里格拉特（Ferdinand Freiligrath，1810—1876）所写的《告别辞》（*Abschiedswort der , Neuen Rheinischen Zeitung*）。在介绍马克思"其学说"的部分，福井准造从讲解"价值"的定义开始，以马克思的价值论为基础，介绍了马克思的资本理论。其中论及价值的概念和资本的定义，有两段重要的文字，赵必振的译文如下：

> 价格之分类，即以使用、交换之二种。<u>此两价格之区别，判然而不能淆。彼资本家，但求自己之富，但利用劳动者，而不知其难</u>。质而言之，劳动者，资本家之牺牲。<u>以其劳力之过半，而食其力</u>。③
>
> 马陆科斯对资本而下若此之定义：<u>彼即以资本而于生产社会，以定劳动者与资本主适用之时</u>。与其余之经济学者比，<u>以解释其狭义的</u>。彼于生产社会，<u>以资本家之职务为甚重要</u>。<u>如现时殖产社会之状态，劳动者**不能支办器械与原料及生活与物产**。又如现时之生产社会，其生产的要素，惟天下唯一之劳动者</u>。而资本家分取其利益，皆由于强

---

① 福井准造. 近世社会主义[M]. 东京：有斐阁书房，1899：1-5.
② 如：长谷川博. 十九世纪末のわが社会主义：郭沫若先生の一指摘への关说[J]. 社会劳动研究，1956（6）：115-116.
③ 福井准造. 近世社会主义[M]. 赵必振，译. 上海：广智书局，1903：7a.
此段译文对应的日文原文（福井准造. 近世社会主义[M]. 东京：有斐阁书房，1899：165-166.）如下：
　　斯の如く價格を分類して使用、交換の二種となし、此両價格の區別をして能く判然せしめなば、資本家が自己の富を造らんが為めに、如何に労働者を利用せしかを知るに難からず、換言すれば労働者が資本家の犠牲となりて、其労力の過半をこれに捧ぐる所以の理を覚知し得べし。

夺诈略之非行。故资本的生产组织，实为悖理不法之组织。①

对价值与资本等概念的认识，是理解马克思经济理论的重要前提。"value"这一概念，现译为"价值"，在福井准造的日文原书中被译为"价格"。原书"价格"旁以日文假名标注了"value"的英文发音②，由此可判断这里并不是现译为"价格"（price）的概念。"value"在明治末年的日本还没有统一的译法，日人或译为"价值"，或译为"价格"。赵氏的译文直接沿用了"价格"一词，但没有标出英文发音，清末的汉译日书中也大多如此。

引文的画线部分均为翻译有误或语义模糊的部分。据日文原书，可知福井准造在第一段指出："价值可分为使用和交换两种类，能明确区别这两个种类的价值，就不难理解资本家是如何为了制造自己的财富，而去利用劳动者的"。赵氏将这句话译为"价格之分类，即以使用、交换之二种。此两价格之区别，判然而不能淆。彼资本家，但求自己之富，但利用劳动者，而不知其难"，其理解明显有误。其后福井准造又强调，"换言之，劳动者成了资本家的牺牲品，他们过半的劳力都供奉于此"。赵氏对于这一句的译文即使不算误译，也较为模糊。读者是否能通过赵氏的译文领会到资本家与劳动者的关系，就更值得怀疑了。

在探讨资本的定义的段落中，赵氏的译文也不甚准确。福井准造在原书中指出，"马克思的'资本'这一用语，仅适用于劳动者与资本家的身份不重合的生产社会。比起其他经济学者，（马克思对资本的）解释是更加狭义的。因此，马克思认为，资本家在生产社会中的职务不甚重要。在与当今的殖产社会不同的时期，劳动者自身能支配机械与原料，用以生产

---

① 福井准造. 近世社会主义[M]. 赵必振，译. 上海：广智书局，1903：8b.

此段译文对应的日文原文（福井准造. 近世社会主义[M]. 东京：有斐阁书房，1899：169-170.）如下：

マルクスが資本に対して下せし定義は斯の如し。彼は『資本』なる用語を以て生産社會における勞働者と資本主とが全然別人たるの場合に於てのみ適用べきものとなし、他の經濟學者に比して大に之を狹義的に解釋せり、從て彼は生産社會に於ける、資本家の職務を以て甚だ重要のものとせず、殖産社會の狀態現時の如くならざるの時に當り、勞働者が能く自ら機械と原料とを支辨して物品を生産し得たるが如く現時の生産社會にありても、眞に生産的要素と認むべきものは、天下唯一の勞働のみなりとなし、資本家が其の利益と稱して分取する所のものは、其實強奪詐略の非行に依るものにして、資本的生産組織は畢竟悖理不法の組織なりせり。

② 即"ヴァリュー"。

物品。（和那个时期一样）即使在当今生产社会中，真正可看作为生产要素的，就只有劳动"。赵氏的译文，并没有将"劳动者与资本家身份不重合"的意思表达清楚，并将这段话中的"不甚重要"译为"甚为重要"；"能支配"译为"不能支办"，完全颠倒了原意。想要以赵氏的译文去了解马克思对资本的定义，是较为困难的。

赵必振所译《近世社会主义》误译频出，表明他未能完全读懂福井准造的原书。在介绍马克思"其履历"的部分，因没有太多艰深的内容，译文的错误尚少。但涉及较为复杂的价值和资本理论，赵氏频繁地误解日文书面语中的主谓关系、比较层级或否定句式，导致译文与原意大相径庭。赵氏在译介与传播马克思及其学说上所作出的贡献，是值得肯定的。但受其解读和翻译能力的影响，《近世社会主义》《二十世纪之怪物帝国主义》《社会改良论》等译书的质量不佳，也是不可否认的事实。

上文列举了清末汉译日书中，论及马克思及其学说的重要文段内的具体翻译瑕疵。可见日文原书对马克思学说的阐释，在译书中并没有得到较为准确的诠释。郑匡民曾用"急功近利的心理状态"描述晚清国人大规模翻译日文书籍的状况①，这在论及马克思及其学说的译书中也得到了体现。20 世纪最初几年，为解决国家与社会濒临的危机，国人亟须学习西方的新思想、新知识。马克思的学说作为分析、解决社会问题的重要学说之一，也随其他西方理论知识一同被介绍入中国。中国译者"急功近利"地向国内传播新学，在译书过程中难免不顾品质、急于求成。此外，由于这类译书甚受读者欢迎，各家出版社为获取利益②，也加重了译书不顾质量、只求数量的情况。因此，当时论及马克思及其学说的汉译日书质量欠佳，是非常普遍的现象。

二、译者对马克思及其学说的重视程度

清末论及马克思及其学说的汉译日书中，有的对马克思生平的介绍较为详细，并系统论述了其学说；有的则只是简单音译出其姓名，或是用简短浅显的文字提及他的科学社会主义理论、经济理论，或他与国际工人协

---

① 郑匡民. 西学的中介：清末民初的中日文化交流[M]. 成都：四川人民出版社，2008：165.
② 邹振环. 疏通知译史[M]. 上海：上海人民出版社，2012：45.

会的关系。上文所引《社会主义概评》《群义衡论》《近世社会主义》，皆属论述较为详细的译书。这三本译书原是日本学者对社会主义思想和社会党进行介绍与评论的作品。由于原作者较为关注马克思的经济理论，对他的评价也较高，且中国译者对原作没有进行太多删减，因此读者能在译书中看到大篇幅的相关论述。其他大篇幅论及马克思的汉译日书，还有幸德秋水《社会主义神髓》的三个译本，以及大原祥一著、高种译的《社会问题》。

同为探讨社会主义思想或社会党的著作，还有村井知至的《社会主义》、西川光次郎的《社会党》、久松义典的《近世社会主义评论》以及矢野龙溪的《新社会》。在这些作品的日文原书中，作者也都提及了马克思，但对其论述较为简单。此外，一些政治学或经济学的通论性著作，如酒井雄三郎的《十九世纪欧洲政治史论》、有贺长雄的《近世政治史》和田岛锦治的《增订最近经济论》，日文原书中也都论及马克思。这些著作在中国都有一种或多种译本。日文原书论及马克思及其学说的内容，有的在译书中得到了较为完整的体现，有的则被漏译。

以《社会主义》为例，此书作者村井知至，是日本明治末年著名的基督教社会主义者。《社会主义》一书能反映村井知至对社会主义思想的系统性认识，是一本具有普及、宣传意义的"概说书"。此书在中国有三个译本，分别是连载在《翻译世界》杂志上的连载本（译者未署名）、罗大维译本，以及侯士绾译本。三个译本皆出版于1903年。就译文质量而言，《翻译世界》连载本出现误译、漏译的情况最多，罗大维译本居其次，侯士绾译本则较为完整，但也有部分误译的内容。《社会主义》的日文原书对马克思及其学说的介绍，从整体上看是较为片段和零散的。村井知至本人很可能并没有直接阅读过马克思的原著，而是从其他介绍社会主义思想的文献中间接了解到马克思学说。原书的第三章题为"社会主义的本领"，论述了社会主义"用于生产事业的财富，为社会所共有"的本质。村井知至在这一章论述了现代工业制度中资产阶级与劳动阶级的不平等关系，并用500字左右介绍了剩余价值。他指出，少数的资本家占有大机械等生产资料，压迫多数的劳动者，掌控劳动者的劳动时间、工资，仅给予劳动者有限的生活费，剥削劳动者创造出来的其余利益。并在最后一句话中解释道，"这就是卡尔·马克思提出的剩余价格（surplus value）"①。三个译本都译出了这段对剩余价值的介绍。在《翻译世界》连载本中，最后一句被译为"是马克士所谓剩余价格者也"②；侯士绾译本为"是加路孟古斯所谓剩余价格者也"③。而在罗大维译本中，罗氏虽然译出了村井知至对于剩余价值的简短介绍，但却删去了最后一句，没有提到"剩余价格"及马克思的姓名。对于马克思及剩余价值的漏译，也许并不影响原书对资本家及劳动者关系的论述，但仅通过罗氏译本，则无法理解到作为马克思经济学术语中的"剩余价值"这一概念了。

清末汉译日书中，有不少译者会简化日文原书中论及马克思及其理论的文段，译文经常省去原书中列举的经典著作名、作者名、相关的概念和术语。在作新社译《最新经济学》、披雪洞主译《极乐世界》，以及前文提及的通社译《世界之大问题》中，也都有类似的情况。其中《最新经济学》漏译的部分值得特别留意。

《最新经济学》译自日本经济学者田岛锦治所著《最近经济论》，是一本通论性的经济学教科书。日文原书在介绍经济学基础知识及西方学者的各种观点时，都力图展示不同学派的立场和主张。在绪论的第三章"经济学之历史"，田岛锦治分别用约 250 字和 600 字介绍了"共产主义派"和"社会主义派"。在介绍"社会主义派"的部分，田岛锦治将马克思与圣西门、傅立叶、蒲鲁东、路易·勃朗、洛贝尔图斯、拉萨尔等人一同列为"这一学派的有名学者"④。除此以外，《最新经济学》在介绍生产、分配和交易等经济学知识时，也借用了马克思的理论，探讨贫富悬殊等社会问题及劳动者与资本家之间的关系。在论述过程中，田岛锦治也明确指出，社会主义学说"从根本上没有看破人类本性，因此要看到其实效，甚是困难"⑤，表明了他并不赞同社会主义的立场。可以说，从《最近经济论》的正文部分来看，田岛锦治并不是社会主义者，马克思及其学说也不是田岛锦治重点论述的对象。但日文原书除正文以外，还收有四篇附录，其中便包括田岛锦治专论马克思剩余价值理论⑥的文章，该文题为"卡

---

① 村井知至. 社会主义[M]. 东京：劳动新闻社，1899：30.
② 村井知至. 社会主义[J]. 翻译世界，1902（1）：4.
③ 村井知至. 社会主义[M]. 侯士绾，译. 上海：文明书局，1903：16.
④ 田岛锦治. 增订最近经济论[M]. 东京：有斐阁书房，1901：100-101.
⑤ 田岛锦治. 增订最近经济论[M]. 东京：有斐阁书房，1901：147.
⑥ 田岛锦治写作"剩余价格说（Mehr-werth, oder surplus-value）"，田岛锦治. 增订最近经济论[M]. 东京：有斐阁书房，1901：556.

尔·马克思氏社会主义的要领",全文约 5 000 字,可见他虽然并不赞同社会主义,但却对马克思的经济学说十分关注。

然而,在作新社译《最新经济学》中,译者并未译出附录。且正文"社会主义派"中提及马克思时,田岛锦治对马克思所标注的英文原名及生卒信息,译者也予以省去,仅对马克思的名字以"嘉玛古士"作出了音译。因此,读者并不能从《最新经济学》这一译书中了解到原作者对马克思剩余价值理论的重视,甚至很难仅通过"嘉玛古士"这一译名,确认马克思是哪位具体的西方学者。

通过上文的论述,可知以清末汉译日书中已译出的内容,的确可以了解马克思及其学说的传播情况,但如果能结合译者有意或无意删减、漏译的内容,则可反映出马克思学说早期传播史上的两个事实:其一,清末的汉译日书数量庞大,中国译者见到值得译的日书则译,他们并不是马克思的信者,也不是纯粹的社会主义者。在译者和读者看来,马克思只是众多西方思想人物之一,其学说在当时并没有特殊的权威地位,因此容易被忽视。其二,一部著作被翻译的过程,实际上也是译者深入阅读与学习其中内容的过程。众多中国译者在日文西书中能够阅读、学习到的马克思学说,未能完全反映在他们的译作之中。他们在将译书呈现给中国读者以前,已对日文西书中的思想知识进行了消化与吸收。译者对马克思及其学说的理解与认识,可能比他们在译书中展现得更为广泛。

三、译者的思考与主张

借助日本已引进的西学成果,用最快捷的方法向中国读者传播新思想、新知识,是中国译者翻译日书的首要目的。在译书过程中,译者并没有完整、精确地译出日文全书的意思,因此会出现上述漏译现象。与此同时,译者可能会在译文中添加自己对相关人物、事件或理论的注释和感言;也有一些译者会对原文的内容作出有意识的修改。译者的添加和改动,有的能帮助读者进一步理解马克思及其学说,有的则改变了原作的立场,让译书成了宣传译者自身思想主张的作品。

译者为原作中提到的名词、概念作补充解释的内容,可见于矢野龙溪著、作新社译《新社会》。《新社会》日文原书在序言中提及了莫尔和拉萨尔,译者为两位人物添加了夹注。译者对于莫尔的夹注仅有数十字,简单地点明了莫尔所著《乌托邦》的意旨,指出莫尔"喜福音书共产之义""悯贫氓无告,思改革社会宿弊"①。而对拉萨尔的夹注更为具体,译者用近 200 字介绍了拉萨尔于 1862 年发表的《工人纲领》演说中论及的内容②,即把中世纪以后的历史发展划分为三个时期的理论:

> (拉萨尔)普鲁士人,论进化阶级有三。曰:千七百八十九年法革命前,国家权力委于有土地者之掌握;二,自是年至千八百四十八年,法创共和政治,普鲁士明自由运动之义。国家之权利归中流人之掌握,立法行政皆视彼之利害为向背;三,自此年以后,为劳力者之时代。劳力者得适宜权力,其思想利害,始影响于政治。中流人之时代,已往事迹,既消灭矣。中流人所造之法律制度,尚存而不灭,革命者必扫除之无遗迹,新制度不能建立也。其自狂如此。③

由于无法确定译者的具体身份,目前难以进一步探讨译者了解这些知识的来源与途径,但从这些夹注可知,译者对欧洲社会主义思想人物已有一些具体的认识。

译者对原作的内容加以点评、抒发感言的内容,可见于岛田三郎著、通社译《世界之大问题》。此书与《群义衡论》《社会主义概评》皆译自同一日文原书。但与后两个译本不同,《世界之大问题》的译者除漏译了原书中部分内容以外,还添加了一些自己的感言。如在第四部分"德国社会主义上那沙路与马路可司(拉萨尔与马克思)"中,译者就对欧洲社会党势力逐渐强大的现象作出了感慨:

> 那沙路立因而倡万国共通主义于德国。兼之马露可司,尤能发挥科学精深之理论,以达其主义。自经此二人提倡后,社会党之势力,渐臻强大。然天下之事创始者难,苟非有坚忍独行之性质,未克底于有成。当彼诸人运动提倡以来,不知几经挫折,几经危险,而后有次实行主义之一日也。④

---

① 矢野龙溪. 新社会[M]. 上海:作新社,1903:1.
② 矢野龙溪. 新社会[M]. 上海:作新社,1903:1.
③ 矢野龙溪. 新社会[M]. 上海:作新社,1903:1.
④ 岛田三郎. 世界之大问题[M]. 上海:通社,1903:16. 原文有着重号。

引文中标有着重号的内容为译者的话。在《世界之大问题》中,译者的话下都有着重标识,但译者并未说明这是自己添加的内容。该书全篇还有多处译者感言,这些感言巧妙地与原文的叙述融合在一起。在介绍德国社会主义及社会党发展状况的这一文段中,译者用自己的话强调了马克思与拉萨尔能够获得当时的影响力,是来之不易的。而在其他的章节、段落中,译者也用自己的话,对原文进行各种提示、评论、概括和总结。可见译者除了翻译原书外,还针对原书中的内容,为读者提供了引导和解读。

上文列举了汉译日书中译者所增补的内容,反映了译者的知识储备,也能看出他们在译书时为疏通原文所作出的努力,以及他们自身的思考和感受。这在其他论及马克思及其理论的汉译日书中也有体现(如久松义典著、杜士珍译《近世社会主义评论》)。译者的注释、感言或评论,与原作所传递的思想知识并没有太大冲突,读者可以通过译者的话,加深对原作的认识。但与这些情况不同,有些译作展现了译者与原作者完全不同的思想主张。本文第一节列举《社会主义概评》和《群义衡论》的引文中,两位译者对于"意大利不平绝望的暴民"的不同译法,已有所体现。而另一部译作,即矢野龙溪著、披雪洞主译《极乐世界》中则表现得更为明显。

《极乐世界》译自矢野龙溪的《新社会》,日文原书是一部宣传社会主义的小说,讲述的是两位日本青年前往一个理想的"新社会"游玩的经历。新社会的一位老人向青年们讲解了当地的产业、法律、政治体制等基本情况。该书虽是小说,但并没有太多小说的趣味性,而更像是作者发表自身政论的著书,体现了作者带有改良派色彩的社会主义思想。该书第四回"新社会之出现"中有一段老者介绍"快速了解社会主义"的话,提到了威廉·道森(William Dawson)的《德国社会主义与斐迪南·拉萨尔》(*German Socialism and Ferdinand Lassalle*,1888)、悉尼·韦伯(Sidney Webb)的《英国社会主义》(*Socialism in England*,1889)以及理查德·伊利的《社会主义与社会改良》(*Socialism and Social Reform*,1894)。此外,老者还将马克思和洛贝尔图斯列为社会主义者的代表,建议青年广泛阅读他们的论著[①]。

除了《极乐世界》这一译本以外,上文提及的作新社译《新社会》也

---

① 矢野龙溪. 新社会[M]. 东京:大日本图书株式会社,1902:62-63.

译自同一日书。作新社的译文基本与原书的行文风格保持一致，但披雪洞主译《极乐世界》，则无论从书名、叙述体式、正文内容和思想旨趣上都与原著有所不同。披雪洞主的真实身份不可考，他将书名"新社会"改为"极乐世界"，并以章回体的叙述体式编排全文。这种改动，增加了译文的趣味性和易读性，译者应是有意对原书进行了通俗化的处理，以吸引更多读者。日文原书分十二回，《极乐世界》按照清末小说流行的章回体式，为每一回添加了译者原创的回目，如第四回原为"新社会之出现"，《极乐世界》改为"寡闻多怪致被讥评，探本穷源论新社会"。在前五回和第十二回中，《极乐世界》的回末还添加了原创的回末诗，如最后一回的回末诗，为"四千余载古山川，久叹沉沦剧可怜，唤起痴迷吾辈事，却从梦里悟真诠"，这是译者结合清末中国的国情发表的感想。他提醒读者应结合小说中的社会主义思想理论，唤醒中国社会中存在的"痴迷"。

此外，译者还删去了原作中尊皇保皇的文段，并融入了革命救国、英雄主义的思想旨趣。日文原书作者矢野龙溪曾任明治天皇侍从，后又以日本驻中国公使的身份参加过甲午战后的外交交涉工作。他在自己的理想国"新社会"中保留了君主立宪制，并在原书第九回"新社会之政治及岁出入"中描述了"君民之间诚如一家""历代帝王皆圣明"的情况。而在《极乐世界》的译文中，这些赞美君主和君主立宪制的内容都被删去。在此之上，译者还在多处添加了救亡图存、赞美革命英雄、批判专制政治的文字。如第十一回"亿兆人民同臻幸福，大千世界各酿升平"中，译者在译出原文讨论各国生产力差异的内容后，添加了如下文字：

> 至于像那印度同着人家所称为老大帝国的。人口不是都有三四百兆么？你想他的人民，既有这么多，于世界生产之上，该有多大的关系呢！倘使他从此认真改良，未为不可。无奈他执迷不悟：一个是已经被英国灭了；一个是国内的主权，都被别人拿去了，他自己仍是不觉，一个劲儿昏昏沉沉，仿佛是醉了睡了似的，万事都不加过问。那人民的生命财产，大有个朝不保夕的光景。你想，他既是这样，怎么能同他同盟，使大家联为一气呢？"老者道："这到不足深虑。比譬印度，现在是已经归了英国，自然有英国替他办的。至于老大帝国，听见说四五年前，曾有好些个志士，不要命的，奔走呼号，把全国的人民唤醒了大半。到了现在，那无名的英雄越发多了，想来不久一定

是就要改革的。即使不然,你不看见那英国,既然能替印度办,别的国就不能替老大帝国办么?这种事情还有甚么可忧的呢?①

译者提及了"四五年前"曾有些志士唤醒了大半人民,应是指1898年的维新变法。而其后所言"现在,那无名的英雄越发多了",很可能是指当时正在兴起的革命派人物。结合维新派与革命派为"唤醒全国人民"所作出的贡献,译者进一步强调了改革社会现状的紧迫性。

由此可见,译者结合了清末国情和国际形势,将自己的思想主张融入译文中,他提醒读者认清晚清中国所处的政治局势,希望读者能注意到晚清社会中存在的矛盾与问题,呼吁读者运用小说中的社会主义思想改革社会弊端。译者虽然在书中标明了作者是"日本矢野文雄"(即矢野龙溪),但《极乐世界》的译文,虽然能反映原作者带有改良派色彩的社会主义思想,却没有传达其对君主立宪制的赞同,取而代之的,是译者救亡图存、呼吁社会改革的思想旨趣。也正因为译者结合中国国情所展现出的思想旨趣较为明显,以致有人认为这是一部假借日人之名、实为披雪洞主自著的作品。②

综上所述,清末论及马克思及其学说的汉译日书,大多不是对日文原书进行精准直译的作品。译者在译书中作出各种增改,但并不一定会对这种增改作出说明。若不知日文原书的内容如何,读者可能会将译文内体现的思想旨趣,理解为日本作者的原意。但事实上,有些译者除了希望借翻译日书传播新思想、新知识以外,也希望能结合时代的需求或自身的主张,创作一部全新的译作。在这样的汉译日书中,译者的主观作用得到了充分展现。

四、小　结

本文通过整理论及马克思及其学说的清末汉译日书,对比其与日文原书之间的差异,考察了中国译者在译书过程中出现的误译、漏译和增删的各种情况,以了解译者在传播马克思及其学说中所起的具体作用。找出汉译日书与日文原书的区别与偏差,不是为了苛责前人译书的谬误,而是希望从中了解马克思及其学说在清末传播的具体样貌,厘清中国译者在接触和翻译相关论著的过程中,对马克思及其学说的理解和重视程度,并了解

---

① 矢野龙溪. 极乐世界[M]. 披雪洞主,译. 上海:广智书局,1903:154-155.
② 薛冰. 金陵书话[M]. 南京:东南大学出版社,2002:277.

译者的思想主张与原作有何种关联或差异。

论及马克思及其学说的汉译日书，原是出版于日本的日文西学论著，能反映19世纪末20世纪初日本知识分子对马克思的认识与关注。留日学生和旅日学人在日本接触到了这些论著，并选择了其中的一部分，将其引介入中国。当时正值明治末年，日本知识分子对马克思的认识也还处于初步的阶段，他们撰写的论著中，对马克思学说的研究还停留在较为浅显的层面。中国译者在翻译这些日文西书的过程中，又由于各种原因，产生了误译、漏译等问题，以至日本作者与中国译者对马克思学说的理解与偏差，一起叠加在了汉译日书中。中国译者的译书能力及对原书的理解水平有限，但即使如此，作为较早接触到新思想、新知识的国人，他们又承担着传递新学的使命，因此力图在译作中作一些引导和疏通的工作。此外，也有译者有意识地希望借助译书，结合清末中国的国情及社会现状，传达自己的思想主张。

由此可见，清末汉译日书呈现出的马克思学说，不仅反映了日书作者对马克思学说的看法，也体现了译者在译书过程中的主体作用。若仅以译书为依据，而不参考日文原书，去评价汉译日书在清末对马克思及其学说的传播带来的影响，可能会遗漏一些值得深入探讨的事实。此外，若仅以译书去判断日本作者对马克思的理解水平，则很可能会得出与史实相异的结论。

以清末留日学生和旅日学人为主的日书汉译活动，是国人接触、学习与理解马克思及其学说的重要途径。在马克思学说传入中国的过程中，日书译者发挥了重要的作用。马克思学说早期传播的历史，值得结合日文原书作进一步的深入探讨。

The Role of the Translators: The Translations from Japanese Works Related to Marx and His Theory in Late Qing China

Liu Qinglin

Abstract: In late Qing, Chinese students and scholars in Japan translated a large amount of western works from Japanese into Chinese, many of which mentioned Marx and his theory. These translations help the Chinese to get much more systematic understanding of Marx than ever. In this process, the

Chinese translators play key roles. Before the new knowledge transferred from the West via Japan to China, Japanese scholars had screened and digested firstly. At the same time, the Chinese translators were also not simply "knowledge transfers", the versions they presented to Chinese readers are selected and interpreted by themselves. The translation ability, the translator's understanding of the original work, and the intentional or unintentional mistranslation, call for careful textual comparison analysis. In addition, the translators also have their own academic and political standpoints reflected in their translations, and make the translations present different ideas purport from the Japanese original works. In the process of Marx and his theory being introduced and internalized into China, the translators played key roles and affect Chinese readers' understanding and acceptance.

Key words: Marx; socialism; translation; Japan; text contrast

---

"马藏"的"藏"字怎么读？

"藏"字是个多音字，共有三音：（1）cáng（如"收藏""藏匿""藏书"等）；（2）"zàng"（如"宝藏""大藏经""三藏"等）；（3）zāng（该音现在比较少见，一个意思当草名，《集韵·唐韵》："藏，草名。似葴。"另一意思是"窝主"，即"掩贼为藏"。此外，则是通"臧""善"的意思）。"马藏"的"藏"字读"zàng"音。读"zàng"音的"藏"，其基本意思之一，是"储存东西的地方"，如"宝藏"。另一层意思，是经典的总集。南北朝时，人们将所有的佛教经典称为"一切经"，隋以后，开始称作"大藏经"（也简作"大藏"）。在这里，"藏"是梵文pitaka的意译，原指盛放东西的竹箧，有容纳、收藏的意思；"经"是借用中国儒家对其重要典籍的称名，取其能纵贯统摄佛教各种教义的意思。

（巩梅辑）

20世纪初的无政府主义在早期社会主义传播中的地位

——从接受史角度分析《无政府主义》的生成和影响

王 倩

摘要：关于无政府主义在中国早期社会主义传播史上的地位，是学界近年日益关注的一个问题。然而，已有研究对接受者的主动性关注不足。本文尝试从接受史角度切入，以张继编译的《无政府主义》为个案，追溯该文本的素材源头和传播中介，基于对德文原著、日译本和中译本的文本对比，挖掘在无政府主义从欧洲经由日本传入中国的过程中，作为接受者和传播者的张继，如何根据自身的社会环境、现实诉求和社会认知，在编译过程中对原文本进行取舍增删、重新诠释和改造利用；在此基础上，探讨20世纪初的无政府主义译介如何为社会主义和马克思主义在中国的早期传播作出贡献。

关键词：20世纪初；无政府主义；社会主义；张继；接受史

作者简介：王倩，北京大学博士，北京大学马克思主义学院博士后，北京大学《马藏》编纂与研究中心研究人员，研究方向为德国史、近代早期欧洲史、世界社会主义起源和发展史。

关于无政府主义在中国早期社会主义传播史上的地位，是学界近年日益关注的一个问题。[①]然而，已有研究普遍呈现以下特征：理论概括偏

---

① 参见马承伦. 试论无政府主义对早期马克思主义者产生影响的原因[J]. 党史研究与教学，1998（2）；张艳国. 20世纪初年中国社会主义思潮的动向[J]. 江西社会科学，1999（3）；顾昕.无政府主义与中国马克思主义的起源[M]//许纪霖. 二十世纪中国思想史论：下卷. 上海：东方出版中心，2000：399-454；张琳. 马克思主义在中国早期传播的思想土壤——以无政府主义为视角[J]. 科学社会主义，2009（2）；许门友. 19世纪末20世纪初：马克思主义在中国的介绍、传播及其特点[J]. 西北大学学报（哲学社会科学版），2010，40（5）.

多，具体实证研究不足；关注传播的终端文本为多，对于传播的源头、渠道的对照分析不足；从传播角度讨论为多，对于接受者主动性的关注不足。为此，本文尝试从接受史的角度切入，聚焦于自然生（张继，1882—1947）编译的《无政府主义》，来追溯无政府主义的传播如何从思想源地欧洲经由中转站日本，到最后生成这份中译本。在此过程中，不再将编译者视为被动的信息接受者，而是着重分析编译者如何根据自身环境、诉求和认知来对原素材进行取舍与改造；进而在接受者的语境下，分析这份原本旨在宣传无政府主义的文本，在 20 世纪初的中国对早期社会主义和马克思主义的传播产生的影响。

以《无政府主义》为个案进行此项研究，具有典型性。首先，它是无政府主义在中国第一个传播浪潮中的代表作。学界一般将 1902—1905 年界定为无政府主义正式传入中国的时期，高潮出现在 1903 年"苏报案"前后。①其中，《无政府主义》被视为"1907 年以前出版的同类书籍中最富体系性的译著"②。其次，该书的影响广泛。1904 年，《中国白话报》刊登了一则宣传《无政府主义》的告白。③1906 年，《无政府主义》被收入古今图书局发行的《荡虏丛书》再版。④1916 年，民声社重印了 700 册《无政府主义》。⑤最后，该书是我们挖掘接受者主动性的极好素材。该文本由留日学生张继根据日文材料编译而成，分上、下两编，上编"无政府主义及无政府党之精神"，翻译底本不详；下编"各国无政府党"，译自烟山专太郎《近世无政府主义》后编第三章，⑥日译本相关内容则编译自恩斯特·维克托·岑克尔（Ernst Viktor Zenker，1865—1946）德文版《无政府主义：无政府主义理论考证史》（Der Anarchismus：Kritische Geschichte der anarchistischen Theorie）第六章和第八章。⑦在从德文原著到日译本再到生成中译本的过程中，该文本在主旨和语境上出现了两大显著变化，正是这些变化，才使其为中国早期社会主义传播作出贡献成

---

① 蒋俊, 李兴芝. 中国近代的无政府主义思潮[M]. 济南：山东人民出版社，1991：5.
② 陈金龙. 近代中国社会思潮与马克思主义中国化[M]. 北京：人民出版社，2013：130.
③ 自然生. 无政府主义告白[N]. 中国白话报，1904-01-02（2）.
④ 荡虏丛书出版广告[N]. 民报，1906-12-23（10）.
⑤ 陈金龙. 近代中国社会思潮与马克思主义中国化[M]. 北京：人民出版社，2013：181.
⑥ 烟山专太郎. 近世无政府主义[M]. 东京：东京专门学校出版部，1902：335-411.
⑦ Ernst Viktor Zenker. *Der Anarchismus：Kritische Geschichte der anarchistischen Theorie*[M]. Jena：Verlag von Gustav Fischer，1895：142-161，175-202. 有关翻译底本的具体考证，参见《马藏》第一部第六卷"《无政府主义》编者说明"。

为可能。

一、文本主旨变化：从谨慎还原到大力鼓吹无政府主义，从否定暴力手段到颂扬暴力革命

在中译本生成的过程中，编译者张继改变了德文原著的主旨。德文原著旨在谨慎还原无政府主义的真实面貌。岑克尔的创作背景是：在一年前（1894年），意大利无政府主义者卡塞里奥刺杀了法国总统，引起国际轰动，各国强烈要求反对无政府主义。时人对无政府主义的认识存在很多偏见，将无政府主义视为煽动谋杀的学说、极端狂热的幻想或根本无法实施的理论。①为了澄清这些误解和歪曲，岑克尔创作了此书，直接回到无政府主义的源头及代表作来还原真实面貌。

德文原著在无政府主义的理论和暴力宣传层面进行了切割，并将其界定为早期的理论型无政府主义和现代的实行无政府主义之间的区分，前者诞生于西欧，后者则是受俄国影响后的形态。岑克尔强调，早期无政府主义理论本身是无害的，奠基人蒲鲁东和施蒂纳并未宣扬暴力；而新的现代无政府主义，是与俄国虚无主义相混合的产物，以巴枯宁和克鲁泡特金为代表，进行了积极煽动和行动宣传。②因此，无政府主义宣传层面的暴力因素，"只是通过吸收特属于俄国语境的策略而来的，也只被无政府主义的一个派别接受，很少被早期形式认同。"③19世纪六七十年代，从俄国再次回到欧洲发展的无政府主义，不再是理论型的，而主要是实行无政府主义，这一派在1881年伦敦大会后迅速发展，行动宣传纲领被官方采纳，组建社会革命组织，鼓励使用炸药武器。④德文原著将早期和现代无政府主义的差距归结为西欧和俄国的文明程度差异，对前者相当尊重，视其"体现了19世纪上半叶文明化的西欧社会的普遍心态，是一种高贵的理想主义"；对后者则进行贬低，视其"由半开化的俄国文化培育，除了

---

① Ernst Viktor Zenker. *Der Anarchismus：Kritische Geschichte der anarchistischen Theorie*[M]. Jena：Verlag von Gustav Fischer，1895：203.

② Ernst Viktor Zenker. *Der Anarchismus：Kritische Geschichte der anarchistischen Theorie*[M]. Jena：Verlag von Gustav Fischer，1895：100.

③ Ernst Viktor Zenker. *Der Anarchismus：Kritische Geschichte der anarchistischen Theorie*[M]. Jena：Verlag von Gustav Fischer，1895：203-204.

④ Ernst Viktor Zenker. *Der Anarchismus：Kritische Geschichte der anarchistischen Theorie*[M]. Jena：Verlag von Gustav Fischer，1895：189.

破坏一切现存秩序外，别无其他目标"①。

在此基础上，德文原著呼吁对无政府主义理论要宽容，而对炸裂弹和暴力犯罪行为，则进行谴责。岑克尔认为，只要没有招致犯罪，无政府主义理论应当享有自由讨论的宽容权利，"这么做不仅是出于学术理由，也是为了共同体的最大利益"②。然而，岑克尔否定了无政府主义的暴力主张，呼吁无政府主义者放弃暴力暗杀手段，用其他方式在文明社会传播观点。③与此同时，岑克尔呼吁世人不要先入为主地排斥无政府主义，而要给以理解，以期无政府主义者自愿抛弃最坏的主张——炸裂弹。④为此，岑克尔反对通过特别立法来严酷镇压，主张以公正和自由来征服暴力。⑤

德文原著的上述立场，到了20世纪初的日本，部分被接受了，部分却出现了不同的转向。作为东京专门学校（早稻田大学的前身）的一名历史学者，烟山专太郎编译《近世无政府主义》的出发点，在"序言"中表达如下：

> 近年来，无政府党暴行之惨烈，听到就令人胆战心寒。然而，世人多只知所谓名称，却不知其实。本编意在对此不足稍作回应。
> 所谓实行的无政府党，有令众人嫉视的无情暴力之处，然而也有愚昧无知且非常令人怜悯之处。……本书以纯粹的历史研究为依据，试图阐明狂热妄想者如何将之作为事实在现实社会中逐步显现，并查明它的渊源和发展。因此，不作过分的批判。⑥

可见，在改变人们对无政府主义的误解，通过纯粹的历史研究来还原无政府主义的真实面貌，并对无政府党的暴力手段进行批判和谴责上，日

---

① Ernst Viktor Zenker. *Der Anarchismus：Kritische Geschichte der anarchistischen Theorie*[M]. Jena：Verlag von Gustav Fischer，1895：97.

② Ernst Viktor Zenker. *Der Anarchismus：Kritische Geschichte der anarchistischen Theorie*[M]. Jena：Verlag von Gustav Fischer，1895：208.

③ Ernst Viktor Zenker. *Der Anarchismus：Kritische Geschichte der anarchistischen Theorie*[M]. Jena：Verlag von Gustav Fischer，1895：212.

④ Ernst Viktor Zenker. *Der Anarchismus：Kritische Geschichte der anarchistischen Theorie*[M]. Jena：Verlag von Gustav Fischer，1895：IX.

⑤ Ernst Viktor Zenker. *Der Anarchismus：Kritische Geschichte der anarchistischen Theorie*[M]. Jena：Verlag von Gustav Fischer，1895：213-215.

⑥ 烟山专太郎. 近世无政府主义[M]. 东京：东京专门学校出版部，1902：序言1-2.

译者的立场与德文原著基本一致。

然而，日译本在这一点上却显著不同于德文原著：德文原著尊崇西方的早期无政府主义，贬低受俄国影响的实行无政府主义；而烟山专太郎却相当重视俄国影响，将关注重点放在俄国虚无主义。《近世无政府主义》开篇便先讨论俄国虚无主义，以此为该书前编，分七章，篇幅近乎占据了全书三分之二；与之相比，作为无政府主义思想诞生地的欧美各国，却被置于后编，分三章介绍了无政府主义祖师、国际组织以及近期欧美各国无政府主义，篇幅从略，烟山专太郎也表示"后编最为粗糙"①。

烟山专太郎的这种取舍，或许跟个人研究兴趣有关，但无疑离不开这一时期日本深受俄国民粹派影响、将民粹主义与无政府主义混同的整体氛围。俄国民粹派发轫于19世纪60年代，主张通过武装暴动和秘密暗杀等恐怖活动扩大影响，引起社会革命。民粹派的活动遭到沙皇政府的严酷镇压，许多民粹派活动家纷纷逃往国外，其中不少人逃到日本。②早在19世纪80年代，俄国民粹派的恐怖活动就已介绍到日本，然而，这一时期的有关报道，态度多怀有敌意。80年代末90年代初，日、俄两国社会相对平静，民粹主义书籍在日本也比较少见。然而，从1902年至1904年，日本出版了许多有关无政府主义的书籍。"无政府主义"一词，开始取代作为激进分子行刺的专门名词"民粹主义"及"恐怖主义"。这些书以各种语言不加区别地使用这三个词，对日本和中国的激进分子产生了极大影响。他们把无政府主义与民粹派的恐怖主义完全看作一回事。③日本这一时期出版的无政府主义书籍中，影响最大的就是烟山专太郎的《近世无政府主义》。

日译本受俄国影响的特征，也被通过日本接触无政府主义的中国人所接受。烟山专太郎的《近世无政府主义》出版后，很快便在中国产生巨大反响，成为寻求变革的中国知识分子译介无政府主义的主要素材来源。④然而，从译介情况来看，在1903—1907年，国人几乎都聚焦于其中有关

---

① 烟山专太郎. 近世无政府主义[M]. 东京：东京专门学校出版部，1902：序言3.
② 齐卫平. 近代中国人最初接纳无政府主义思想的特征剖析[J]. 学术论坛，1998（1）：89.
③ 伯纳尔. 一九〇七年以前中国的社会主义思潮[M]. 丘权政，符致兴，译. 福州：福建人民出版社，1985：182-183.
④ 参见蒋俊，李兴芝. 中国近代的无政府主义思潮[M]. 济南：山东人民出版社，1991：25；李冬木. 留学生周树人"个人"语境中的"斯契纳尔"——兼谈"蚊学士"、烟山专太郎[J]. 东岳论丛，2015（6）：64-65.

俄国虚无党的内容。在这种情况下，张继却选取其中有关欧美各国无政府主义的内容编译成《无政府主义》，具有视角上的独特性。

尽管如此，张继编译的《无政府主义》仍带有浓厚的暴力宣扬色彩，体现了经过日本渠道受俄国影响的思路。在编译欧美无政府主义时，张继并没有翻译早期的理论型无政府主义（日译本后编第一章），而是将重点放在1880年以后的实行无政府主义（日译本后编第三章），后者正是受俄国影响后重返欧洲、大力宣扬暴力的无政府主义形态。与此同时，在介绍欧美各国无政府党时，张继还增加了一些列举暗杀行为的总结性内容，如在介绍法国无政府党时，增加了一段专门列举1892年之后的谋杀行为；①在介绍意大利无政府党时，末尾增加了一段列举意大利的暗杀名士，②这是德文原著没有，而在日译本中开始出现的，张继以颂扬的口吻翻译了这些内容。

中译本对暴力色彩的强调，还体现在编译者撰写的"序"和安排的补白内容上。在"序"中，张继大力鼓吹无政府党的暴力暗杀手段，对其成效给予很高评价，"奇矣鬼矣，暗杀手段也！以不满万人之无政府党，立足于欧美两洲，行其手段，能大寒世人之心魄"③。此外，在序文与上编之间、上下编之间，以及下编之后，张继分别选取了三首中国古诗用作补白页，即唐代杜甫《前出塞九首·其六》首四句、唐代高适《邯郸少年行》首四句、清代黄景仁《少年行》，这些诗句的共性是都在讴歌中国传统的游侠和征战行为，张继用中国传统文化要素来辅助渲染无政府主义的暴力手段，增加中国读者的认同感。

之所以在中国产生这种接受效果，固然离不开传播中介日本的影响，但根源无疑在于中国接受者所处的社会形势和需求。20世纪初的中国，在帝国主义的侵略和反动的清朝专制统治下，处于深刻的民族危机和社会危机中。1903年的"拒俄运动"和"苏报案"，进一步暴露了清政府镇压进步人士的反动面目。与此同时，维新运动失败的严酷现实，让许多仁人志士从和平改良的幻想中醒来，开始运用暴力手段来宣泄对清政府的不满，社会上出现了革命的呼声。革命派成为引进和宣传无政府主义的主力，不同于改良派对无政府主义进行"有选择地谨慎地评

---

① 自然生. 无政府主义[M]. 1903：下编 4-5.
② 自然生. 无政府主义[M]. 1903：下编 12.
③ 自然生. 无政府主义[M]. 1903：序 3.

价"①，革命派则大力鼓吹无政府主义，尤为推崇无政府党的暴力手段和恐怖行为，以俄国虚无党反对沙皇专制的革命斗争为榜样，在中国倡导反专制的破坏精神。

张继便是一位借宣传无政府主义来支持革命的激进分子。张继盛赞20世纪初的革命思潮，期待通过革命来实现六条愿望："吾愿杀尽满洲人，以张复仇大义，而养成复仇之壮烈国民；吾愿杀尽亚洲特产之君主，以洗亚人之羞辱，为亚人增光；吾愿杀尽政府官吏，以去一切特权之毒根；吾愿杀尽财产家、资本家，使一国之经济，均归平等，无贫富之差；吾愿杀尽结婚者，以自由恋爱，为万事公共之基础；吾愿杀尽孔孟教之徒，使人人各现其真性，无复有伪道德者之迹。"②张继对革命党的前途和功业报以很大期望，并为其出谋划策。这里给出的计策便是他从编译《无政府主义》中提取出来的要素：采用无政府党的暗杀手段进行大破坏。张继认为，这种暗杀手段在亚洲收效会更显著。③在《中国白话报》上，张继明确表达了编译《无政府主义》的目的："夫欲建设，必先大破坏。无政府党，可谓达于破坏之极点矣。今之中国，正值破坏时代之初，而吾编译是书，想必能受吾同胞之欢迎。藉其手段，以铲除此野蛮奴隶世界，则幸甚矣！"④

简言之，基于接受者所处的社会形势、社会需求和个人立场，张继在编译《无政府主义》的过程中改变了原著主旨。德文原著旨在谨慎还原无政府主义，对俄国的影响及其带来的暴力因素持否定态度，呼吁无政府主义者放弃爆裂弹和暗杀手段。然而，经由日本渠道获得的对俄国虚无党的重视，以及中国的现实社会环境和革命需求，却使中国接受者将文本主旨改造为大力鼓吹无政府主义，并且尤为推崇无政府党的暴力暗杀手段，甚至将其作为无政府主义最突出的特征和价值，从而出现了与德文原著旨意完全不同的接受效果。张继宣扬的暴力因素，具有不容忽视的局限性。然而，在20世纪初的中国，在资产阶级维新改良运动失败而向民主革命过渡的时期，这种改造有助于借无政府主义在中国进行革命启蒙。

---

① 蒋俊，李兴芝. 中国近代的无政府主义思潮[M]. 济南：山东人民出版社，1991：17.
② 自然生. 无政府主义[M]. 1903：序 1-2.
③ 自然生. 无政府主义[M]. 1903：序 2-3.
④ 自然生. 无政府主义告白[N]. 中国白话报，1904-01-02（2）.

二、文本语境变化：无政府主义与社会主义的关系从对立变为一致

中国民众在接受无政府主义时发挥主动性的另一个层面在于：德文原著在无政府主义与社会主义之间建构的对立性关系，到了20世纪初的中国社会语境下，却被淡化、消融，甚至还转化为一致性关系。

德文原著试图在无政府主义与社会主义之间建构对立关系。德文版强调了无政府主义与社会民主党派的激烈对抗历史，驳斥了那种让社会主义者来为无政府主义的传播承担责任的观点，强调二者的此消彼长关系，无政府主义只有在社会民主党派衰弱分裂的地方才能盛行。在19世纪六七十年代以后，以1880年为界，此前是社会主义和无政府主义的分离过程，马克思与无政府主义者进行斗争，结局并不利于无政府主义；到70年代末，各国（法国除外）普遍出现了无政府主义的退潮。[1]1881年伦敦大会的召开，成为现代无政府主义史上最重要的转折点，本来要消亡的无政府主义又复燃了，在各国出现了始料未及的迅速发展。[2]

基于这种历史线索，德文原著认为，无政府主义理论最值得强调的社会作用，在于可以作为反对和克服社会主义的工具。岑克尔表示："无政府主义会成为克服社会主义的一个要素，哪怕不是通过无政府主义，至少是通过自由。"[3]对此，岑克尔进一步解释："我们并不是认为社会主义会因无政府主义的引入而被推翻；但是这场对抗会在个人自由的旗帜下获胜。社会主义制度的中央集权化趋势和集体行动的强制性特征（舍此两条社会主义无法获得一点成果），将会自然而必然地被联盟主义和自由联合所取代。在未来这场针对那试图将一切变为庞大军队的社会主义所进行的反击中，我们看到，理论型无政府主义能够实现这两大要素的要求，之所以能够实现，因为它们不是教条，就像绝对自由，而只是方法。"[4]

---

[1] Ernst Viktor Zenker. *Der Anarchismus：Kritische Geschichte der anarchistischen Theorie*[M]. Jena：Verlag von Gustav Fischer，1895：186.

[2] Ernst Viktor Zenker. *Der Anarchismus：Kritische Geschichte der anarchistischen Theorie*[M]. Jena：Verlag von Gustav Fischer，1895：189-190.

[3] Ernst Viktor Zenker. *Der Anarchismus：Kritische Geschichte der anarchistischen Theorie*[M]. Jena：Verlag von Gustav Fischer，1895：210.

[4] Ernst Viktor Zenker. *Der Anarchismus：Kritische Geschichte der anarchistischen Theorie*[M]. Jena：Verlag von Gustav Fischer，1895：212.

德文原著之所以持这种立场，针对的是西方社会发展中自由和秩序的平衡问题。西方在经过近乎一个世纪的自由经济发展之后，旧的等级制度已被彻底粉碎，到19世纪末，出现了强化社会纪律的趋势，国家社会主义和基督教社会运动随之出现。然而，在岑克尔看来，当时的社会过多倒向社会主义了，以牺牲个人为代价来增加国家政府力量，以组建军队的方式来解决经济问题。岑克尔将社会主义误解为宗教精神的复兴，一种关于绝对、不灭、全能、永恒的国家的宗教。岑克尔担心对个人自由的尊重会越来越少，而权威和宗教的趋势会越来越强化。在这种判断下，岑克尔呼吁出现一种对抗性力量，并在无政府主义那里看到了希望，将无政府主义视为对抗社会主义的动力和武器。①

然而，日译者在接受此文本时，就模糊了这种对抗性特征，还将无政府主义与社会主义视为同一范畴。烟山专太郎将无政府主义和俄国虚无主义界定为，"二者是作为近时革命主义（吾认为亦可称其为社会主义）最极端的形式发展而来的"②。在20世纪初的日本，社会主义思潮刚刚传入，各种思想混杂不分，马克思主义、无政府主义、社会民主主义都被视为社会主义派别加以宣传。日本的一些社会主义运动先驱在宣传马克思主义时，也受到无政府主义影响，后来转向无政府主义者，即使在发生分裂以后，仍然翻译、介绍了马克思、恩格斯的某些著作。不同于欧洲无政府主义者，日本无政府主义者对马克思主义并没有采取完全对立的态度。

通过日本来了解西方无政府主义的中国知识分子，无疑会受此影响。在无政府主义传入中国的最初几年里，人们并没有直接接触到欧洲无政府主义者的作品，他们所了解的无政府主义，主要来自日本的译介和论述。当时的留日青年对日本社会主义资料中一切适合于他们反清愿望、具有革命倾向的材料产生了强烈兴趣，并把它们当成最时髦、最有效的社会主义主张，迅速而大量地介绍到中国。"一时间，来自日本部分留日学生的关于'虚无主义'、'无政府主义'的宣传和介绍频频出现于上海报端，以致人们很容易把它们统统看成是社会主义的代名词。"③ "客观上，在日

---

① Ernst Viktor Zenker. *Der Anarchismus: Kritische Geschichte der anarchistischen Theorie*[M]. Jena: Verlag von Gustav Fischer, 1895: 210-212.
② 烟山专太郎. 近世无政府主义[M]. 东京：东京专门学校出版部，1902：序言2.
③ 杨奎松，董士伟. 海市蜃楼与大漠绿洲：中国近代社会主义思潮研究[M]. 上海：上海人民出版社，1991：32.

本社会主义运动没有出现公开的分裂之前，中国的留日学生多半还只是把无政府主义或虚无主义看成是社会主义运动的一种激烈的形式。……他们这时实际上并不特别看中这些主义究竟叫什么名字，也不十分重视这些主义究竟有哪些具体的区别。"①

更重要的是，20 世纪初的中国不存在无政府主义与社会主义对抗的土壤。中国并没有经历西方那样长达一个世纪的资本主义自由经济的发展，也不存在西方意义上的自由和权威之间的矛盾。当时的中国人接受无政府主义，要反对的不是社会主义的现代国家权威，而是清朝的封建专制统治。事实上，这个时候也不存在真正意义上的无政府主义和社会主义信仰者，更没有出现两个阵营的对立。这一时期，马克思的社会主义还很少为国人所知，而最初译介无政府主义的人士，很大程度是出于对无政府主义革命精神的敬佩，并不等于就是无政府主义理论的信仰者。②有学者指出，在 1905 年以前，"无政府主义虽然喧嚣一时，但其矛头既不是指向马克思主义，也不是为了对抗资产阶级的革命纲领，而主要是指向了反动的清朝专制政府"③。

在这种社会环境下，国人的普遍认知是：将无政府主义当作社会主义的一种潮流来引入。1902 年马君武翻译了《俄罗斯大风潮》，译者在序中将无政府主义视为在圣西门的社会主义（公产主义）和达尔文、斯宾塞的社会进化论两种学说基础上萌发的一种新主义。④该书正文提出，"无政府主义者，Anarchism 实发源于公产主义（一名社会主义）Socialism"⑤。还提到，"巴枯宁之社会主义，最直截爽快之主义也，是为革命社会主义"⑥。1902 年的译著《广长舌》强调了无政府主义的盛行与共产主义和社会主义具有一致性。⑦1903 年的《近世社会主义》也强调了二者的一致性，对无政府主义作出这样界定，"然其思想之根底，实自社会主义而胚胎之。其议论之程度，亦与社会主义相近。其所作为，亦多与社会主义之

---

① 杨奎松，董士伟. 海市蜃楼与大漠绿洲：中国近代社会主义思潮研究[M]. 上海：上海人民出版社，1991：33.
② 徐善广，柳剑平. 中国无政府主义史[M]. 武汉：湖北人民出版社，1989：30.
③ 蒋俊，李兴芝. 中国近代的无政府主义思潮[M]. 济南：山东人民出版社，1991：33.
④ 克喀伯. 俄罗斯大风潮[M]. 中国独立之个人，译. 少年中国学会，1902：序 1b.
⑤ 克喀伯. 俄罗斯大风潮[M]. 中国独立之个人，译. 少年中国学会，1902：1a.
⑥ 克喀伯. 俄罗斯大风潮[M]. 中国独立之个人，译. 少年中国学会，1902：4a.
⑦ 幸德秋水. 广长舌[M]. 中国国民丛书社，译述. 上海：商务印书馆，1902：40-44.

计划为一致"①。

张继也处于这种认知状态,将无政府主义等同于社会主义,这种认知状态在1905年之后仍然可见。1907年6月,张继同刘师培等人在日本筹建了中国第一个社会主义讲习会,8月31日,在东京召开第一次会议,刘师培宣布了社会主义讲习会的宗旨:"不仅以实行社会主义为止,乃以无政府为目的者也"②。张继在会上报告,"此次开会,在于诠明无政府主义"③。同当时的激进知识分子一样,张继也将无政府主义等同于社会主义,甚至将其视为社会主义的精髓和更高目的。事实上,在1905年11月到1906年6月,张继担任《民报》发行人和主编期间,《民报》发行了很多关于无政府主义和社会主义的文章,把无政府主义作为社会主义流派之一加以介绍和评论,这段时期被美国学者伯纳尔视为"二十世纪二十年代以前,中国知识分子对马克思主义正统的社会主义最感兴趣的年代"④。

考虑到接受者的社会语境和认知状况,张继编译的《无政府主义》在向中国民众传播无政府主义时,自然会产生不同于德文原著的接受效果。在20世纪初的中国,人们不但不会将无政府主义视为社会主义的对抗性要素,还将二者混同在一起,甚至将其视为社会主义潮流中的一个激进派别。1905年之后的历史发展线索也告诉我们,中国无政府主义者与社会主义者长期存在合作关系,甚至在十月革命爆发后,中国无政府主义者对十月革命的最初反应也是热情欢迎的。⑤据统计,"在早期(1918年以前)发表过同情社会主义观点的文章的50余人中,同情无政府主义的分子竟达30人左右,约占同情社会主义总人数的60%"⑥。在马克思主义广泛传播之前,无政府主义在中国是一种比较时髦的思潮,它较早地引入了

---

① 福井准造. 近世社会主义:下册[M]. 赵必振,译. 上海:广智书局,1903:1b.
② 公权. 社会主义讲习会第一次开会记事[M]//万仕国,刘禾校注. 天义·衡报:上册. 北京:中国人民大学出版社,2016:308.
③ 公权. 社会主义讲习会第一次开会记事[M]//万仕国,刘禾校注. 天义·衡报:上册. 北京:中国人民大学出版社,2016:309.
④ 伯纳尔. 一九○七年以前中国的社会主义思潮[M]. 丘权政,符致兴,译. 福州:福建人民出版社,1985:93.
⑤ 阿里夫·德里克. 中国革命中的无政府主义[M]. 孙宜学,译. 桂林:广西师范大学出版社,2006:188.
⑥ 杨奎松,董士伟. 海市蜃楼与大漠绿洲:中国近代社会主义思潮研究[M]. 上海:上海人民出版社,1991:193.

一套激进话语，为社会主义在中国的早期传播搭建了桥梁。

三、《无政府主义》在中国早期社会主义传播史上的地位

通过还原接受者的历史语境、现实诉求和认知状况，我们就可以进一步分析这份文本会向 20 世纪初的中国民众传递哪些带有社会主义色彩的要素，进而判断其在中国早期社会主义传播史上的地位。

第一，《无政府主义》向中国读者传播了马克思的名字及其社会主义学说。文中两次直接提到"马克思"，分别译为"马尔古士"和"马古士"，马克思的立场被界定为"社会民主义派"和"国家社会主义"。一处在介绍意大利无政府党时，"至八十年代，无政府党又有所运动，其先与马尔古士之社会民主义派相合，至此乃分"①。另一处在介绍美国无政府主义者本杰明·塔克（译作"枳葛伐"）时，"唱道个人之绝对主权者日多，而其最铮铮者，则推枳葛伐为第一。千八百八十一年之后，枳氏刊《自由新闻》，大肆鼓吹，颇与哈巴德之随意主义相近，而与马古士之国家社会主义作敌，言国家社会主义，即压抑主义，压抑个人之意思者也。如欲废国家，当由个人随意，以组织团体，而反对一切特权，攻击金钱、土地、保护税、专卖特许等制度，是枳氏学大旨也"②。这里是为了对比说明塔克的个人无政府主义而提及马克思的思想，并将其视为国家社会主义来进行抨击，反映的是塔克对马克思社会主义学说的认识。可见，《无政府主义》只是在介绍无政府主义思想和运动时，顺带提及马克思及其社会主义学说，本意并不是为了宣传或传播马克思主义，对马克思学说的介绍也比较零散，甚至存在误读、歪曲和贬低。然而，还是会在客观上增进中国知识分子对马克思的了解，为中国的早期社会主义传播作出贡献。

第二，《无政府主义》向中国民众传播了"共产主义"这一术语，尽管这里的含义是共产无政府主义，但是也具有一些与马克思的共产主义相一致的基本主张。该书将共产无政府主义等同于共产主义，将共产无政府主义者克鲁泡特金视为"近世共产主义之始祖"③。《无政府主义》摘录了 1881 年日内瓦无政府党大会宣言，其中有一条明确自我界定为共产主义者，"吾侪乃互相依助而得生活者也，故离社会则无个人。社会之富，

---

① 自然生. 无政府主义[M]. 1903：下编 10-11.
② 自然生. 无政府主义[M]. 1903：下编 23-24.
③ 自然生. 无政府主义[M]. 1903：下编 1-2.

皆人类全体所合力生产者，故吾侪乃共产主义者也"①。

第三，《无政府主义》向中国民众传递了一套新型"革命"话语，这里的"革命"绝不仅限于暴力反专制的破坏性层面，还具有建设性的社会含义，引入了一系列带有马克思主义色彩的术语和理念。传统观点认为，在1907年以前，无政府主义在中国的传播主要与个人暗杀相关联；只有在1907年以后，无政府主义革命理想的社会文化含义才逐渐走向中国无政府主义思想的前沿，并对中国社会革命思想产生深远影响。②然而，事实上，张继1903年编译的《无政府主义》，虽然带有鲜明的暴力色彩，但也有对无政府主义革命理想、理论内涵和社会含义的关注与传播。

这套"革命"话语，吸收了欧洲启蒙运动以来特别是法国大革命的话语和价值理念，传播了一种不同于中国传统话语的新型革命理念。《无政府主义》上编着重强调无政府主义与法国大革命的关联，从法国大革命寻找无政府主义的理论来源和实践榜样，把无政府主义的平等、自由等价值理念追溯到法国大革命那里，认为雅各宾派中已经出现了无政府主义者，将平等派领导人巴贝夫视为无政府主义奠基人蒲鲁东的理论前辈，并将巴贝夫的思想来源追溯到18世纪法国空想社会主义者马布利、启蒙思想家狄德罗和卢梭那里。在传播现代西方话语之际，《无政府主义》还批判了中国传统话语，要求摆脱传统道德的束缚："惧圣书之禁制乎？然则圣书者何也？皆搜集东洋半开化国之口碑诗文而成者也。有何高贵之价值乎？何不速弃此道德为不道德之行为，以尽人之义务乎？"③从序言来看，张继认可了书中主张，也对传统儒家理念持否定态度，表示"吾愿杀尽孔孟教之徒，使人人各现其真性，无复有伪道德者之迹"④，并希望通过革命来"破坏其四千年来之若学若政若一切野蛮设置者矣"⑤。尽管这套现代西方话语并非是无政府主义者最先介绍到中国的，但在此之前毕竟未形成主导性论证资源。⑥

---

① 自然生. 无政府主义[M]. 1903：上编 28.
② 阿里夫·德里克. 中国革命中的无政府主义[M]. 孙宜学，译. 桂林：广西师范大学出版社，2006：79-80.
③ 自然生. 无政府主义[M]. 1903：下编 22.
④ 自然生. 无政府主义[M]. 1903：序 2.
⑤ 自然生. 无政府主义[M]. 1903：序 1.
⑥ 刘小枫. 无政府主义与现代中国社会思想的嬗变[M]//许纪霖. 二十世纪中国思想史论：上卷. 上海：东方出版中心，2000：490.

《无政府主义》传播的启蒙运动式知识类型,与孕育马克思主义的话语类型相一致。恩格斯也认可了现代社会主义与启蒙思想的关联,"就其理论形式来说,它起初表现为 18 世纪法国伟大的启蒙学者们所提出的各种原则的进一步的、据称是更彻底的发展"①。因此,这套话语的引入会为马克思主义在中国的传播铺垫语境基础。

与此同时,《无政府主义》虽然宣扬了西方资产阶级革命的话语,但却以一种批判性眼光来看待资本主义制度,提供了一种超越于资产阶级革命的新型革命类型,正是这种超越性,在诸多层面上与社会主义拥有共享的理念要素。

其一,不再信赖资产阶级民主共和制度,要求废除一切特权,实现人的平等。《无政府主义》指出,在 18、19 世纪,君主被视为人类公敌,人们要共和,不要君主;然而,到了 20 世纪,无政府主义者也看到了资产阶级共和制的问题,"君主政治,固为罪恶。而共和政府,亦不得谓为永久之善种矣。君主去,而大统领又来。贵族灭,而资本家乃生。君主之国,曾多种种罪恶反逆之事。而共和之邦,亦未绝暴戾背道之行。有志之士,遂怀不平,誓除尽世上之有特权者,使归于平等。人贵自治,而不肯被治于人,于是乎无政府主义生矣"②。对于无政府主义对资产阶级共和制的这种怀疑态度,张继在序言中表示了认可:"革命党其毋羡美国之独立,与法国之共和耶。"③

其二,《无政府主义》批判资产阶级共和制,背后乃是对政治革命本身的怀疑,并引入了一种新的革命思维:社会革命。无政府主义将权力视为不平等的根源,要求消灭一切权力:"天地间最可恶者为权力,以其不能与平等两立也。权力之所司者,一言以蔽之,我为命令之主,而令人服从,不平等之至也。既服从于他权力之下,而欲得自由,岂不谬乎?"④无政府主义者所主张的原则是,"无政府党中无主人,无王者,无代议士"⑤。在否定了政治权力之后,无政府主义主张从社会的角度来分析和解决问题,"无政府党以万事之责,归于社会,盖社会之成立,为一切

---

① 恩格斯. 社会主义从空想到科学的发展[M]. 北京:人民出版社,2014:36.
② 自然生. 无政府主义[M]. 1903:上编 1-2.
③ 自然生. 无政府主义[M]. 1903:序 2.
④ 自然生. 无政府主义[M]. 1903:上编 28-29.
⑤ 自然生. 无政府主义[M]. 1903:上编 14.

人，一切人之所欲者，社会有使其充足之责"①。这种理念提供了一个批判改良和革命思想的新视角，对人与社会的关系进行了重新定位，与社会主义思想具有旨趣上的相似性。

其三，这种视角的提出，是基于另一个带有马克思主义色彩的范畴——唯物主义。在《无政府主义》中，唯物主义被视为无政府主义思想来源中最突出的因素，②强调"唯物主义与无政府主义，有近接之关系，教人以欲情，劝人以改革"③。需要指出，无政府主义主张的唯物主义的含义，主要用于扫除宗教迷信，不再将世间的幸福与罪恶归结为神和天，而是从社会的角度来分析和解决问题。《无政府主义》指出，"夫人之怯懦，多因于崇教，妄以万事为神之所使，天之所命，归身于神，致命于天。而不知神与天乃空想迷信。人之幸福罪恶，由人自造，而无关神之与天。故无政府党，绝反对宗教之迷想，万事归责于社会，人之苦痛，社会使之然也。故其敌视社会，欲改造社会之心，勇往无前。"④

其四，《无政府主义》对私有财产和资本家进行了批判，要求消灭私有制，实行财产公有制。"无政府党最恶私有财产，遇有资本者，悉欲夺之。有持证券者，悉欲取而焚之。凡保护财产权之法律，皆欲一洗而空之，以达其社会平等之真意。卑视所有权之心，不异待奴隶。扫尽社会上阶级等差之道，以废灭私有财产为最上策。社会之富，由富人之手夺回，还诸社会，无政府党之大主目也。"⑤《无政府主义》还传播了日内瓦无政府党大会宣言中的"公共财产"概念，并视其为共产主义的要素，"社会之富，皆人类全体所合力生产者，故吾侪乃共产主义者也。……以公共财产为我物，而竭力保护之"⑥。

其五，《无政府主义》反对资本家，传播了阶级对立和阶级斗争的意识。这里已经出现"阶级"这个术语，还将消灭私有财产作为废除阶级差异的最好办法，"扫尽社会上阶级等差之道，以废灭私有财产为最上策"⑦。该书实际上是将资本家、财产家或雇主视为一个阶级群体，呼吁劳动者起

---

① 自然生. 无政府主义[M]. 1903：上编 22.
② 自然生. 无政府主义[M]. 1903：上编 19.
③ 自然生. 无政府主义[M]. 1903：上编 24.
④ 自然生. 无政府主义[M]. 1903：上编 21.
⑤ 自然生. 无政府主义[M]. 1903：上编 11.
⑥ 自然生. 无政府主义[M]. 1903：上编 28.
⑦ 自然生. 无政府主义[M]. 1903：上编 11.

来反抗,"无政府党人之著书也,多以攻击现社会为事。煽动劳力者,令其对佣主,起反动激烈之行"①。这种阶级斗争意识更激烈地表达在杀尽资本家的激进主张上,"夫人之希望绝对平等久矣,其希望之热度日高,而憎恶财产家思杀尽之之心益炽"②。在此,无政府党超越了法国大革命时期的革命派,斗争矛头从封建贵族和僧侣转向资本家,"嘉哥宾既杀贵族,又杀鸡龙,更杀僧侣。……今也无政府党,以灭资本家为人类求幸福之本"③。张继接受了无政府主义的这种理念,在"序"中表示,"吾愿杀尽财产家、资本家,使一国之经济,均归平等,无贫富之差"④。

《无政府主义》的阶级分析视角和阶级斗争理念,跟马克思主义学说存在诸多重合点,无疑会为后者的传播作出贡献。二者都追求社会平等,号召人们消灭阶级压迫;无政府主义也考虑到了阶级压迫的经济基础,提出了废除私有财产、实现经济平等的主张,并且鼓励进行阶级反抗,消灭资本家。根据顾昕的研究,中国早期共产主义者心目中阶级意识的成长,同他们所受的无政府主义影响有着直接的智识联系。⑤然而,必须指出,《无政府主义》宣扬的阶级观与马克思主义的观点并不等同,还存在一些局限性。这种局限性实际上反映了无政府主义理论本身的局限性,美国学者德里克强调了二者在阶级压迫的起源和解决方式上的观点不同,"不同于马克思主义以唯物主义为原则来从生产过程理解这个问题,无政府主义则从阶级的道德层面来看待。尽管无政府主义的分析常常会提及资产阶级和无产阶级,但是他们对于阶级的描述,更多的是将富人与穷人、不劳动者与劳动者、脑力劳动者与体力劳动者对峙。这符合无政府主义的这种观点:视权力、权威及其带来的'自私'为经济不平等的根源,而非后果"⑥。此外,无政府主义虽然承认了阶级斗争,但并没有将阶级斗争视为解决阶级压迫、进行社会革命的手段,反而过于依赖投爆裂弹的暗杀恐怖行为,想以此为捷径。

综上所述,《无政府主义》向 20 世纪初的中国民众传播了一套新的

---

① 自然生. 无政府主义[M]. 1903:上编 16.
② 自然生. 无政府主义[M]. 1903:上编 12.
③ 自然生. 无政府主义[M]. 1903:上编 7.
④ 自然生. 无政府主义[M]. 1903:序 2.
⑤ 顾昕. 无政府主义与中国马克思主义的起源[M]//许纪霖. 二十世纪中国思想史论:下卷. 上海:东方出版中心,2000:437-438.
⑥ Arif Dirlik. *The Origins of Chinese Communism*[M]. New York:Oxford University Press,1989:78.

激进话语，这套话语与马克思主义话语体系存在诸多一致性，为社会主义在中国的早期传播作了铺垫。不容否认，这些介绍还是散乱的，没有进行系统完整的译述，也不是张继介绍和宣传无政府主义的核心旨意。但是，对于当时仍醉心于从资产阶级民主那里寻求救国之路的中国先进分子来说，无疑很早就提供了一种观察和反思资本主义的新视角。尽管无政府主义思想对资本主义的批判尚有不正确不深刻之处，但也形成了一个超越于资本主义的目标选择，在此与对社会主义的追求联系在一起，为社会主义思想在中国的早期传播作了铺垫，事实上，中国早期社会主义的很多思想要素也正是伴随无政府主义而传入的。

四、结　　语

简而言之，要理解 20 世纪初的无政府主义在早期社会主义传播史上的地位，必须重视接受者的主动性，而这种主动性只有通过追溯和对比思想源头和中介形式才可以彰显。在接受《无政府主义》的过程中，编译者改变了原文本素材的主旨，将立场从谨慎还原无政府主义、否定暴力手段，转变为大力鼓吹无政府主义、热情颂扬暴力革命；与此同时，德文原著在无政府主义与社会主义之间建构的对立关系，却被淡化、消融、瓦解，甚至产生了相反的接受效果，人们将无政府主义混同于社会主义，视其为社会主义潮流中的激进派。这种改造重塑，跟日本这个中转站的影响有关，但更重要的是基于中国接受者所处的社会环境和现实诉求。经过这种改造，《无政府主义》不仅在 20 世纪初的中国进行了革命启蒙，更为社会主义在中国的早期传播作出了贡献。

The Role of Anarchism in Spreading of Socialism in the Beginning of 20th Century China：An Analysis of the Formation and Influence of *Anarchism* from the Acceptance History Perspective

Wang Qian

Abstract：The role of anarchism in the early spreading of socialism in China, is a subject of great concern recently. However, the initiative of the recipient in which has long been underestimated. This paper attempts to approach from a new perspective of acceptance history, focusing on the Chinese version *Anarchism* translated and edited by Zhang Ji in 1903, to trace its ideological source of the German version and transmitting intermediary of the Japanese translation. By textual comparison of three versions, we can analyze, in the process of anarchism's introduction into China via Japan from Europe, how the recipient and disseminator Zhang Ji, remolded the original material to adapt to the Chinese social environment, realistic demands and social awareness. On this basis, we can figure out how the introduction of anarchism in the beginning of 20th century, makes contribution instead to the spread of early socialism and Marxism in China.

Key words: 20th century China; anarchism; socialism; Zhang Ji; acceptance history

---

毛泽东谈他的青年时代与无政府主义

"就在这时候,我的思想还是混乱的,用我们的话来说,我正在找寻出路。我读了一些关于无政府主义的小册子,很受影响。我常常和来看我的一个名叫朱谦之的学生讨论无政府主义和它在中国的前景。在那个时候,我赞同许多无政府主义的主张。"

《西行漫记》,[美] 埃德加·斯诺著,生活·读书·新知三联书店1979年版,第127-128页。　　　　　　　　　　　　　　（群雁摘）

世界变迁与思想变革的因应

——《马藏》"大势"类译书社会主义思想之考察

裴 植

摘要：《十九世纪大势变迁通论》和《世界进步之大势》是《马藏》收录的两部"大势"类译书。这两部译书的思想史价值在于，它们反映了19世纪与20世纪之交崇尚进步主义的世界观，并基于对现实社会发生的实际问题的关注，探究了人类社会的未来发展，表达了通过社会变革掌握未来发展趋势的目标追求。两书揭示了贫富悬殊是催生社会主义思想和促其勃发的重要原因，揭露了资本主义社会的异化现象，还从阶级和阶级对立的角度分析了资本主义社会的弊端，并对国家社会主义、无政府主义的过激主张予以批判。必须指出，作者普遍从工具意义的层面来理解社会主义，因而对社会主义与劳动人民的结合抱有警惕心理。他们对社会主义的态度，透显出了他们真实的阶级意识，即以维护有产阶级的利益作为自己思想的出发点。

关键词：《马藏》；"大势"类译书；社会主义

作者简介：裴植，法学博士，北京大学马克思主义学院博士后、助理研究员。主要研究领域为马克思主义在中国的早期传播与马克思主义中国化研究。

19世纪末20世纪初，在西欧国家广泛传播的社会主义思想借道日本等国传入中国。社会主义思想一经传入，迅即推动了中国思想界的革新并为社会主义在其后产生深远影响奠定了思想和理论基础。然而，就社会主义在中国的传播而言，对于社会主义初入中国时的传播状况，当前学界尚无全面系统和深入的研究。有鉴于此，北京大学启动《马藏》工程，旨在从源头上对马克思主义和社会主义在中国的传播发展作出系统性的学术整理。在《马藏》收录的早期进步文献中，介绍、阐释社会主义的文献数量

十分可观，"大势"类译书①便是其中之一。《马藏》收录有两部"大势"类译书，分别是由吴铭编译自日本《太阳》杂志、于1902年出版的《十九世纪大势变迁通论》和由曾剑夫编译自日文书籍《十九世纪之大势》、于1904年出版的《世界进步之大势》。遍览学界相关领域的研究成果，笔者发现这两部译书目前还极少有人提及，书中所反映的社会主义思想更属被学者"遗忘的角落"②。笔者认为，虽然这两部译书并非专门讨论社会主义，但是书中有关社会主义的思想观点，对于我们了解19世纪末20世纪初社会主义学说的现实样貌、把握社会主义在中国的发展历程，有着积极的意义。基于此，笔者不揣浅陋，拟以上述两部书为研究对象，对《马藏》"大势"类译书所反映的社会主义思想作一番考察，不当之处，敬请指正。

一、"世变之亟"下的积极求变："大势"类译书的成书背景

所谓"大势"类译书，系指以反映世界大势为基本内容的翻译性著作。邹韬奋在《萍踪寄语初集·弁言》中说过："我们要研究中华民族的出路怎样，不得不注意中国所在的这个世界的大势怎样。"③这句话，言简意赅地说明了关注世界大势之重要性。鉴于"大势"类译书与世界大势密不可分的联系，我们对"大势"类译书的考察，自然也离不开对其成书年代的世界大势的分析。就本文所要探究的两部著作来说，考察它们的成书背景，则意味着首先必须回首一百多年前的那个世纪之交的内外环境。

---

① 当前学界尚没有对"大势"类著作作出明确的概念界定，因此本文所使用的"大势"类译书的概念，是建立在该类著作以介绍、阐述一定时期内的世界或区域性发展趋势为基本内容的基础之上。近代以来，中国部分较早"开眼看世界"的知识分子编写或译介了一批题名中包含"大势"这一词语的书籍，如《太平洋大势》《世界的大势》《最近十年世界大势》等，这类著作的一个共同的特点就是：从宏观视角切入，对研究对象微观具体的分析，最终以阐述大势、揭示规律为指归。在《马藏》中，《十九世纪大势变迁通论》和《世界进步之大势》这两部译书不仅符合上述特点，而且它们对世界大势的揭示，侧重点均在思想领域的发展变革，正因如此，探析社会主义思潮的形成背景遂成为这两部译书的重要内容构成，而这也是《马藏》之所以将它们收录进来的原因所在。附带一提，本文所称"大势"类译书，主要是指收录在《马藏》中的《十九世纪大势变迁通论》和《世界进步之大势》这两部。

② 目前已知，仅有中共中央党校科研办公室于1987年编印发行的《社会主义思想在中国的传播（资料选辑之二）》（上、下）对这两部书涉及社会主义的内容作了摘录；谈敏著、上海财经大学出版社于2008年出版的《回溯历史——马克思主义经济学在中国的传播前史》（上、下）则对两部译书分别作了简要的介绍和论述。

③ 韬奋基金会，上海韬奋纪念馆. 韬奋全集[M]. 增补本. 上海：上海人民出版社，2015：5.

在近代"大势"类译书成书的背后，蕴藏着一个思想转折时代的鲜明印记。爆发于1894年7月的中日甲午战争，以北洋水师全军覆没、中国惨败而告终。1895年初，严复发表了《论世变之亟》一文。在这篇文章中，他不仅发出了"观今日之世变，盖自秦以来未有若斯之亟也"的慨叹，而且对陶醉于"天朝上国"的迷梦、"不睹西洋富强之效"的麻木不仁者予以当头棒喝，直斥其为"无目者也"，并正告道："谓不讲富强，而中国自可以安；谓不用西洋之术，而富强自可致；谓用西洋之术，无俟于通达时务之真人才，皆非狂易丧心之人不为此。"①严复的这番话语，生动地体现和反映了当时中国部分知识分子思想上的深刻变化，表明他们在对西方与中国各自的优劣作了客观冷静的比较之后，于内心深处不同程度地认同和接受了在不少方面西方已经优于中国的现实，并力求通过学习西方来实现民族自强。据黄炎培回忆，光绪二十七年（1901）受聘担任南洋公学经济特科班总教习的蔡元培多次谆谆告诫学生："今后学人须具有世界知识，世界日在进化，事物日在发明，学说日新月异。"作为学生，当博览域外新书以了解整个世界，而"日本移译西书至富，而书价贱，能读日文书则无异于能遍读世界新书"，从而获得对于整个世界客观准确的认知。黄炎培不仅感慨系之地说道："斯时吾师之教人，其主旨何在乎？盖在启发青年求知欲，使广其吸收，由小己观念进之于国家，而拓之为世界。"②可见，在黄炎培看来，蔡元培已然把引导学生开阔视野去观察"日在进化"的外部世界、形成格局宏大的世界眼光作为其教书育人的"主旨"。

毫无疑问，在当时灾难深重的中国，严复、蔡元培绝非个别，而是众多忧国忧民的先进分子的代表。他们不再坐井观天、夜郎自大，而是"冷眼向洋看世界"，通过对古今中外发展变化的考察和对比，把握历史走向，为我们这个文明古国找寻一条通往光明前途的道路。可以说，"大势"类译书的出现，正是这样一种危机意识和思想观念的产物，而"大势"类译书本身，也承载了近代先进中国人了解世界、融入世界的思想愿景。从这个意义上说，自近代"大势"类译书出现的那一刻起，它作为对象化中国先进分子思想的载体的意义便得以确认，并肩负起了向国人介绍

---

① 严复. 论世变之亟[M]//刘东. 近代名人文库精萃：龚自珍 严复. 西安：太白文艺出版社，2012：115.

② 陈学恂. 中国近代教育史教学参考资料：上册[M]. 北京：人民教育出版社，1986：320-321.

外部世界、帮助国人了解外部世界的启蒙使命。

具体到本文下面将要具体展开讨论的这两部书来说，无疑也符合上述判断。现有材料表明，《十九世纪大势变迁通论》的编译者吴铭和《世界进步之大势》的译者曾剑夫，他们都曾在上海南洋公学求学。南洋公学是盛宣怀于1896年12月创办的新式学堂。甲午战争惨败后，国内有识之士痛感亡国的危机，兴起了废科举、兴学堂、育人才的浪潮①，南洋公学就是在这样的背景下创办和发展起来的。南洋公学建成之后，除了招收师范生和大中小学学生之外，开展的另一项重要工作就是成立专门机构，编译外国图书，而作为本文研究对象的这两部译书，就是由吴铭和曾剑夫自日文转译而来。虽然目前已无从知晓两位译者翻译这两部书的具体动因和过程，但是从南洋公学的创办者盛宣怀对译书的要求中，我们似可看出一点端倪。在《南洋公学章程》中，专设《藏书译书》作为第七章，其中规定："公学设一图书院，调取各省官刻图籍。其私家所刻，及东西各国图籍，皆分别择要购置庋藏"；"师范院及中上两院学生，本有翻译课程，另设译书院一所，选诸生之有学识而能文者，将图书院购藏东西各国新出之书课令择要翻译，陆续刊行"②。其中对挑选"诸生之有学识而能文者"，"课令择要翻译""东西各国新出之书"作了明确规定，或许吴铭和曾剑夫即属因为"有学识而能文"而被分别"课令择要翻译"了《十九世纪大势变迁通论》与《世界进步之大势》。1902年，盛宣怀曾向光绪皇帝奏陈南洋公学历年来的办学情况，他在奏折中陈述道："其附属公学者，曰译书院，专译中西国政治、教育诸书，以应时需及课本之用"③。这里把翻译"东西各国新出之书"的范围明确为"政治、教育诸书"。杨耀文在《本校四十年来之重要变迁》一文中，也对盛宣怀成立机构翻译图书，自"军事诸书"始很快便扩大到"凡东西洋政治、经济、社会科学、教育、商业、史地等"的过程作了具体描述④。

盛宣怀与南洋公学对东西洋政治、经济、军事、社会、教育等方面书籍的翻译出版给予高度重视，而吴铭的《十九世纪大势变迁通论》与曾剑夫的《世界进步之大势》这两部"大势"类译书恰好即属于政治类，同时

---

① 冯志杰. 中国近代翻译史：晚清卷[M]. 北京：九州出版社，2011：186.
② 陈学恂. 中国近代教育史教学参考资料：上册[M]. 北京：人民教育出版社，1986：314.
③ 陈学恂. 中国近代教育史教学参考资料：上册[M]. 北京：人民教育出版社，1986：315.
④ 陈学恂. 中国近代教育史教学参考资料：上册[M]. 北京：人民教育出版社，1986：318.

又兼有军事、经济、社会等方面的内容，它们的翻译无疑是"应"了"时需"，因而很快被刊印出版就属情理之中的事情了。

二、"大势"类译书的主要内容

《十九世纪大势变迁通论》这部译书，是吴铭从日本《太阳》杂志1900年第6卷第8号增刊《十九世纪》中择取11篇文章编译而成的。这11篇文章，就内容而言，涉及了国际政治、军事、思想、宗教、哲学、社会等多个方面，可以说是多维度地展示了当时日本各界对即将过去的19世纪的观感和认知。具体而言，大隈重信、会我佑准、田口卯吉和高山林次郎等回顾或前瞻性地探讨了19世纪及其前后国际政治的发展变化；井口有吾和木村浩吉考察了19世纪陆军和海军的进步状况；加藤弘之、岛田三郎、井上圆了、井上哲次郎、高山林次郎等围绕19世纪思想、宗教和哲学的发展变化作了梳理和分析；而对于19世纪所出现的社会问题，渡边国武、高山林次郎等人的文章则进行了较为集中或较大篇幅的阐述。该书所收文章的具体作者和篇题，依次为：

> 大隈重信:《去来两纪日本与世界列国之关系》；加藤弘之:《十九世纪之思想变迁》；岛田三郎:《十九世纪之思想》；井上圆了:《十九世纪之宗教》；井口有吾:《十九世纪陆军之进步》；木村浩吉:《十九世纪海军之进步》；井上哲次郎:《十九世纪之哲学》；会我佑准:《豫想将来世纪列国势力之消长》；田口卯吉:《十九世纪及未来之大势》；渡边国武:《近日社会之问题》；高山林次郎:《十九世纪》。

《世界进步之大势》这部译书，是曾剑夫由日文书籍《十九世纪之大势》编译而来。该书以18、19世纪为考察对象，有侧重地梳理了18世纪发生的一系列革命性变化和19世纪出现的新变化、产生的新问题，特别是对19世纪物质文明的发展进步对人们的思想和社会形成的影响进行了详细探讨，给读者提供了长时段、宽领域的观察视角。该书细目如下：

> 十九世纪前纪；十八世纪之地位；革命界时代；殖产界之革命；

思想界之革命；道德的革命；佛国革命之大破裂；十九世纪；十九纪物质进步；物质进步与文明；英国物质之进步；物质进步与思想界；物质进步之功德如何；物质进步与贫富之悬隔；十九世纪文明之前途；佛国革命之影响；平民的大势；政治上平民主义；佛国革命之反动；希望之时代。

由目录可知，这是两部内容丰富、涉及面较广的著作。一般而言，"大势"类书籍比较注重对重要人物、重大事件的考察和介绍，从这个意义上说，其具有世界历史和百科全书的基本特点。但是与世界历史、百科全书普及知识的宗旨不同，本文要具体讨论这两部译书在介绍内容的同时，更加侧重对既往历史的经验总结和对未来社会发展之匙的寻求，也就是说，这两部译书的思想价值在于，它们反映了 19、20 世纪之交崇尚进步主义的世界观，并基于对现实社会发生的实际问题的关注，探究了人类社会的未来发展，表达了通过社会变革掌握未来发展趋势的目标追求。这一点，在《十九世纪大势变迁通论》所载大隈重信的言论中有直接的体现。大隈重信在展望未来之国际政治时明确指出："十九世纪，既已告终。二十世纪之新舞台，方将开幕。注意世界人类之生存竞争者，必预测将来势力之消长如何。一部世界大历史，果从何处说起，则不得不于过去之实践征之。不知来，则视诸往。欲知政上未来之问题，无不原因于过去之实验者。"①而蔡元培在为《世界进步之大势》所作的序言中，也认为该书体现了"非达于社会平等之天则不止"②的思想旨趣。

这两部译书之所以具有这样的思想倾向，固然与日本正处于国力上升期，意图扩展其在世界范围内的影响力有关，但就本质而言，则与欧洲工业革命的影响外溢至日本有关，明治维新后日本经济军事快速发展，但在这种快速发展之下社会矛盾也急剧积累和爆发。当时日本学者编写这类书籍的目的，既有普及知识之意图，也有从中摸索规律、找寻办法的考量。在这一过程中，社会主义作为风靡欧洲的重要社会思潮进入了日本学者的视野并引起讨论。当然，受限于社会主义的传播内容和日本学者的主观认知，书中所展示的社会主义与我们今天对社会主义的理解有着诸多的不同，而这也为我们观察社会主义初入中国时的理论样

---

① 吴铭. 十九世纪大势变迁通论[M]. 上海：广智书局，1902：1（a）.
② 曾剑夫. 世界进步之大势[M]. 上海：文明书局，1904：1.

三、"大势"类译书有关社会主义的思想考述

通观《十九世纪大势变迁通论》和《世界进步之大势》这两部"大势"类译书可知,当时的日本知识界人士围绕资本主义、社会主义、阶级等话题进行了热烈的讨论。这些新词汇、新概念的出现,预示着一种不同以往的新思想的萌芽和一个新时代的来临。虽然以现在的眼光看,初生的新思想不免存在种种稚嫩,但不可否认,正是这些兼具优劣的内容展现了早期社会主义的真实样貌,构成了社会主义在中国传播的最初基石。具体说来,这两部译书至少从以下四个方面为社会主义在中国的传播和发展提供了思想养分。

第一,揭示了贫富悬殊是催生社会主义思想和促其勃发的重要原因。首先将社会主义(socialism)介绍到日本的加藤弘之在讨论贫富悬殊问题时指出:"盖文明进步之世,则贫富之悬隔愈殊,此盖于事实上决之,决不容以相掩"①,"社会的思想者,即所谓贫富问题是也。此问题之由来,虽亦因袭于先数世纪以前,然其得真盛壮之势力,则在第十九世纪之下半期焉。故所谓社会主义者,至十九世纪之下半期,其势力之发达,日增月盛,如蓬蓬釜上之汽矣"②。曾著有《社会主义概评》的岛田三郎认为,贫富不均的社会现实催生了思想上人类皆平等的理念,而人类皆平等的理念又进一步衍生出社会主义等思想,即所谓"增殖之富资,亦谋分配之良法。种种希望,由此而生。主国际学者,视人类皆平等,大唱人情主义以裁决战事焉。理想之程度日高,而社会主义、和平主义、同爱主义,皆十九世纪末期之思想,所以支配二十世纪者,此思想之显象"③。即是说,社会主义思想是贫富悬殊、两极分化这种社会经济和政治现实下的必然产物,它是对治理分配不公、消除社会动荡、实现人类平等的思想理念和武器,并且贫富悬殊越大、两极分化越重,则社会主义思想就越会"如蓬蓬釜上之汽"一般迅猛发展。

第二,揭露了资本主义社会的异化现象。《世界进步之大势》这部译书注意到,在老牌的资本主义国家英国,出现了"几百万之劳动者不

---

① 吴铭. 十九世纪大势变迁通论[M]. 上海:广智书局,1902:5(a).
② 吴铭. 十九世纪大势变迁通论[M]. 上海:广智书局,1902:5(a).
③ 吴铭. 十九世纪大势变迁通论[M]. 上海:广智书局,1902:8(a).

能出黑烟而呼吸新鲜之空气,几百万之贫民不能守文明之国而渡航于海外,奚得安享汽车汽船之用。制衣服者号寒,贩食物者啼饥"的悲惨状况,看到了生产力发展导致的却是"劳动之供远超于求,……劳动者之于佣主,宛然臣之于君,……殖产发达之利益尽为资本家之所占。生产之分配不平均与物质之进步如影随形,始终不可离者也"①的异化现象。虽然作者只是对资本主义社会的异化现象作了列举式的揭露,而并未从更深的层面就异化产生的原因、发展的过程以及消灭的途径给出明确的意见,但至少从价值判断的视角,该书已经认识到"颂扬十九世纪之物质进步为功德者,亦知生产何如消费,而使之分配于社会各部乎,是社会休戚之所关也。若使富者益富、奢者益奢,则其结果社会之不平均必加甚,是非文明之进步,而退步也"②,强调了缩小贫富差距、实现社会公平乃是现代社会文明进步的必然要求和基本标志。即此而言,其积极意义也是值得充分肯定的。

第三,从阶级和阶级对立的角度分析了资本主义社会的弊端。《十九世纪大势变迁通论》所收渡边国武《近日社会之问题》一文有言:"世界大势,几为劳动社会与资本社会分占之。……富者益富,贫者益贫,遂成不公平之社会。"③这里非常明确地把全社会分为"劳动社会"和"资本社会"两大社会阶级,并且将"劳动"与贫穷、"资本"与富裕两两对应,从而揭示了"劳动社会"和"资本社会"两大社会阶级之间的阶级对立,得出了资本主义社会使"富者益富,贫者益贫"因而是"不公平之社会"的结论。《世界进步之大势》一书指出:"阶级制度之社会,如梯然。对上层为奴隶,对下层为主人,……阶级制度之社会之要素,不在人而在地位。无地位则虽有才干亦无所发挥。"④作者比喻说,整个"阶级制度之社会"就像是一架梯子,社会中的人们处于不同的阶级,就像是梯子上那些高低不同的梯级一样,梯子上的各个梯级有着固定不变的高下之别,社会中的人们也有着高低贵贱的阶级划分,一个人的阶级地位是高还是低,并不由本人的品德和能力决定,而是取决于他的出身,这势必就导致了出身贫贱者即便才能过人也无法得到施展的平台这样一种结局。这

---

① 曾剑夫. 世界进步之大势[M]. 上海:文明书局,1904:45-46.
② 曾剑夫. 世界进步之大势[M]. 上海:文明书局,1904:45.
③ 吴铭. 十九世纪大势变迁通论[M]. 上海:广智书局,1902:26(b).
④ 曾剑夫. 世界进步之大势[M]. 上海:文明书局,1904:49.

里，作者通过一个形象的比喻，就把资本主义及之前的一切阶级社会的弊端作了痛快淋漓的揭露，令人一目了然且感触至深。显而易见，19世纪末的日本知识界已经意识到阶级分化和阶级对立是影响社会公平、阻碍社会进步的重要因素。这一认识的意义在于，"阶级"话语的出现意味着日本知识界已经能够从客观的社会现象中作出抽象的理论概括，而理论概括的形成又为知识人士更加深刻地认识资本主义社会的弊端，进而探索建立更加平等的社会，提供了现实的借鉴。

第四，批判了国家社会主义、无政府主义的过激主张。19世纪中后期是社会主义思潮和运动蓬勃发展的一个时期。在资本主义国家，伴随着社会化大生产的发展，无产阶级同资产阶级之间的阶级矛盾日益尖锐，阶级斗争日益激烈，社会主义思潮和运动迅速兴起。社会主义的思想流派形形色色，其中有些虽然自称或是被当作社会主义思潮，但究其实质，它们与马克思、恩格斯所主张的科学社会主义其实是南辕北辙的，如国家社会主义、无政府主义这两大思潮。《十九世纪大势变迁通论》所收高山林次郎《十九世纪》一文，对国家社会主义、无政府主义的激进主张给予否定和批判。高山林次郎指出："国家社会主义，是社会主义中之最失温和者也。至其极端，即为现今主张破坏经济组织之根本的者"；而无政府主义，"其社会改造之惟一方法，极持革命之说，彼等无论如何种类之政体，如何种类之社会，唯颠覆之一事，若无政府党、虚无党之名称，由是而起"①。在高山林次郎看来，国家社会主义主张"破坏经济组织之根本"，无政府主义主张"无论如何种类之政体，如何种类之社会，唯颠覆之一事"，均属过激，一旦付诸实践，则必将是极其有害的。显然，高山林次郎对这两种思潮均予以反对。高山林次郎看到了国家社会主义和无政府主义思潮的弊端并加以批判，这一点是有意义的，但也应当看到，他的思想基础是建立在对既有社会秩序的维护上，而不是对过激革命主张的纠偏。因此，虽然他对国家社会主义和无政府主义的批判具有一定的合理性价值，但他并非社会主义的同情者。

事实上，从当时日本思想界的实际情况看，在这两部"大势"类译书中出现上述思想内容，是难能可贵的。毕竟社会主义初入日本就遭遇了坎坷的发展历程，甚至"批判文章充当了社会主义思想在日本传播的第一批

---

① 吴铭.十九世纪大势变迁通论[M].上海：广智书局，1902：49（a）-49（b）.

使者"①。及至19世纪末，虽然社会主义思潮在日本有所发展，但受制于明治政府的高压控制和其他社会思潮的冲击，这一思潮在日本的生长依然步履维艰。基于这样的客观环境，有关社会主义的内容能够在并非专门探讨社会思潮的"大势"类译书中出现，本身就说明了社会主义所具有的影响力。当然，在社会主义传播初期，人们对它的认知还十分有限，以偏概全或是错误理解也是难以避免的，而建立在既有理解基础之上的对社会主义的认知则犹如一面镜子，映现出部分日本知识人士真实的思想意图和深层次的阶级意识，而这也构成了我们对该书社会主义思想内容的第二层理解。

四、社会主义定位与社会主义观：工具意义与阶级意识

由上文可知，这两部"大势"类译书从多个方面介绍了社会主义的有关内容，为社会主义在中国的早期传播提供了丰富的思想资源。而在上述批判资本主义、介绍社会主义等内容的背后，另一条观察线索也得以呈现——这便是作者们主观层面的思想认知，揭示的是他们内在的思想动机和目的意图。如果我们将上文所述视为该书阐释社会主义的"明线"，那么这里所要讨论的内容就可视作探讨社会主义的"暗线"。

这条"暗线"的浮现，是从作者们对社会主义的理论定位开始的。作为起源于欧洲的思想理论，社会主义在域外的传播必然要经历有所取舍、有所侧重的选择性传播阶段，特别是对于早期传播而言，受制于传播内容和接受者的接受程度，知识人士对社会主义的认知自然难以避免"盲人摸象"的片面、感性阶段，19世纪末20世纪初的社会主义即面临如此境地。这一阶段的鲜明特点是，知识人士以其对社会主义尚不全面深刻的理解来认知和定位社会主义，在这一过程中，个人的思想倾向、目的意图就有了充分的展现。具体到作为本文研究对象的"大势"类译书来说，一个有意思的现象即是，不论是《十九世纪大势变迁通论》还是《世界进步之大势》，社会主义都出现在讨论社会问题、劳动问题的主题中，而非出现在探讨思想、哲学的部分。典型例证如下表（表1）所示：

---

① 卢坦. 日本明治时期的社会主义思想研究[M]. 北京：中国社会科学出版社，2016：25.

表 1　"大势"类译书关于社会主义内容的表述

书名	章节标题	内容
《十九世纪大势变迁通论》	"十九世纪"——社会问题	国家社会主义,是社会主义中之最失温和者也。至其极端,即为现今主张破坏经济组织之根本者也。……语其社会改造之惟一方法,极持革命之说,彼等无论如何种类之政体,如何种类之社会,唯颠覆之一事,若无政府党、虚无党之名称,由是而起。……彼等虽不能敌平和之秩序,而其势力之深,不可轻视者也。
	"十九世纪"——劳动问题	然而劳动社会之生活状态,与百年前相比较,决非退步。唯当今世纪,平权平等之理渐明,彼等自觉自己之地位,与之相殊,是其所以不平也。故今日之劳动者,宛然社会主义无尽藏之预备兵也。与社会主义相战者,先与劳动者以安住之地位,是为上策也。
《世界进步之大势》	"平民的大势"	然吾征之平民大势,而知此非不治之症也。社会平等主义兴,果可容忍殖界之贵族制乎?平民主义兴,果可永屈于资本家之压抑乎?殖产不平均之劳动问题,今尚未解。他日者或救以社会主义,或以同盟罢工任其自然之优胜劣败,或别有良法乎?不能断言。然平民主义之胜利,必可救殖产社会之不平均。殖产界独闭其门户,信不能防平民主义之侵入也。

事实上,在两部"大势"类译书中,社会主义在探讨思想、哲学的部分是毫无踪影的,不仅如此,在关涉思想、哲学内容的章节中,两本"大势"类译书共列举了近百位在 18—19 世纪人类社会发展史上作出过突出贡献的思想家、科学家、政治家、军事家等,但其中并没有提及马克思、恩格斯的名字,即便是与其他社会主义流派有关的代表人物也未列其中。提及与否显然体现了作者的运思,结合书中将社会主义置于劳动问题、社会问题等主题下的安排方式,可以看出,诸位作者并未将社会主义视为一种科学的社会理论,而仅仅将其视作解决资本主义社会问题的方案之一。对于这一状况,我们应当辩证地看待:从积极方面来说,它表明这些知识人士注意到了社会主义所具有的实践品格,并在工具意义上认可社会主义较之于资本主义的先进性;从消极方面看,它却也极大地收缩了社会主义的思想内涵,并将一个具有多个流派、不同目标诉求的复杂思想集合体简单化地视为一个在工具意义上解决社会问题的手段。

显然,两部"大势"类译书对社会主义所作的工具意义的理解,源于各位作者对于社会主义的笼统、模糊的认识。从时空比较的维度看,当欧洲的空想社会主义已退出历史舞台,马克思、恩格斯创立的科学社会主义的影响力日渐扩大,其他社会主义流派也在暗潮涌动之时,在古老的亚洲,知识人士对社会主义的理解还处于只鳞片羽的浅显的感性认知阶段。

基于这样的认识基础,当时的知识人士才会简单地将仅具有概念意义的"社会主义"作为对治资本主义弊病的方案。同时,部分作者基于对社会主义的笼统模糊的认知和复杂的心态,他们对社会主义的真实态度也有所流露。

从这两部书来看,诸位作者并没有对社会主义抱有乐观和期待的情感,相反,他们大多对社会主义怀有某种担忧,甚至是反对的情绪。担忧者如加藤弘之,他认为:"社会的思想,忽大奔流、莽莽泱泱、势不可遏。然此问题比之于权利问题,更不容易结果也。……而救济贫民,则不免压抑富者,此决非法律之力所能及。富者贫者,悬隔太甚,则人民参与政权之事,亦属空文,安得实际之权利乎。"除了担忧以外,对社会主义持反对态度的言论更能令人真切地感知一种新的思想理论的产生和发展所必定要经历的曲折。我们打开《十九世纪大势变迁通论》这部译书,渡边国武在其《近日社会之问题》一文中,基于他所理解的"社会党共产党之谬误理想",认为"设救贫院,立贫民学校,制限劳动时间,备公众之欢游场等","皆为必要之事",且这些"必要之事"与"社会党共产党之谬误理想"相比,更具有实际意义,"其现象不高出数等欤"①。其对社会主义理想的排斥态度跃然纸上。高山林次郎同样对社会主义表示反对,他写道:"劳动社会之生活状态,与百年前相比较,决非退步。唯当今世纪,平权平等之理渐明,彼等自觉自己之地位,与之相殊,是其所以不平也。"②在高山林次郎看来,既然被视为"社会主义无尽藏之预备兵"的劳动者的觉醒并非因生活水平的下降,而仅仅是受"平权平等"理念的影响,那么统治者就必须采取措施以避免劳动者继续误入歧途,他明确主张统治者应"与社会主义相战",而手段就是"先与劳动者以安住之地位",换言之,即以经济利诱的方式分化瓦解劳动者的联合,并认为"是为上策也"③。显然,与渡边国武反对社会党、共产党的社会主义理想的"谬误"不同,高山林次郎对劳动者与社会主义的结合更是抱有强烈的敌意,并试图采取措施加以阻止。

如果说日本知识人士对社会主义作出工具意义的理解是缘于对社会主义所知甚少,那么他们看待社会主义的态度则反映了其内心深处根深蒂

---

① 吴铭. 十九世纪大势变迁通论[M]. 上海:广智书局,1902:27(a).
② 吴铭. 十九世纪大势变迁通论[M]. 上海:广智书局,1902:49(b)-50(a).
③ 吴铭. 十九世纪大势变迁通论[M]. 上海:广智书局,1902:50(a).

固的阶级意识。一个吊诡的现象是,在两部译书中,凡是言及社会主义,日本知识人士无不对社会主义与劳动人民的结合抱有警惕心理,这显然表明,他们害怕为数众多的劳动人民受到社会主义的"蛊惑"而展开抗争,从而打乱"平和之秩序"、阻碍日本对外扩张政策的施行。但是,他们对既有社会秩序的维护,是建立在漠视劳动人民悲惨生活基础之上的,因此,他们对社会主义的态度,也透显出他们真实的阶级意识,即以维护有产阶级的利益作为自己思想的出发点。

五、结　　语

对近代中国来说,"大势"类译书的价值首先体现在它揭示了一种不可移易的客观世界的发展规律。自"大势"类著作进入中国,这一发展规律即与近代中国先进分子所崇尚的"开眼看世界"的理念联系在一起,从这个意义上说,"大势"类译书在中国的出现赋予了中国知识界以思想变革的意义。它使中国先进分子有了了解世界政治、军事、思想、社会等各领域最新发展状况的机会,在这一过程中,中国人的视野得以开阔,特别是通过对书中内容的阅读,这些先进分子能够直观地感受到中国与世界强国的显著差距,从而在思想上为接受变革奠定了基础。

在这一基础上,"大势"类译书对社会主义的阐述就具有重要的意义。从社会主义思想启蒙的层面看,书中对资本主义社会贫富分化状况的描述、对社会主义思想先进性的揭示,使得中国的先进分子对社会主义和资本主义的优劣有了先导性的感性认知。虽然书中所述部分内容与社会主义的实际理论形态之间不甚相符,但是对于辛丑国难后已初步凝聚起变革共识、但却徘徊于路径选择关口的中国先进分子来说,社会主义的出现为他们提供了一种理论上的参考,这种理论上的参考的出现则意味着社会主义所提倡和追求的目标已开始进入中国先进分子的头脑中,且随着国内外、主客观条件的变化,中国先进分子对资本主义的拒斥和对社会主义的接受程度日渐增高,认同社会主义的知识群体队伍从而也就不可逆转地迅速壮大起来。

从社会主义发展史的意义上说,近代以来中国先进分子对社会主义思想认知的发展,必然要经历一个在填补理论空白的同时不断纠偏的过程。就以传播社会主义思想的日本渠道来说,在 19 世纪末,日本许多知识人士"对'空想社会主义'与'科学社会主义'在历史上的地位"懵懵懂懂，至于"'国家资本主义'与'社会主义'的区别也分不清楚"①，及至这两本"大势"类译书所依据的日文版原著问世时，虽然作者关于社会主义的认知依然有诸多谬误，但是认知水平显然已较前高出许多。由前文可知，书中已不乏批判资本主义、揭示异化现象、揭露阶级对立以及评析国家社会主义和无政府主义等内容。这些内容的译介无疑提升了中国知识人士对社会主义的认知水平，在当时条件下也丰富了中国社会主义发展史。

从社会主义传播史的意义上说，有研究表明，"汉语术语'社会主义'首次出现于 1896 年的《时务报》"，而"汉语中表示'社会主义'概念的术语大约从 1902 年才开始较为频繁地出现在汉语著述当中"②。前已述及，作为本文研究对象之一的《十九世纪大势变迁通论》这部译书，其出版时间即为 1902 年。这显然意味着，它必定是我国最早传播、阐释社会主义及其概念的著作之一。以往我们探讨社会主义思想在中国的早期传播时，并未对包括该书在内的"大势"类译书给予必要的关注，但实际上，这类书籍的客观、宏大视角和关注热点的取材思路，决定了其对 19 世纪中后期资本主义国家的经济危机不会视而不见、置若罔闻，而在关注资本主义危机的同时，作为解决方案之一的社会主义自然会被提及并得到阐释。因此，在社会主义的早期传播中，"大势"类译书也作出了积极的贡献，其历史地位值得肯定。

当然，我们在肯定"大势"类译书所具有的积极意义的同时，对其内容中的消极方面也应予以正视。除了前已述及的部分知识人士对社会主义所持的片面、错误的认识之外，《世界进步之大势》书中对平民主义这一与社会主义虽然相关但本质不同的思想理念的宣扬，以及《十九世纪大势变迁通论》书中所出现的军国主义和对外侵略扩张等论调，都必须认真加以甄别和批判。总之，我们应当全面、辩证地看待这两部"大势"类译书及其思想观点。

---

① 近代日本思想史研究会. 近代日本思想史：第 2 卷[M]. 李民，等译. 北京：商务印书馆，1991：63.
② 李博. 汉语中的马克思主义术语的起源与作用[M]. 赵倩，王草，葛平竹，译. 北京：中国社会科学出版社，2003：122.

The Causal Association of The World Changing and Ideological Progressing: Based on the Exploration of Socialism of *Ma Zang*'s "World Tendency Books"

Pei Zhi

Abstract: *The General Theory of 19th Tendency Variation and The World Progress's Tendency*, are two of the "world tendency books" of *Ma Zang*. The value of intellectual history of the two translation press based on the following points: they reflected the world view of believing in the progress, explored the future development of society on account of the problems of reality, and expressed the pursuit of master the future social development in according to the social reform. These two translation press revealed the gap between rich and poor which leading to socialism, disclosed the alienation of capitalism, analyzed the disadvantages of capitalism on account of class antagonisms and criticized the national socialism and anarchism's radical ideas. It must be pointed out that the authors generally understood socialism by instrumental rationality, therefore they inevitably alerted the laborers in combination with socialism. Their attitude to socialism, reflected their class consciousness which their starting point of thought begin with preserving the benefits of propertied class.

Key words: *Ma Zang*; "world tendency books"; socialism

《近世社会主义》所载《共产党宣言》片段

千八百四十七年,"正义同盟"于伦敦,变更其组织,改名为"共产的同盟"。新表其宣言书,以开陈同盟之意见。先述其目的曰:"同盟之目的,以平民之束缚者,与市民而平夷,全灭阶级之争阋,与旧社会之基础,撤去阶级制与私有财产制,以组织一新社会。"

（巩梅摘）

论《理想社会主义与实行社会主义》的译文特点

许文星

摘要：《理想社会主义与实行社会主义》是恩格斯《社会主义从空想到科学的发展》的最早中译本，在马克思主义在中国的传播史上，对科学社会主义的传播和中国马克思主义的发展具有开创性的意义。此译文使用了具有中国传统文化特点的术语，体现出译者对资产阶级和资本家的不同看法；增加了有关批判欧洲列强、针砭时弊的内容，具有时代特征；使用了"理想""实行"的新译法，表明了译者对空想社会主义的观点。译文在语言特点、术语使用、内容增减上的独特性，体现出中国早期马克思主义传播在术语翻译、传播群体、传播动机上的特点。

关键词：恩格斯；施仁荣；马克思主义早期传播

作者简介：许文星，北京大学法学博士，北京化工大学马克思主义学院讲师、硕士生导师。主要从事马克思主义经典原著、马克思主义国家治理理论及社会发展方面的研究。

一、《理想社会主义与实行社会主义》概况

恩格斯所著《社会主义从空想到科学的发展》，是马克思主义经典著作之一，被马克思称为"科学社会主义的入门"①。原文为德文，最早出版的是1880年由保尔·拉法格翻译的法文版，1883年3月出版了德文版第1版，1892年出版了爱德华·艾威林根据德文版翻译的英文版②。目前

---

① 马克思，恩格斯. 马克思恩格斯选集：第3卷[M]. 北京：人民出版社，2012：743.
② 1891年曾在纽约出版了英译文，但受到了恩格斯的批判。1892年英文版则受到了恩格斯的认可。参见杨金海. 马克思主义研究资料：第28卷[M]. 北京：中央编译出版社，2015：281.

通行的中文版本，是中央编译局根据《马克思恩格斯全集》历史考证版第1部分第27卷，并参考《马克思恩格斯全集》德文版第19卷翻译的（以下简称"现行版本"）。

《理想社会主义与实行社会主义》是《社会主义从空想到科学的发展》的最早中文节译本，译者施仁荣，1912年5月至9月连载于中国社会党绍兴党支部内部党刊——《新世界》第1、3、5、6、8期上。中国社会党是江亢虎1911年11月5日在上海创立的政党组织，江亢虎任部长，其前身是同年7月11日在上海创办的"社会主义研究会"。此前，江亢虎曾在旅欧时与法国无政府主义者新世纪派来往，并向法国无政府主义刊物《新世纪》投稿。1910年曾发表《无家庭主义意见书》《三无主义悬论（上篇）》，提倡"无宗教、无国家、无家庭"的"三无主义"。中国社会党出版的1912年第4期《中国社会党月刊》上，刊登了江亢虎撰写的《中国社会党宣告》，其中列明了8条党纲，包括"赞同共和""融化种界""改良法律""破除世袭遗产制度""普及平民教育""限制军备"等，相比于主张推翻政府的激进革命派，在一定程度上体现了资产阶级改良主义的要求。

根据现有文献，目前尚无法知悉译者翻译的确切底本信息。在《新世界》1912年第5期附页中有三个启事，第二个启事写道："本报于所译各籍均采欧美最新之名著，惟其中名词前无所本，皆由译者自定。故所需时日甚多，以致不能多出译稿，后当逐渐攒出，以副阅者诸君之望（其中人名与前人所译或异，当出一对照表）。"① 而此时广泛传播的是《社会主义从空想到科学的发展》1892年出版的英文版。因此，其翻译底本可能是1892年英文版。从《新世界》的出版情况来看，译文最后有"未完"二字，可见译文的翻译和连载并未全部完成。

在施仁荣的译文发表之前，中国仅有少数零星文章提及了恩格斯的这部著作。例如，1907年9月1日，刘师培在《天义报》第六卷发表了《欧洲社会主义与无政府主义异同考》一文，文中提到："马尔克斯所著书有《由空想的科学的社会主义之发达》"②。但却将该书的作者错写为"马尔克斯"（马克思）。可见，当时恩格斯的这部著作尚不为人熟知。《社

---

① 煮尘客. 本社启事[J]. 新世界，1912（5）：64.
② 史革新. 唯物史观在我国早期的传播[J]. 史学史研究，2002（2）：1-8.

会主义从空想到科学的发展》一书在我国最早的全译文，是 1920 年 2—3 月在上海《民国日报》副刊《觉悟》上连载，丽英女士根据英译本翻译的《空想的及科学的社会主义》①。从 1912 年至 1920 年，尚未获知其他的翻译版本。因此，施仁荣所翻译的《理想社会主义与实行社会主义》的发表，有助于《社会主义从空想到科学的发展》在中国的传播。施仁荣的译文在早期马克思主义著作翻译中，具有一定的代表性。分析其译文，有助于把握 20 世纪初马克思主义在中国早期传播的特点。

二、《理想社会主义与实行社会主义》译文分析

施仁荣译本《理想社会主义与实行社会主义》包括了正文的第一章、第二章和第三章的一部分，并对内容作了一定改动。从译文中语言的特点和对内容的改动上，可以概括出以下几个特点（为理解便利，括号中附上对应的通行版本译文）。

首先，运用中国传统文化语言进行翻译，使术语和内容具有中国文化的特点。1912 年施仁荣对《社会主义从空想到科学的发展》进行翻译时，中国书面写作普遍还在使用文言文，因此施仁荣的译文必然体现出中国传统文化语言较为晦涩难懂的特点。一些术语和内容的翻译虽然不够准确，但通过上下文语境、在一定马克思主义理论知识的基础上，能够理解译文所要表达的含义。例如，译者将"唯物主义"译为"格物"："旧格物家，常视过去历史为无足重轻。新格物家则恒籍过去历史，以究人群进化之由，以阐发真理，以发明公例。"（"同那种以天真的革命精神简单地抛弃以往的全部历史的做法相反，现代唯物主义把历史看作人类的发展过程，而它的任务就在于发现这个过程的运动规律。"②）将"辩证法"译为"名学"："海极尔之考察历史也。虽不以幻想观念。而以名学观念。"（"黑格尔把历史观从形而上学中解放了出来，使它成为辩证的，可是他的历史观本质上是唯心主义的。"③）"格物""名学"皆出自中国古语。《礼记·大学》有"致知在格物，物格而后知至。"但《大学》中没有对"格物"作具体解释。东汉郑玄注："格，来也；物，犹事也。

---

① 丽英. 空想的及科学的社会主义[N]. 觉悟，1920-02-19.
② 马克思，恩格斯. 马克思恩格斯文集：第 3 卷[M]. 北京：人民出版社，2009：543.
③ 马克思，恩格斯. 马克思恩格斯文集：第 3 卷[M]. 北京：人民出版社，2009：544.

其知于善则来善物；其知于恶深，则来恶物，言事缘人所好来也。"①在现代汉语中，格物指探究事物的原理。"名学"，有三种含义：其一，指先秦时期的"邢名"之学。其二，为"逻辑学"的旧译，1824年乐溪学堂刊行《名学通类》，首次以"名学"译"逻辑学"。其三，指"一种为学的方法"，胡适所著《中国哲学史大纲》指出："古代本没有什么名学，无论哪一家的哲学都是一种为学的方法，这种方法便是一家的名学（逻辑）"。②唯物主义探求客观世界的规律性，而辩证法确实有逻辑性较强的特点。可见，施仁荣的这种翻译尽管不够准确，但也是尽力贴近其原意了。

再如，译者用"中人""中人阶级"来翻译"资产者""资产阶级"，并在翻译中体现出对资产阶级和资本家不同的评价，认为资产阶级是为贫民谋福利的，在振兴经济、解决社会问题中有重要作用，而资本家则是与无产阶级和资产阶级相对立的。译文中增加了两句原文没有的内容："贫民无中人以提携之，则贫民无以谋其生。""且贫民亦有助中人也。"而这两句也体现了无产阶级（"贫民"）与资产阶级（"中人"）之间相互扶助的关系。另有两句译文增加了体现无产阶级与资产阶级关系的内容，有一句点明了"中人"的作用："居资本家与劳动家两者之间。而奔走呼号。以为社会谋幸福者。则固吾中人耳。"现行版本译为"资产阶级的代表才能标榜自己不是某一特殊的阶级的代表"，没有"则固吾中人耳"的含义。另一句："舍伍忒西盟提倡贫民与中人当如何排去资本家。"现行版本译为："在圣西门那里，除无产阶级的倾向外，资产阶级的倾向还有一定的影响。"③没有"与中人"的含义。这两句也体现了资产阶级与资本家的对立。"中人"在古汉语中有三种含义：其一，指水平、才德、容貌或财产居于中等的人。如《论语·雍也》："中人以上，可以语上也；中人以下，不可以语上也。"指具有中等接受水平的人。《随园诗话》卷十六："莫素辉亦中人之姿。"指中等容貌的人。《汉书·文帝纪》："百金，中人十家之产也。"指拥有中等财产的人。其二，指居间介绍、调解纠纷或作见证的人，亦称中间人。明徐咸《西园杂记》下："他日某知之，与理论不明，讼之县官，拘陆某与中人"。其

---

① 方克立.中国哲学大辞典[M].北京：中国社会科学出版社，1994：560.
② 方克立.中国哲学大辞典[M].北京：中国社会科学出版社，1994：288.
③ 马克思,恩格斯.马克思恩格斯文集：第3卷[M].北京：人民出版社，2009：525.

三,指皇宫中的宦官、宫女或权臣等人。《史记·李将军列传》:"(李)敢有女为太子中人,爱幸。"《晋书·李密传》:"官无中人,不如归田。"①可见,译者认为,资产阶级是社会的中坚力量,为增进无产阶级利益贡献了独特的力量,与压迫和剥削无产阶级的资本家不同。译者对资产阶级和资本家的不同看法,可以从这段译文体现出来:"设中人对于各种生产事业,不能投资振兴,则自后之生产机关,若托剌斯,若银行,若公司,不为资本家所攘夺,则为国家所占有。是吾中人必将为天涯沦落人而已矣。"现行版本译文为:"如果说危机暴露出资产阶级没有能力继续驾驭现代生产力,那么,大的生产机构和交通机构向股份公司、托拉斯和国家财产的转变就表明资产阶级在这方面是多余的。"②即振兴经济和投资是资产阶级的责任,资本家和国家与资产阶级相对立。因此,在施仁荣的译文中,资产阶级与资本家不属于一个利益群体,资产阶级与无产阶级有共同的利益,二者都与资本家相对立。

其次,译者在翻译中增加、发挥了一些内容,这些内容与当时的社会历史背景相结合,具有借题发挥、针砭时弊的意味,体现出译文的时代特征。这一特点主要表现在三处:其一,在第三章论述资产阶级产生后对社会矛盾、经济发展的影响中,译者将导致劳动者穷困潦倒的矛头指向了资本家,并增加了一句:"政府为其傀儡,官吏供其驱策,兵士保守其财产,警察防卫其室家。而所支公费,则固吾贫民之膏血也。"体现了资本家与政府、武装势力勾结,共同搜刮民脂民膏的社会现象。其二,在第三章描述资本主义发展使销售市场的范围扩大,并引起地方性斗争中,增加了一句:"欧西骄子,大率左订媾和修好之约,右修军备扩张之案,殖民政策其权益兴,垄断商业其究竟。维持和平其美名,占人土地其寓意。纷纭扰攘,竞争不已。"体现了对17世纪至18世纪欧洲国家通过签订友好条约实行对外扩张、殖民侵略和经济垄断的批判和不满。其三,在描述世界市场的商业斗争加剧时,增加了描述当时中国危险处境的内容:"降而至於十九世纪与二十世纪之时,……英以海军雄视五洲。法以陆军夸耀全欧,加以法美之物阜民康,日俄之鹰瞵虎视。"19世纪至20世纪的中国,正处于最危难的时期,由于商业和工业落后,英、法、美、日、俄等

---

① 王力,岑麒祥,林焘,等.古汉语实用词典[M].北京:中华书局,2004:74.
② 马克思,恩格斯.马克思恩格斯文集:第3卷[M].北京:人民出版社,2009:559.

国家对中国广大的市场和利益虎视眈眈，最终经历了鸦片战争、甲午战争等劫难，体现了世界市场的"弱肉强食"。可见，译者在翻译的过程中，对恩格斯所描述的资本主义发展中体现的官商勾结、阶级矛盾激化和地区性斗争加剧等现象进行了发挥性的翻译，增加了与中国社会背景相关的内容。

最后，译者在翻译中增加的内容和使用的语言，有利于无政府主义、中国社会党的宣传。主要体现在两个方面：其一，译者将恩格斯的《社会主义从空想到科学的发展》这一书名译作《理想社会主义与实行社会主义》，没有使用旧的译法。在此版译文翻译出版之前，"科学的社会主义"和"空想的社会主义"二词已经有较为广泛的使用。1903年9月，幸德秋水所著《社会主义神髓》的中译本，由中国达识译社翻译，浙江潮编辑所在日本出版①。这本书阐述了科学社会主义理论的基本内容，是日本早期社会主义的重要著作之一。幸德秋水在前言中明确表示，写作此书时参考了《共产党宣言》和《社会主义从空想到科学的发展》，并在第二章和第四章都使用了"科学的社会主义"一词②。这本书在当时的中国影响很大。1905年《民报》第5号上，县解（朱执信）发表的《论社会革命当与政治革命并行》一文中，也使用了"科学的社会主义"一词。前文提到，1920年丽英女士所译《社会主义从空想到科学的发展》最早全译本，使用的书名为"空想的及科学的社会主义"。可见，译者是有意选择不使用旧的译法。同时，译者在译文中也将"空想社会主义"译作"理想社会主义"，将"科学社会主义"译作"实行社会主义"。在评价黑格尔哲学时，指出："然其所谓名学观念者。虽非幻想。亦理想耳。"即黑格尔的辩证法思想，虽然不是幻想，但却是理想。在现代汉语中，"理想"一般指对未来事物的想象或希望（多指有根据的、合理的，跟空想、幻想不同），"空想"一般指凭空设想、不切实际的想法。译者认为空想社会主义思想不是不切实际的幻想，而是有根据的、合理的。其二，在第三章描述资本主义社会中无产阶级生活困境的译文中，增加以下内容："以故近世社会党人，恒欲发其昭耀日月之志愿，出其经纬天地之手段，倾太平洋之水，以一洗工人之耻，而共登之于彼岸。"可见，译者认为社会党是

---

① 蒋逸人，戴梦桃.《社会主义神髓》的中译问题及其它[J]. 浙江学刊，1983（3）：22-26.
② 杨纪元. "科学社会主义"一词在中国的最早使用[J]. 科学社会主义，1991（5）：79-80.

竭尽全力维护无产阶级利益、改善社会境况的政党。而恩格斯的原文中虽曾提及宪章派等政党的历史作用，但并不认为这些政党总是代表工人阶级利益的。因此，译者对社会党的积极正面评价，源自译者自身的想法。因施仁荣的译文发表在中国社会党党刊《新世界》上，在其中所刊登的其他文章中，还有提倡社会党人应废除姓氏的内容（见第八期《煮尘客废姓说》），是江亢虎"无国家、无宗教、无家庭"的"三无主义"的体现。这种观点在当时的无政府主义中比较普遍。可见，无政府主义和马克思主义都是中国社会党所接受的主张，而译者在译文中对"理想"一词的使用和社会党的评价，都体现出对无政府主义和社会党的支持。

从上述三个方面，可以看出施仁荣的译文集中体现了20世纪初马克思主义理论在中国传播时，具有的历史和时代特点。由于白话文仍未广泛使用，马克思主义早期的传播体现出传统文化语言的特点，也体现出马克思主义理论与中国传统文化相结合的可能性。由于中国当时正处于国难当头的危急时刻和贫民与大资本家矛盾尖锐的时期，译文的翻译结合中国的社会历史背景进行了一些发挥，体现出与中国实际相结合的时代性。而刊印这篇译文的刊物所具有的特殊性，使这篇译文的作用，既有启发智识、传播先进思想的作用，也有宣传无政府主义、扩大社会党影响的用意。

三、《理想社会主义与实行社会主义》的主要贡献与局限性

施仁荣所译的《理想社会主义与实行社会主义》是《社会主义从空想到科学的发展》最早的节译文，是在特定的历史环境和背景下产生的，因此译文具有自己的特点。这些特点使该译文在中国的马克思主义传播史上具有独特的意义，作出了开创性的贡献。其主要贡献可以归纳为以下三个方面。

首先，译文介绍了空想社会主义思想家的主要观点，德国古典哲学在20世纪取得的主要成就，以及社会主义从空想到科学的发展历程。其一，译文概括了傅立叶等空想社会主义思想家的贡献。例如，译文提到，傅立叶和欧文"竭力鼓吹推翻阶级制度，而直接影响于法之物质文明"，他们"各处演讲，使光明正大之社会主义，编入一般人民脑中。此社会之新组织法，乃造端乎理想社会主义家"。欧文还将对理想社会的构想付诸实践，"阿浑氏（欧文）知其然，即乘机发挥其平日所抱之理想，一一见

诸实行,使社会转危为安,人民转劳为逸"。其二,译文还提到了康德和黑格尔等人的哲学成就。例如,"夫在博物学上有刊忒(康德)者宣言地球必有消灭之一日""夫此德国新哲学至海极氏(黑格尔)而集大成矣。海极氏之功,乃在并合全世界各种举动,或关天然,或关历史,或关智育,为一冲动"。同时,译文指出,解决德国哲学弊端的方法在于注重实践。译文中说:"然则欲救德国哲学末流清谈误学之弊,非重实践而谁重耶,非尚格物而谁尚耶。"其三,译文表明,随着空想社会主义思想的发展,各种不同的流派纷纷产生,思想内容各异,甚至相互攻击,导致"真理反为泯没,浅见者流。遂以理想社会主义为诟病矣",这也催生了科学社会主义的诞生——"于是有实行社会主义出而济理想社会主义之穷。英法社会主义家,遂以其畴昔研究理想社会主义之功,转而讨论实行社会主义。"

其次,批判了资本主义社会中资本家对劳动者的剥削和压迫,揭露了资本家借垄断大发横财、劳动者生活极度贫困和阶级矛盾日益尖锐的社会图景。例如,译文提到:"且机器发明,工业发达,在资本家固大获其利,而在劳动家实时受其害。""然工业发达,时趋专利,资本家得以出其狼吞虎咽之手段,以垄断生业,横搅财权。而劳动家手胼足胝,终岁劳动。计其所入,仰不足以事父母,俯不足以畜妻子。"

最后,介绍了科学社会主义的重要理论内容,主要体现为以下五点:其一,指明了科学社会主义是以客观规律为基础的。例如,译文指出:"然以社会主义作科学观,而名之为实行社会主义,则其第一步所当主义也曰,根真理"。其二,指明社会主义是因经济不平等而产生的主张。例如,译文中说:"欧西学子,始公认社会主义,为因经济不平而生之一定不易主张矣"。其三,大体指出了科学社会主义的两大理论支柱,即唯物史观和剩余价值理论。译文提到:"一为以物质思想观察历史,一为以余利所得维持资本生产行为,……具此二大发明,而后社会主义始成为一科学"。并且,指出唯物史观的主要内容是资本主义生产过程导致阶级划分和阶级矛盾:"以生产行为与交换行为维持吾人经济,有生产与交换行为,然后有分配行为,而社会于是阶级分矣。"而剩余价值理论则揭示了阶级矛盾的根源,是资本家无偿掠夺了无产阶级创造的剩余价值:"自余利发明,而后资本家始得以少数之资本,购多数之工作。以工人之脂膏,供其挥霍。于是社会生活程度日高,而贫富阶级益严矣。"其四,提出阶级矛盾和经济危机的根本原因,在于社会生产与资本的某种运行方式之间的矛盾。译文指出:"社会生产与资本行为之不相合,犹资本家与劳动家之不相容也",并且译文表明:"经济恐慌,皆社会生产与资本行为互相冲突之结果也",虽然将"资本主义占有"译为"资本行为"不够严谨,但也体现了这一原理。其五,指出在资本主义社会中,国家只是资产阶级的代理人。例如,译文提出:"国家者乃资本社会最有力之代表也。"

尽管《理想社会主义与实行社会主义》具有上述重要的历史贡献,但也不可否认该译文具有一定的局限性。其一,从前文的梳理中,可以看出译者对科学社会主义和马克思主义理论的认识还比较模糊,用词不够准确。比如,将"辩证法"译为"名学",将"唯物史观"译为"以物质思想观察历史",将"社会化大生产与资本主义私人占有之间的矛盾"译为"社会生产与资本行为之不相合",等等。其二,没有看到无产阶级作为独立的革命力量的作用。例如,将"资产阶级"译为"中人",并与资本家相区别,认为解决贫民与资本家之间的矛盾、拯救贫民与劳动者于水火之中,需要依靠资产阶级和社会党的力量。其三,对空想社会主义、空想社会主义与科学社会主义的区别,认识不够深刻。正如前文提到的,在译文中,译者用"理想社会主义"代替了"空想社会主义",认为空想社会主义不是空洞虚幻的幻想,肯定了空想社会主义的合理性和历史意义,但没有看到空想社会主义超出历史经济条件、找不到改造社会路径的局限性。在论述科学社会主义的内容时,对其理论内容和意义的表述也不够准确,如没有正确理解国有化和托拉斯对实现社会主义的积极作用。

尽管译文有不准确的地方,但从当时的历史背景来看,已实属不易。其对科学社会主义理论内容的概括介绍,对马克思主义理论在中国的早期传播,具有重要的积极意义。

四、评价与意义

学术界目前虽然肯定了施仁荣译文在中国马克思主义传播史上的开创性意义,但缺乏对此译文的具体研究。对此译文的历史贡献和意义也有一个逐步发展的过程。20世纪80年代至90年代,对此译文的评价多偏重批判其中所包含的资产阶级思想和无政府主义倾向,认为《新世界》对有关科学社会主义的介绍和译述,就其本质上说来,是为宣传无政府主义观点服务的。他们在介绍和译述的时候,大量地溶进了自己的思想观念,因而湮没了科学社会主义的真正本质，混淆了它与其他社会主义思想的主要区别。① 进入 21 世纪以后，对此译文的评价更加中立，肯定了其在传播马克思主义理论和科学社会主义上发挥的积极作用和意义，认为以江亢虎、施仁荣等人为代表的无政府主义者积极译介马克思主义著作，他们对历史变迁动力的把握已接近马克思的思想，在当时是难能可贵的。尽管受译者阶级局限、翻译水准和政治取向等因素的制约，马克思、恩格斯著作的早期译介出现了不少无法避免的错误，但仍为马克思主义在中国的传播，创造了极其可贵的社会语境和读者群体，在客观上为中国共产党的创建及成立奠定了理论和思想基础。②

综上所述，施仁荣所译的《理想社会主义与实行社会主义》，尽管由于历史条件的局限，译者的部分理解与翻译还欠准确，但译文传播了恩格斯的《社会主义从空想到科学的发展》一文的重要内容，介绍了空想社会主义相关理论，揭露了资产阶级对无产阶级的剥削和压迫，阐发了唯物史观和剩余价值等马克思主义和科学社会主义的基本原理，对马克思主义和科学社会主义在中国的传播起到了重大作用，在中国马克思主义早期传播史上具有重要意义，促进了大众对马克思主义的了解。目前学界关于此译文的深入研究较少，对该译本的研究，仍有待进一步加强。

Analysis on the Translated Characteristics of *Idealistic Socialism and Practical Socialism*

Xu Wenxing

Abstract：*Idealistic Socialism and Practical Socialism* is the earliest Chinese translation of Engels' *Socialism: Utopian and Scientific*, which has a breaking significance to the communication of Scientific Marxism and the development of Marxism in China, in the history of the communication of Marxism. This version used terms with traditional Chinese culture characteristic, and these terms show the translator's different opinions on Bourgeois and

---

① 丁守和. 辛亥革命时期期刊介绍[M]. 北京：人民出版社，1986：236-237.
② 王传英，田国立. 马恩著作在中国百年译介与传播的社会学分析[J]. 河北学刊，2017（3）：191-197.

Capitalist; it added the content of criticizing Europe powers, showing time characteristic; and used new translations as "idealistic" and "practical", showing the view of translator on utopian socialism. The characteristics of the translation on words, terms, and cutting and adding in the content, shows the characteristics of early communication of China's Marxism on term translation, communication group, and communication motivation.

Key words: Engels; Shi Renrong; early communication of Marxism

同德意志的"新社会主义"相比，英法两国的社会主义是"空想的学理"与"儿戏的企图"

◆ 英、法二国之社会主义者，为"空想的学理"与"儿戏的企图"，故全然失败。社会主义之第一期全时代，全为空理空想之一夕话而已。于是社会主义之气焰，渐即于衰，有不可挽回之势。德意志中之忧国者，深知社会改革之不能已，而唱导社会主义于第十九世纪之后半纪。

◆ 德意志之新社会主义，与英、法二国之旧社会主义相比，……全然大异其趋也。以深远之学理，精密而研究之，以讲究经济上之原则，而认信真理与正理，故于多数之劳民，容易实行其社会主义。得多数雷同之赞成，而其事易底于成，故学者与经世家，咸以德意志之社会主义，多为可采。其所说富于深远巧妙之学理，虽嫌恶社会主义者，于其学理，亦苦无反驳之余地。其议论固不免或有失者，若以为彻头彻尾，完全而无缺点，津津而赞扬之，以为社会主义之极点，虽尚未能。而其一派之学问，可研究而实行，实不能不归功于德意志之社会主义。其学理之论据，最为坚固。故其势力，至今日而不衰。其与英、法二国之社会主义相比较，而大有别者，非偶然也。

《近世社会主义》，日本福井准造著，赵必振译，1903 年广智书局出版，现收入《马藏》第一部第二卷。　　　　　　　　　　（群雁摘编）

新史传新知：《近世政治史》与马克思主义在中国的早期传播

马思宇　吕惠东

摘要：《近世政治史》介绍了大量19世纪末与马克思主义相关的人物与事件，反映了20世纪初马克思主义中国化最初阶段的传播方式及特点。《近世政治史》及同时期的相关译著以介绍19世纪以来欧美"新史"的方式，将西方的政治学、经济学及其他社会科学的"新知"传入中国，具有时段聚焦、视角聚焦、潜移默化三个特点。译著中与马克思主义相关的思想主张，也逐渐为中国人所熟悉和接受。

关键词：《近世政治史》；马克思主义；早期传播

作者简介：马思宇，历史学博士，北京大学马克思主义学院博士后研究员，主要研究领域是中共党史、民国政治史。

吕惠东，法学博士，华中师范大学人文社会科学高等研究院助理研究员。主要研究领域是中国共产党思想理论、中国马克思主义学术史。

《近世政治史》是1903年留日学生富士英翻译日本学者有贺长雄《近时政治史》的中文译著。这本书在中国马克思主义早期传播史上占有重要地位。学界关于《近世政治史》的研究，尤其是对其译介马克思主义的研究已有初步涉及，但其研究大多限于在马克思主义视阈内对该著略作

介绍。①相关研究对该著作的版本、内容关注较少,对其传播马克思主义的主要内容和思想价值的介绍和评价也不够全面和充分,同时还忽略了《政法类典》中《近世政治史》的版本。因此,从近世国人了解欧洲主要国家政治史的角度,从马克思主义在中国早期传播的途径和特点的角度对该著作进行研究,有较大拓展空间。本文拟以此为切入点,探讨《近世政治史》的版本、内容及其在马克思主义在中国早期传播过程中的贡献。

一、《近世政治史》的基本情况考证

《近世政治史》的日文原著是有贺长雄在日本东京专门学校(今早稻田大学)授课时的讲义。作为曾留学欧洲,并长期任教于日本东京专门学校的教师,有贺长雄不仅是一位著名的国家法专家、社会学家,而且对近现代西方国家的历史尤其是政治发展史甚为熟悉。

译者富士英是清政府较早的公派留日学生,在早稻田大学学习政治经济学。1902 年 3 月毕业返国,归国后在总理各国事务衙门及北洋大臣公署任司理外务工作。历任学部主事、外务部主事等职。为了向中国国内介绍西方主要国家的政治发展,富士英在日留学期间将有贺长雄的讲义译为中文,并于 1900—1902 年连载于留日学生所创办的刊物《译书汇编》。

就笔者所见《近时政治史》全文的各个版本,就有六种之多(表 1)。

表 1　目前所见《近时政治史》全文的各个版本

名称	说明	出版社	出版年代	页数	内容概要
近时政治史	东京专门学校文学科第 3 回第 3 部讲义录	东京专门学校	不详	414 页	1. 德国 2. 英国 3. 俄国
近时政治史	东京专门学校文学科第四回第三部讲义录	东京专门学校	1900 年	484 页	1. 德国 2. 法国 3. 俄国
最近时政治史	早稻田大学卅六年度史学科第二学年讲义录	早稻田大学出版部	不详	226 页	1. 意大利 2. 英国 3. 奥匈帝国

---

① 林代昭,潘国华. 马克思主义在中国——从影响的传入到传播"前言"[M]. 北京:清华大学出版社,1983:4;高军等. 五四运动前马克思主义在中国的介绍与传播[M]. 长沙:湖南人民出版社,1986:4;另见彭继红. 传播与选择——马克思主义中国化的历程(1899—1921 年)[M]. 长沙:湖南师范大学出版社,2001:61;秀麟,武岩. 我国最早介绍马克思主义的译著小考[J]. 求索,1983:1;谈敏. 回溯历史——马克思主义经济学在中国的传播前史[M]. 上海:上海财经大学出版社,2008:186-195.

续表

名称	说明	出版社	出版年代	页数	内容概要
最近时政治史	东京专门学校文学科第五回第二部讲义录	东京专门学校	1901 年	144 页	1. 英国 2. 奥匈帝国
最近时政治史	早稻田大学 38 年度政治经济科第 2 学年讲义录	早稻田大学出版部	1905 年	266 页	1. 意大利 2. 奥匈帝国
欧洲近时政治史	—	早稻田大学出版部	1911 年	754 页	1. 意大利 2. 英国 3. 奥匈帝国 4. 法国 5. 德国 6. 俄国

资料来源：《近时政治史》，东京专门学校，出版时间不详；《近时政治史》，东京专门学校 1900 年版，《最近时政治史》，早稻田大学出版部，出版时间不详；《最近时政治史》，早稻田大学出版部 1905 年版；《最近时政治史》，东京专门学校 1901 年版；《欧洲近时政治史》，早稻田大学出版部 1911 年版

　　由富士英译、作新社印刷发行的《近世政治史》中文译本，分为三部分，第一部分"德意志政治史"，第二部分"俄罗斯政治史"，第三部分"法兰西政治史"。有贺长雄在讲授近世政治史的过程中，根据自己的研究和教学安排，各学期讲述内容不完全相同，讲义多有变化，讲义中各国内容的篇幅也不固定。中文版的内容与表中列举的版本中"东京专门学校文学科第四回第三部讲义录"的《近时政治史》的内容相近，但日文版的法国部分，较之于中文版，内容更为简略，因此不能确定此日文版为中文翻译所用底本。加之，《近世政治史》还有另一中文版，收入作新社出版的《政法类典》之中，其中有英国和奥匈帝国。据此可以猜测，译者富士英可能参考了其他版本，或是综合多个版本来进行翻译。

　　《近世政治史》中文译本最先连载于《译书汇编》1900 年底至 1901 年的第一、二、三、六、八期上，其内容实为日文底本第一部分"德意志政治史"；日文底本第三部分"俄罗斯部分"连载于《译书汇编》1902 年第五、六期上，标题为《最近俄罗斯政治史》。日文底本第二部分"法兰西之部"，其中文译作未见在中国刊物上登载发行。作新社藏版的《近世政治史》，或是"法兰西之部"第一次以中文形式问世。该年度《译书汇编》的编辑和发行者为阪崎斌，而连载的《近世政治史》译者署名为《译书汇编》社员译。根据作新社的《近世政治史》和刊载于《译书汇编》的部分《近世政治史》的内容看，除部分遗漏外，二者完全一致。可见，作

新社藏版有贺长雄著、富士英译的《近世政治史》，系1903年上海作新社将之前连载于《译书汇编》刊物上的文章，汇总增补而成的单行本。

作新社于1903年至1905年陆续出版了《政法类典》丛书，并将《近世政治史》收入该丛书历史部。学界对于这个版本的《近世政治史》并无相关的研究。该丛书分作四部分，其中甲部"历史之部"（1903年出版），包含上古史、中古史、近世史、近世政治史、外交史（附文明史）五个方面；乙部"政治之部"（1904年出版），包含国家学、国法学、各国宪法论、行政学（附警察学）、农政学（附社会学）；丙部"法律之部"（1905年出版），包含法律通论、民法、刑法、商法、国际法（附罗马法大纲）；丁部"经济之部"（1905年出版），包含经济原论、财政学、租税论、货币论、银行论（附外国贸易论）。

出版《近世政治史》的作新社，又名作新译书局，由留日学生戢翼翚与日本著名女教育家下田歌子合作开办。作新社的译者多是江苏、湖北、浙江籍的留日学生。除戢翼翚外，还有杨廷栋、杨荫杭、富士英等。作新社编译出版了大量介绍世界发展进步的历史、政治、社会、法律、经济等书籍，对于启发中国的政治文明和文化进步发挥了重要作用。作新社编译的一些著作在介绍西学时，还对马克思主义学说进行了某些涉及，亦是开马克思主义思潮在中国传播之先河。作新社编译的著作在20世纪初的西学东渐过程中扮演了重要角色，启发国人认识西方、学习西方。

二、《近世政治史》的主要内容

《近世政治史》分作三部分，计21章110节，共10万余字。有研究者认为，该著作"叙十九世纪后期欧洲主要国家军政外交大事，皆能详其原委，但体例不甚一致"[①]。三部分分别介绍"德意志政治史""俄罗斯政治史""法兰西政治史"，时间跨度为19世纪中叶到19世纪末近半个世纪欧洲主要国家的政治史。

《近世政治史》第一部分"德意志政治史"，共5章28节。首先介绍了德意志统一前的政府、政党情况，在普鲁士首相俾斯麦的领导下成功统一德意志，为德国的发展奠定了初步基础。该书以宰相俾斯麦、德皇威廉

---

① 中国历史大辞典史学史卷编纂委员会. 中国历史大辞典：史学史卷[M]. 上海：上海辞书出版社，1983：221.

一世的内政、外交活动为线索，介绍了马克思主义、德国社会党及其代表人物马克思、拉萨尔的情况。19世纪80年代，在英、法、俄等主要欧洲强国大力扩展海外殖民地的情况下，德意志亦加入其中，在世界各地开辟殖民地。该书对19世纪后20年德意志帝国拓展海外殖民地的历史亦进行了较为详细的说明，并重点介绍了在非洲抢占殖民地的历史。该著最后叙述了德皇威廉一世去世后十余年即19世纪最后十余年德国的历史，指出德皇威廉二世上台后，摒弃了之前俾斯麦平衡欧洲各大国局势的外交方针，大力发展德国的陆军、海军，并疯狂在世界各地争夺殖民地，其中对19世纪末德国强占中国胶州湾的历史亦有详细呈现。

第二部分"俄罗斯政治史"，共8章33节。介绍了俄国自1855年克里米亚战争战败，沙皇尼古拉一世去世，亚历山大二世上台，直至1894年尼古拉二世上台的历史。该书首先重点介绍了内忧外困下的俄国，在亚历山大二世上台后，"大行改革""力图自强"的历史，并详细阐述了俄国解放农奴（农奴制改革）的背景、必要性、方针政策、改革效果等情况。介绍了波兰作为俄国附属国，于1863年发动的起义。该书叙述了亚历山大二世"自由政略"下俄国国内的党派、民族、文化舆论等相关情况，以及俄国的无政府主义者的主张和活动。认为上述自由政略导致暗杀盛行，最终沙皇亚历山大二世遇刺去世。在此情况下，1881年亚历山大三世上台后，"守定压制主义，至死不变"，内政方针逐渐趋向保守。该书最后对1894年尼古拉二世上台后俄国的内政外交相关活动进行了说明。

第三部分"法兰西政治史"，共8章49节。以1870年普法战争中法国的失败为起点，介绍了法兰西第三共和国建立、发展、内政、外交的历史。以总统、内阁的更迭为线索，呈现出法兰西第三共和国不同政党、内阁的对内、对外的"纲纪政略"。该书对这一时期法国在东南亚等国的殖民扩张有较多介绍，对中法战争的历史亦有详细介绍。

而《政法类典》中的《近世政治史》共308页，包含德国、英国、奥匈帝国、俄罗斯四部分，较之于单行本缺少法国部分，增加英国和奥匈帝国部分。从两个版本重合部分加以比较，可以发现两者的框架结构和字句译法基本一致。《近世政治史》中，一些语句后附有小字，系译者对名词的解释阐发，富于个人色彩。两个版本中的这部分内容能够一一对应，如德国部分，介绍德国政府时，译者注均有"联邦会议，乃会议行政，非会议立法"。又如介绍德国政党中"劳动社会党"时，两版本均注有"劳动下等社会之谓也"。通过以上几点,基本可以判断两个版本系同一译者所译。

三、《近世政治史》传播马克思主义的主要内容和思想价值

《近世政治史》主要关注的 19 世纪中后期,正值欧洲工人运动风起云涌之时,也正是马克思主义取得发展的重要阶段。因此,《近世政治史》以较大篇幅,对各国革命运动的发展加以梳理,并详细地评述了马克思的思想和活动,对于马克思主义在中国的传播具有重要意义。

第一,《近世政治史》是中国最早一批介绍德国无产阶级运动的译书,并对马克思的思想和活动进行了较为详细的梳理。《近世政治史》在第一部分第三章第一节"社会党之由来"中,对德国社会民主工党及其相关政策方针进行了较为详细的介绍。本节共分三项内容:一是"社会党之由来",二是"拉司来之德意志全国工人会",三是"德意志工人会党"。书中多处提到"社会党",主要指 19 世纪六七十年代德国工人运动中所建立的工人政党,即德国社会民主工党。书中提到,俾斯麦的普鲁士政府建立之初,即采取强力政策镇压国内的"社会党",无奈这种强力的镇压在 1873 年遭到阻滞,反而使得社会党的"势焰顿增"。该书指出,德国本来有马克思和拉萨尔分别领导的两派,后来两派合二为一,并在之后详细介绍了马克思派社会党和拉萨尔派社会党。

《近世政治史》以较大篇幅介绍了马克思所领导的万国工人总会和德意志支部。书中提到,马克思和拉萨尔均于 1848 年"倡自由之说","然其主义,各不相同"。马克思最先在科伦开设报馆,倡均富之说,为政府所不容。这主要指1848年6月,马克思和恩格斯在科伦创办《新莱茵报》,指导德国和欧洲革命,对于该年的欧洲大革命,产生了广泛的影响。大革命失败后,《新莱茵报》被迫停刊,马克思遭当局驱逐,移居伦敦。1864 年,各国工人运动的领导人汇集伦敦开会,成立"万国工人总会",即国际工人联合会,下设各国支部,另设"参事会"即总委员会。书中称,"此总会之宗旨,始极平和,不过欲扩张英国工人同盟之范围,合各国工人之势力,以来保护工人,脱资本家之束缚而已"。总会于 1866 年在瑞士日内瓦开会,"议定总会规约",即通过了《国际工人协

会共同章程》，马克思"自为参事会长，总理全体"。^①该书接着介绍了德意志支部的相关情况，指出德意志支部的创立者李卜克内西是马克思的"弟子"。^②

而后，《近世政治史》介绍了拉萨尔及其所领导的德意志全国工人总会。文中说，拉萨尔派与万国工人总会及其德意志支部"全无关系"。接着介绍了拉萨尔个人及其主张，认为拉萨尔"决非过激之辈，系有识之政治家"，他的著作"热心爱国"。^③有贺长雄的政治态度较为保守，认为马克思的主张过激，反而颇为同情拉萨尔派的民族主义倾向。富士英的译本接受了有贺长雄的观点，有其时代的局限性。

第二，《近世政治史》是中国介绍西学的著作中最早提到"国家社会主义"的书籍之一。书中指出，俾斯麦禁止社会党的办法未能奏效，于是采取变通办法，即先创设一"社会政策协会"，以此"调停资本家与工人之利益，籍以服工人之心"。后又设置一"理财顾问官"的机构，宣称"国家扶助贫苦之人，不仅为国家应尽之义，抑亦维持国家之一策也"，此乃"乐善之举"，也是基督教国家的职责，更是"十八世纪以来普鲁士王室相传之主义也"。^④

第三，《近世政治史》较早介绍俄国社会主义的主要派别及其活动。书中提到俄国农奴制改革后的十余年间，身在国外的有识之士，"专以输入社会党之主义为急务，以谋革命之事"，其中有两大的社会主义派别，"一则输入法国蒲鲁东之破坏主义，所谓巴枯宁派是也；一则输入德国马克司之共产主义，所谓拉维洛夫派是也"。^⑤书中评述巴枯宁说："彼之主义，欲将社会现有之制度，弃之无遗"，且该党认为欲达到上述之目的，"非用强暴手段不可，故日以教唆叛逆行刺为事"。巴枯宁的上述主张与该书较早介绍的法国蒲鲁东之主张有诸多类似，或者是巴枯宁主义是蒲鲁东主义引入俄国的产物，书中在叙述蒲鲁东主张时说："法人潘化特等之共产论，谓世界之事物，惟物质与势力而已，无所谓政府，无所谓王公，无所谓宗教，无所谓家族，无所谓财产"，且"欧洲西部之立宪政

---

① 有贺长雄. 近世政治史[M]. 富士英，译. 上海：作新社，1903：17-18.
② 有贺长雄. 近世政治史[M]. 富士英，译. 上海：作新社，1903：19-20.
③ 有贺长雄. 近世政治史[M]. 富士英，译. 上海：作新社，1903：20-21.
④ 有贺长雄. 近世政治史[J]. 译书汇编，1901（3）：23.
⑤ 有贺长雄. 近世政治史[M]. 富士英，译. 上海：作新社，1903：104.

体，及经济主义，亦不过一偏颇诞妄之块团而已"。①

尽管该书对俄国无政府主义的名称和主要内涵认识有所偏差，但反映了中国人对俄国社会主义的初步探索。《近世政治史》还将蒲鲁东、巴枯宁两位无政府主义创始人的主张进行了较为全面的介绍，将无政府主义关于无政府、无国家、无宗教、无财产的纲领，以及通过暴力手段达到上述目的的主张进行了介绍，亦是最早一批在中国介绍无政府主义的文献之一，早于马君武以及《天义报》等对无政府主义的介绍。

书中提到的拉维洛夫，即彼得·拉甫洛夫，是俄国民粹主义"宣传派"的主要代表。《近世政治史》还介绍了"宣传派"的主张及活动。尽管该书错误地将拉甫洛夫派的主张与马克思主义的主张画等号，但书中的部分观点有所洞见。例如，书中指出其用平和手段，"欲以经济上革命之精神，充溢于下等社会之中"，这与马克思主义从经济角度研究社会变革发展问题的思想相契合。又如，书中介绍该派在农民中宣传共有主义，"谓国中之土地，用为国民所共有"，体现了公有制的主张。文中评述道，该派由于成员不能统一，所行政策不能奏效，且"皆以为平和手段，究难成功"。②在沙俄政府的捕杀下，该派成员大部被充军或发配西伯利亚，运动终告失败。

此外，《政法类典》中的《近世政治史》对英国马克思主义政党的建立，以及马克思主义在英国的传播情况作了介绍。这是目前笔者所见中国最早介绍19世纪末英国马克思主义运动的著作之一。1881年马克思的"门人"亨利·海德门发起"社会党联合会"（民主联盟），在英国传播德国的"社会党主义"。海德门是英国早期马克思主义的主要传播者，然而其未能形成气候。1888年前后，原"社会民政党"其中的一个派系组成费边社。文中称该组织成立的目的在于"传播主义"，"煽动职工"，不追求迅速全体之"急变"，而求改良。③该书对英国这一时期马克思主义运动的描述大致符合历史史实。

---

① 有贺长雄. 近世政治史[M]. 富士英，译. 上海：作新社，1903：104-106.
② 有贺长雄. 近世政治史[M]. 富士英，译. 上海：作新社，1903：106-107.
③ 有贺长雄. 近世政治史·政法类典甲部[M]. 富士英，译. 上海：作新社，1903：123-124.

四、新史传新知：马克思主义在中国早期传播的重要途径及其特点

关于马克思主义早期传播的研究成果，主要关注马克思主义如何以社会科学的知识形式传入中国，但忽略了一个重要领域，即介绍外国历史的书籍，尤其是译著，在晚清社会的大量引介。除了《近世政治史》外，《万国历史》《欧洲近世智力进步录》《第十九世纪欧洲政治史论》《十九世纪大势变迁通论》等一批书籍，在当时士人阶层中引起颇多反响。这些著作以介绍 19 世纪以来欧美"新史"的方式，让士人接受和内化西方的政治学、经济学及其他社会科学的"新知"。以"新史"传"新知"的传播形式，有以下几个主要特点。

第一，时段聚焦。这段时期的历史译著以 19 世纪的欧洲、美洲历史为多。19 世纪是译者认为欧洲最值得中国学习的历史阶段。近代以来中国思想界呈现出一种倾向：在社会达尔文主义的语境下，中国与世界的空间差距，被转化为现在与未来的时间差距。严复指出，进化论就是"公理"。他说达尔文进化论刚诞生时，被守旧者攻击，然而"卒之证据厘然，弥攻弥固，乃知如如之说，其不可撼如此也"①。

当时一部分知识阶级将中国社会视为落后，而将外国社会视为先进。落后必须学习先进。在他们看来，国外的过去，照应着中国的未来。中国必须学习西方的技术和制度。西方学说的威权在中国的建立，有一循序渐进的过程。梁启超总结晚清士人师法西方的四个心理阶段：从同治初年的始创，光绪年间的西学萌芽，再到中法战争后的讲求西法，最后到甲午战争后的风气大开。②中国士人意识到，学习西方必须逐渐从器物层面，上升到制度层面。

在这种社会氛围之中，学习西方历史成为必由之路。《万国历史》中也认为，历史是国家进步的阶梯："穷推历代之史，自可知其盛衰之由。历史者、所以教人类之进步。而进步者何，由取善舍恶而已，亦是检择之事起。竞争之心兴，其所以教人类之进步者，乃教人类之竞争也。故历史者，竞争之历史也。其竞争愈烈者，进化亦愈速。"③因此，介绍西方近

---

① 严复. 天演论：上册[M]//严复集：第 5 册. 北京：中华书局，1986：1345.
② 梁启超. 戊戌政变记[M]. 北京：中华书局，1937：21-22.
③ 作新社. 万国历史[M]. 上海：作新社，1903：227.

代史成为当时知识界的一股潮流。

第二，视角聚焦。这批历史类译著的领域，集中在政治史、社会史、思想史。译者在选择题材的时候，认为应优先学习西方政治制度及先进的社会思潮，因此对这些领域有所侧重，寄望于借此解决中国的实际困难。《万国历史》的著者认为，"知识理想武功者，皆为文明之先导。吾人今日，皆当据此以为目的者也"①。

《近世政治史》在第一部分"德意志政治史"中，详细介绍德意志的国体、政体、议会制度、政党等内容，分析其利弊得失，而非简述历史经过，如提到德意志皇帝时，详细分析其政治权力与界限，"德皇除帝国宪法中所有权力之外，毫无实权。行政诸事，均束缚于联邦会议之决议。详言之，即德皇不过一联邦会议之议长，任以执行议定之事而已"②。第二部分"俄罗斯政治史"中，对议会制度、司法制度、文化出版制度、教育制度、兵役制度、财政制度等亦有详细说明，指出改革后的俄国国家实力逐年增强。第三部分"法兰西政治史"重点说明了法兰西第三共和国的议会共和制度和宪法制定、军事改革相关举措。

《万国历史》"今世史"的部分中，有八章内容在介绍各国政治近况，如法、德、意等国的统一，英、美、俄、日等国的政治整合，另有一章介绍19世纪欧洲科学、哲学方面的发展。

《欧洲近世智力进步录》则主要介绍了18世纪以来欧洲哲学、经济学、天文学、生物学方面的发展。

第三，潜移默化。清末民初的知识阶层对于西学新知极其渴望。著者和译者在引介新知的时候，往往求全求快，对西方学说不加细择，囫囵吞枣，并无很强针对性，介绍时也并不详尽。马克思主义的思想学说，往往包裹在巨量的历史论述之中。马克思主义的传播，恰是经历了从无意到有意，从潜移默化到主动宣传的历史过程。《近世政治史》《万国历史》等书处于这一历史过程的初级阶段。

《近世政治史》介绍欧洲工人运动时，述评马克思的若干思想主张。书中提到，1867年"万国工人总会"在瑞士洛桑召开会议，"以为欲脱社会上之束缚，须先脱政治上之束缚"，指的是此次会议驳斥了蒲鲁东单

---

① 作新社. 万国历史[M]. 上海：作新社，1903：233.
② 有贺长雄. 近世政治史[M]. 富士英，译. 上海：作新社，1903：8.

纯经济斗争的观点，肯定工人阶级进行政治斗争的必要性，争取政治自由是工人阶级获得社会解放的首要措施。1868年，总会于布鲁塞尔召开会议，"谓战争及常备兵，宜一律废止，凡同盟罢工时，各国工人，宜互相协助"。当时普法之间的争霸隐藏着爆发战争的危险，会议遂决议用罢工来抵制战争。"凡铁道、矿山、森林、均为共有，宜一律平分土地之物产，为国家公有，宜一律平卖。"①这体现了马克思主义的生产资料公有制的主张。

译者在叙述马克思主义的相关内容时，加入自己的理解，体现马克思主义中国化的漫长探索过程。在叙述德国社会党的由来之前，译者加入一段引言，表达对社会主义的由来及其内涵的理解。译者指出："西国学者，悯贫富之不等，而为佣工者，往往受资本家之压制，遂有倡均贫富制恒产之说者，谓之社会主义。社会者云，盖谓统筹全局，非为一人一家计也，中国古世有井田之法，即所谓社会主义。"②译者试图表明，西方的学者，出于对社会贫富不均的关切，感受到雇佣工人多受雇主资本家压榨，于是提倡"均贫富、制恒产"，这便是社会主义的基本要义。他指出，所谓社会，即是统筹全局，非为小国寡民一人一家之为计，中国古代的井田制度即类似于马克思主义。利用中国传统思想，接引马克思主义的理论观点，这是马克思主义在中国早期传播的重要形式。

五、结　论

《近世政治史》主要内容是19世纪中叶至19世纪末的德、俄、法等国的政治史。该书由留日学生翻译日本学者的近著而成，是20世纪初东学西渐的产物。《近世政治史》提示出一条思想传播的重要途径，即西方的政治学、经济学及其他社会科学的"新知"，以介绍19世纪以来欧美"新史"的方式，让士人接受和内化。在此过程中，《近世政治史》介绍了大量与马克思主义相关的知识，反映出20世纪初马克思主义中国化最初阶段的传播方式及特点。《近世政治史》涉及对马克思、拉萨尔、德国社会党、第一国际、李卜克内西、倍倍尔等马克思主义发展史、国际共产主义运动史上重要人物、事件、活动的介绍。这是汉译西学著作中对上述

---

① 有贺长雄. 近世政治史[M]. 富士英，译. 上海：作新社，1903：18.
② 有贺长雄. 近世政治史[M]. 富士英，译. 上海：作新社，1903：17.

内容的较早介绍，在马克思主义传播史上具有重要的学术意义。

Learning Through History: *Modern Political History* and Early Dissemination of Marxism in China

Ma Siyu　　Lv Huidong

Abstract: *Modern Political History* is an important work in the history of Marxism's early dissemination in China. This book involving a large number of people and events related to Marxism at the end of the 19th century, reflected the mode of communication and characteristics of the initial phase of Marxism in China in the beginning of 20th century. By translating European and American history since the 19th century, *Modern Political History* and other related books focusing on certain period and certain fields introduced politics, economy and other social science into China in a subtle way. The ideological ideas related to Marxism in translation are gradually familiar and accepted by Chinese people.

Key words: *Modern Political History*; Marxism; early dissemination

---

《近世政治史》中记载的雨果（"由刚"）葬礼

由刚近世一文豪也。拿破仑第三之时被逐，滞于英国。至七十年之役，见巴黎将陷于重围，急返于法。事定之后，声名益盛。一千八百八十五年五月十四日，忽得心脏病，频报危笃。二十二日死，国民皆举丧，上下愁痛，国民如丧考妣。政府提出国葬之法案而决之，定六月一日为送葬之日。其前一昼夜，置遗骸于凯旋门下，告别于公众。无论知由刚与否，四方云集，献花供花环者，不绝于途，会葬者多至八十万人。大臣公使议员学士会员及各种团体之代表者，不可指数。

《近世政治史》，日本有贺长雄著，富士英译，1903年作新社出版，现收入《马藏》第一部第三卷。　　　　　　　　　　（严何摘）

《万国历史》与马克思主义在中国早期传播的语境塑造

——一种长时段观念史的视域

王 磊

摘要：马克思主义之所以能被"五四"后的中国先进分子接受并产生重要影响，绝不是短期内，仅凭几个重大事件刺激和几部经典著作传播就能实现的，还因为此时的中国已经存在了一个长期的、深厚的观念史基础。1902年作新社《万国历史》的发行及传播，事实上构成了该观念史基础营造的一支合力。具体来说，《万国历史》对与马克思主义产生发展有密切关联的近现代历史事件的记述，构成了中国人对马克思主义系统传入中国前世界近现代历史发展的观念认知；《万国历史》对与马克思主义的观念谱系有密切关系的若干重要概念的记述，构成了中国人认识、理解和接受马克思主义理论体系的思想土壤；《万国历史》对进化论的阐释和进化史观的运用，为中国先进分子选择、接受和传播唯物史观，搭建了桥梁；《万国历史》对与马克思主义的理论体系直接相关的若干内容的记述，构成了近代中国人对马克思主义的最初认知之一。

关键词：《万国历史》；马克思主义；早期传播；观念史

作者简介：王磊，法学博士，政治学博士后，南京师范大学马克思主义学院副教授、硕士生导师，主要从事马克思主义中国化和中国近现代史基本问题的教学和研究。

一、问题的提出：在长时段、多视域融合中深化马克思主义早期传播研究

马克思主义在中国早期传播是影响近代以来中国社会发展变迁的一件大事。关于来自西方的马克思主义思想或学说何以能在近代中国传播开来，并产生如此巨大而深远的影响，成为马克思主义传播史、马克思主义中国化研究等学科的研究者们必须面对并应给予深刻回答的一个重大理论问题。近年来，随着研究的深入，越来越多的学者开始回归理性，逐渐放弃那种纯粹的意识形态做法，将马克思主义在中国的传播，特别是早期传播，视为一个具有丰富学理性的历史问题，还原其本来应有的学术性。问题的关键在于，我们究竟该以什么样的思路、方法和视域审视马克思主义在近代中国尤其是"五四"以后的广泛传播问题。

对于马克思主义为什么能在"五四"以后被中国早期先进知识分子普遍关注、广泛接受并大量传播，学界普遍认为，"五四"时期及以后之所以出现马克思主义广泛传播的局面，总体而言是一种历史合力的结果，既有解决彼时中国社会面临突出问题的内部需要，也有马克思主义自身所具有的科学真理性的主体满足；既有来自国内外诸如第一次世界大战、十月革命、巴黎和会、五四运动等政治大事件的交替影响，也有源于资本主义经济发展、工人阶级成长、知识分子觉醒和各种媒介的兴起等经济、社会和主客体条件的逐渐成熟，等等。在诸多的阐释和解说中，有两种研究趋向逐渐在研究者中达成共识。

一种趋向是，不同于早年间人们更多的是从新文化运动前后开始论说马克思主义在中国的早期传播，当前多数学者主张坚持"长时段"的史学研究方法，即主张将马克思主义在中国的传播放在更为广阔的近代历史变迁中观察，并且认为这种研究时域至少可以上溯至19世纪末，而不再仅是1915年前后。因为在他们看来，"历史的发展时快时慢，但推动历史发展的内在力量却只有在长时段中才能起作用并被把握"，"短时段的历史无法把握和解释历史的稳定现象及其变化"，①对此笔者深以为然。因为从经验来看，作为一个来自西方的、内容深奥且丰富的异质学说，马克思主义的理论体系被近代中国人了解、知晓并选择，显然不是短期内所能完成的，必定要经过一个长期的译介、传播和接受过程。因此，从长时段的视域深化马克思主义在

---

① J·勒高夫. 新史学[M]. 姚蒙, 编译. 上海：上海译文出版社, 1989: 27.

中国的早期传播成为马克思主义早期史研究的一种重要路向。

另一种趋向是，不同于之前人们更多的是从十月革命、五四运动等政治大事件的角度论说马克思主义在中国早期传播的背景，近年来越来越多的人开始"化整为零"，即从观念、概念变迁的角度审视马克思主义的早期传播语境。因为在他们看来，"巨大的变革不是由观念单独引起的，但是没有观念就不会发生变革"①。作为一次巨大变革，马克思主义在中国的传播同样涉及观念的前提。一方面，从传播过程来看，马克思主义是一个理论整体，但作为整体的马克思主义，并不总是以整体的形式进行传播。以单元观念和观念谱系的方式进行传播和社会化，在马克思主义传播史上具有普遍性。另一方面，从受众的角度来看，对于一个对马克思主义毫无概念认识的人来说，同样不可能在同一时间了解和接受马克思主义的全部，相反，从马克思主义的个别观念开始，有先有后、由少到多，最终形成共识。②因此，深入探究马克思主义相关观念在中国的早期传播、变迁是深化马克思主义在中国早期传播语境研究的题中应有之义。

学界普遍认为，深化马克思主义在中国早期传播需要扩大视野、融合多种方法，而长时段、观念史的研究思路显然给传播史研究提供了有益启发。另外，从历史事实来看，马克思主义也确实是在长时段的观念启蒙中逐渐进入中国人的视野中的，五四时期马克思主义在中国产生影响显然是这种长期"润物无声"滋养在外部大事件刺激下的自然反应。而本文论及的《万国历史》在中国的出版发行和广泛传播，则构成了晚晴以来马克思主义在中国长时段"润物无声"滋养的一部分。

二、作新社版《万国历史》的特色及其出版发行概况

《万国历史》，"作新译书局"著，1902年8月2日上海作新社出版发行，分古代史、中世史和近世史三卷，记述了以西方为主的、从古代到19世纪的世界历史。该书出版时，仅署"作新社编译"，未署译者具体姓名及编译参考的底本，据笔者考证，该书极有可能为革命党人戢冀翚等作新社同人以日本版世界史著作为参考文献修订译编而成。

关于《万国历史》的内容及特色，除编者在该书"历史凡例"中指出

---

① 霍布豪斯. 自由主义[M]. 北京：商务印书馆，1996：24.
② 参见王磊，王跃. 马克思主义在中国传播研究的观念史视角[J]. 江苏社会科学，2013（6）.

的四点外，如"书专为中国教科书之用，故译笔以明白易晓为主，不以修饰为工"等①，由作新社同人编辑发行的《大陆报》第二期上刊发的该书出版广告亦有所指出："凡东西大陆数千年国体、宗教、政治、法律之变更，国际外交、学术、技艺之进步，龙擎虎掷，英豪俊杰之事迹，条分缕析之，综以统核，若纲在纲，以之充教科之用，诚便于讲述也。并附精绘古代及近世沿革地图九幅，人名地名表，亦如世界地理，体例完善。"②

与同时期相关著作相比，如《新编万国史略》③《万国史纲》④《万国通史》⑤等，作新社版《万国历史》除对传播马克思主义作出贡献外，还有如下特色。

一是记载的内容时间跨度长，阶段划分较为合理，记事丰富、扼要，重视对反映世界"文明进步"之事的记载，即所谓"无关于文明进步者，万国史中，皆所不载"⑥，比较全面地反映了西方社会文明发展进程；二是运用文明史观和进化史观评述历史事件、过程和人物等，结合中国实际阐发历史变革的重要意义。尽管该书还保留了不少正统史观和英雄史观的痕迹，但整体来看，主要坚持了文明史观和进化史观的立场。书中不仅颂扬了英国确立君主立宪制、美国独立、法国大革命、德国和意大利统一等现代性的建构，而且还特别指出了中国之所以落后，原因就在于"拥护旧敝，不肯改革""政治不革新"等。

在社会整体变迁和清末科举改革的背景下，作新社版《万国历史》的出版发行在当时的中国确实产生了不小的影响，不仅得到了学子们的青睐，而且一度成为清政府学部审定的世界史教材。清政府学部不仅对该书进行了详细校勘，而且还规划了150课的教学安排。⑦时人左树珍甚至将其视为"学子必需之书"。在他看来，"《万国历史》为新译之书，其于改革之代及近世之文明，详乎其言之"⑧。始于戊戌变法之时的科举改

---

① 佚名. 万国历史[M]. 上海：作新社，1903：历史凡例.
② 佚名.《万国历史》出版广告[N]. 大陆报，1903-01-08（2）.
③ 佚名. 新编万国史略[M]. 上海：作新社，1902.
④ 本书有多个版本，如元良勇次郎，家永丰吉. 万国史纲[M]. 邵希雍，译述. 上海：商务印书馆，1903；元良勇次郎. 万国史纲[M]. 上海：支那翻译会社，1903. 编者看到的本书版本，未见版权页。
⑤ 天野为之. 万国通史[M]. 吴启孙，译. 上海：文明书局，1903.
⑥《万国历史》"绪论"，第二段。
⑦ 佚名. 万国历史教授细目、万国历史校勘表[J]. 学部官报，1908（61）.
⑧ 雷缙. 中外策问大观，转引自孙青. 晚清之"西政"东渐及本土回应[M]. 上海：上海书店出版社，2009：107.

革，到1902年正式废除八股，改以策论为重点①。连续三年（光绪壬寅、癸卯和甲辰）乡、会试的举办，进一步加剧了社会对新式知识和新式读物的需求。加上该书本身内容、版式的新颖，以及书商的运作，使得1902年出版的《万国历史》在一年多的时间里即出版了第六版②，一度成为畅销书。对此，是年夏天赴南京参加乡试的考生兼书商夏清贻在《金陵卖书记》中记载了《万国历史》当年风靡的情形。据其记载，"所销之书，以历史为最多"，而"通史一类，作新社之《万国历史》为最畅销"。③这也从一个侧面体现了《万国历史》在当时中国的传播及影响状况。

三、《万国历史》与马克思主义在中国早期传播语境塑造的突出贡献

20世纪初，作新社《万国历史》的出版及其在中国的传播，特别是其作为教科书，在青年学生和知识分子中的深刻影响，事实上构成了马克思主义在中国早期传播背景营造的一支合力。

第一，《万国历史》对与马克思主义产生发展有密切关联的近现代历史事件的记述，构成了中国人对马克思主义系统传入中国前世界近现代历史发展的观念认知。

马克思主义的产生是建立在一定社会历史条件之上的。对这些社会历史条件的认知，对于认识、接受马克思主义无疑有促进作用。概括来说，这些条件至少包括：一是资本主义的物质和经济事实。例如，新航路开辟、文艺复兴、宗教改革、启蒙运动、欧美资产阶级革命（荷兰资产阶级革命、英国资产阶级革命、美国独立战争、法国大革命等）、工业革命等；二是无产阶级作为独立政治力量登上历史舞台，无产阶级和资产阶级的矛盾更加激化；三是对人类优秀文明成果的批判继承，特别是社会科学（德国古典哲学、英国古典政治经济学、英法空想社会主义）和自然科学

---

① 光绪二十七年七月十六日（1901年8月28日）光绪皇帝颁布谕旨："自明年为始，嗣后乡会试，头场试，中国政治史事论五篇，二场试各国政治艺学策五道，三场试四书义二篇、五经义一篇。考官阅卷，合校三场，以定去取，不得偏重一场。"见中国第一历史档案馆. 光绪朝上谕档：第27册[M]. 桂林：广西师范大学出版社，1996：152.

② 光绪二十九年六月二十日（1903年8月12日）发行的版本，扉页页眉标注为"五版"，据笔者与其他版面比较，乃印刷错误，实为第六版。

③ 公奴. 金陵卖书记[M]//张静庐辑注. 中国现代出版史料甲编：第4卷[M]. 北京：中华书局，1954：385.

（能量守恒和转化定律、细胞的发现和生物进化论的创立）的新成果。所有这些条件共同加速了科学世界观和方法论的创立。

作新社版《万国历史》对马克思主义在中国早期传播背景营造的首要贡献，表现在对一系列与马克思主义的创立、发展有着密切关系的社会历史条件的记述（表1），成为中国人认识当时世界的一个重要方面。

表1 《万国历史》第三卷记载重要历史事件一览表

章节	对应事件	主要内容
第一期 新学等发明及学艺隆盛时代 第二章 航路之发明	新航路开辟	迪亚士发现好望角 达伽马到达印度 哥伦布发现美洲大陆 麦哲伦环球航行
第三章 学问艺术之隆盛 第六章 学术复兴及宗教改革时之文明	文艺复兴	介绍天文学、医学、哲学、政治学、神学、文学、美术、建筑，以及音乐等领域的代表人物及其成就
第二期 宗教改革时代 第一章 西班牙之盛大及路德之改革宗教	宗教改革	德国马丁路德改革 瑞士慈运理改革 法国加尔文改革
第二章 尼柔兰之反乱	尼德兰革命	荷兰独立与崛起
第三期 诸大国之勃兴及其强固 第二章 英伦之强固	英国资产阶级革命	英国光荣革命等
第五章 亚美利加之独立	美国独立战争	美国的独立与建国
第六章 第三期之文明	启蒙运动 工业革命	介绍文学、哲学、社会国家法律、自然科学等领域的代表人物及其成就
第四期 法兰西革命	法国大革命	法国大革命的原因、经过及其影响
第五期 今世史 第二章 日耳曼一统	德意志统一	德国统一
第三章 意大利一统	意大利统一	意大利统一
第九章 今代之文明	18—19世纪社会科学和自然科学的进展	介绍文学、哲学、自然科学等领域最新进展、代表人物及其成就，如能量守恒定律、进化论等

第二，《万国历史》对与马克思主义的观念谱系有密切关系的若干重要概念的使用，构成了中国人认识、理解和接受马克思主义理论体系的思想土壤。

马克思主义在近代中国的广泛传播，很重要的一个原因是缘于一系列与马克思主义的观念谱系有密切关系的重要概念和基本观念在中国社会的逐渐普及、长期熏陶和社会化。诸如主义、侵略、压制、剥削、进化、竞争、阶级、人民、国家、社会、权利、权力、民主、自由、平等、民权、国权、主权、改革、革命、解放、文明、专制等核心概念和关键词在中国社会的出现和普及（图1），显然对于接受马克思主义具有奠基意义。我们很难想象，在一个长期受到思想禁锢的东方封建大国，没有经过任何与马克思主义相关观念的熏陶和启蒙，而直接接受马克思主义的理论体系。

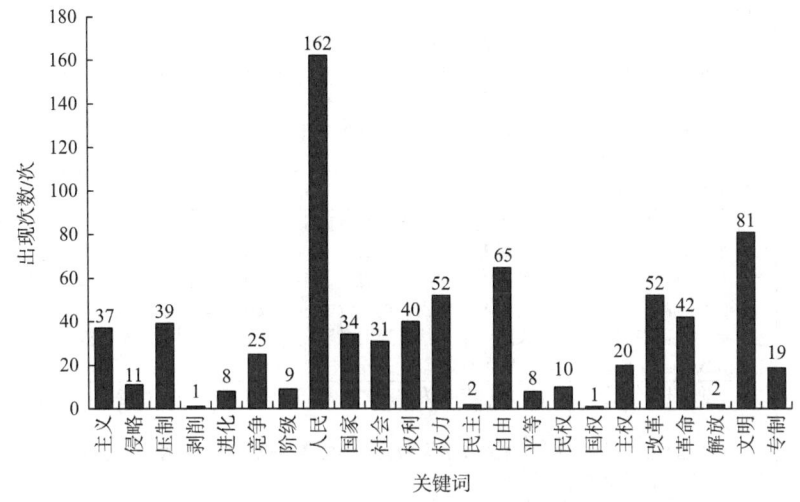

图 1 《万国历史》重要概念出现次数统计图

作新社版《万国历史》与马克思主义在中国早期传播背景营造的第二个贡献，表现在对一系列与马克思主义观念谱系有密切关系的重要概念的记述（表 2），潜移默化中构成了中国人认识、理解和接受马克思主义理论体系的思想土壤和文化底色。

表 2 《万国历史》中与马克思主义观念谱系有密切关系的重要概念及其代表性语句

关键词	代表性语句
主义	"西部亚细亚。初以征伐主义。掠夺世界为要务者。" "沙隆之主义。以为平等可以无争。其宪法之精神。以废压制之贵族政治为主。而代以温和之政府。使雅典之人民。得与闻一切政治。" "攀利克来司者。民权主义之爱国者也。身通文武。善于音乐体操雄辩等事。其友多哲学者。其精神甚高。言行甚正。" "路易十四世年已二十三。明达英武。亲临政事。杀国会之权势。务扩张王权。实行专制政治。路易常言曰。我即国家也。即所谓专制主义也。" "合众国之主义。务求富其国。不侵掠他国之疆域。……又合众自孟录时以保护亚美利加大陆诸国自任。昌言阿美利加之事。不容欧洲诸国干涉。世谓之孟禄主义。世々守其训弗替。"
侵略	"然东洋诸国之政治。以压制侵略为主。美术虽不甚佳。而甚重文字。大抵皆象形单简者也。……亚西利亚及巴比伦等以侵略为务。至于波斯。则以创建统一大帝国为目的者也。" "此时之罗马。因受蛮人侵略。大害其进步。又为引起上下阶级相争之原因。" "一千八百十五年六月。各国皆遣使臣。会议于维也纳。由英吉利、法兰西、奥地利、俄罗斯、普鲁士五国议定。尽取法兰西所侵略之地。复还各国。一如革命以前之疆界。" "凡各国所为之事。皆图有利于己。于他人之利害。固不暇顾。虽违人情德义。亦有所不恤。是以列国竞掷非常之饷额。以扩张海陆军备。一旦有事。其胜负之决。亦不旋踵。推各国角立之心。无非以自利自私。求恣其并吞侵略之欲。然并侵略。亦有种々关系。"

续表

关键词	代表性语句
压制	"而波斯殆如世界之帝王。其为政也。专用压制。小亚细亚中希腊之殖民地。不堪其虐。纪元前五百年。奋起而抗之。以脱其羁绊。" "约翰压制颇甚。虐待人民。于是贵族及人民群起而逼其制定宪法。" "提哇特家。主张君主神权之说。以压制人民。而人民常知其宗旨之狂悖谬妄。而在己之自由。决不肯放弃。" "克伦维耳之政治。实用压制武断。而当时之英伦。实克伦维耳之英伦也。然其行压制。究胜于暴主。故亦能强大其国。"
剥削	"政府纳贿赂以鬻官爵。立不正之法。剥削人民之资财。"
进化	"言生物学及进化论者。以事物之进步。皆由竞争而来。盖借竞争以为淘汰。优胜而劣败。乃自然之势也。吾人虽乐平和博爱。而战争之事。固亦所不免。穷推历代之史。自可知其盛衰之由。历史者、所以教人类之进步。而进步者何。由取善舍恶而已。亦是检择之事起。竞争之心兴。其所以教人类之进步者。乃教人类之竞争也。故历史者。竞争之历史也。其竞争愈烈者。进化亦愈速。如吾人之竞争。其所以楷激烈复杂。当未成国家之始。以一部落与他之部落战。强者必翦灭其弱。战祸乃息。"
竞争	"上下阶级权利之争扰如此。加以其国为初建之共和国。又不得不为生存竞争。与四邻诸国开战。" "竞争之心兴。其所以教人类之进步者。乃教人类之竞争也。故历史者。竞争之历史也。其竞争愈烈者。进化亦愈速。" "古来历史上最著之人种。为希腊拉丁种族。皆以竞争之烈。能战胜于他族者。" "国家及国民之竞争。迭起更兴。既如此矣。其他之事物。固无不在竞争之中。" "人类之竞争。至今日且益烈。"
阶级	"罗马之强大已极。而腐败遂生。昔日阶级之争。今又一变而为贫富之争矣。盖富者益富。不耕而食。不织而衣。终日无所事。贫者益贫。劳动苦役。粗食布衣。尚不能足。穷苦贫困。" "然无资产及智力者。则不以为贵。富有之商人。有天才之人。有教育之人。秀出之美术家。皆置诸同一之阶级以尊敬之。富贵之人。亦皆有一定之业。而衣食则以朴素为主。故有勤俭质朴之法律。" "故封建制度。遂因之而失其势力。其他耶稣教唱万民一体之说。以去阶级制度。十字军战争以破灭贵族。加以火药发明。战争术亦因之一变。而封建制度。遂不能持久矣。"
人民	"上官专弄其权。人民不甘屈服。遂起而要求定成文之法。" "罪无大小。皆处以死刑。人民苦之。" "查尔斯大怒。欲捕议员五人。而以兵临国会。事未果。人民遂抗之以兵。守卫议院。" "大抵皆行专制之治。抗人民自由之议。箝束人民之言论。" "当时又有孟德斯鸠、福禄特尔、路索诸人。明政治社会之学。以主张人民之权利。及政府之权限。发千古未发之公理。人心感孚。其说之顺行。有如流水。"
社会	"故人民皆无学而愚昧。道德腐败。农工不振。制造荒废。社会日形退步。德意志遂以强盗蹂横行于世。" "一千六百九十八年。彼得归国。乃奖励造船。改革兵式社会。凡有事务无不大加改革。以图文明富强之计。" "社会国家法律学……路索之民约论。说社会国家。由人民相互为约而成。而论人民之权利义务。" "社会问题之中心。实贫民问题也。富者若益富。贫者必日益艰窭。而其数亦增加不已。若增加之数愈多。势必至于败乱社会。破道德。开一切妨害社会之源。"
权利	"故有政治上重要之权利。平民则为公民。其初亦系他国人之归化者。或服从于罗马人之后裔。以故无政治及宗教上之权利。" "至其内治。则初时扩大平民之权利。后乃以罗马人权与领地人民。" "人民之实力增加。而权利之念。益从而增长。" "当时又有孟德斯鸠、福禄特尔、路索诸人。明政治社会之学。以主张人民之权利。及政府之权限。"

续表

关键词	代表性语句
权力	"政体则系无制限之君主专制。皇帝之于臣民。有生杀与夺之权。达利亚司时。波斯之权力。实已达于极点。会小亚细亚中希腊人所建之都府叛。" "凡国家欲成伟大之事业。不可不先有伟大之国民。今罗马内部既上下和睦。而其向外部之权力。又已充足。其膨胀于外部之第一步。先平定四邻诸国。得行其自由动作。" "封建制度之衰。其主要之原因有四。第一国家思想渐次发达。人民知国家统一之必要。遂起而反对封建制度。第二由于自由都市之发达。独立自治之精神。遂压倒封建制度。第三教皇之权力渐大。遂与人民结合以反对贵族。第四人民之实力。"
民主	"此时雅典亦渐赴于繁盛。与司巴达之武断主义相反。而取民主之文明主义。" "凡内铁亚系贵族之政。福勒连司系民主之政。颇与司巴达雅典相类。"
自由	"封建制度。亦非必不可行。其良否全系于主君之明暗及治者之善恶。而人民之自由权。则弃之殆尽。人皆以尽忠于主君为主。其思想不出乎主君之外。故国家思想。断不能发达也。" "智识之所以扩大者。原于研究自由之理。用科学之精神。摧廓旧习之迷信。其影响所及。不特文学学术。而于改革宗教。亦大有关系者宗教改革之期。" "各都市亦皆有自治之权。人民又富于自由独立之精神。一旦薰炙于改革宗教之事。无不热心欲改革其秕政。"
平等	"故各国制限强大国之权力。以与彼等同立于平等之地。谓之政治上之主义。" "自此英伦益压制领地。至用兵力。于是主自由平等之人民等。不堪其压制。举兵抗之。" "国事渐就绪。制定宪法。夺贵族僧侣之特权。更正宗教组织。认人民之平等及印刷之自由。定度量衡及货币之制。改革之端。事事皆着有进步。" "柏灵及维也纳等地府民。及中学生徒。皆起倡统一自由平等之说。"
民权	"于是十三领地。分为各州。咸以自由民权为宗旨。定宪法。置大统领一人。总理庶务。" "人民之实力。民权之公理。彰着于世。" "然则论今世之大势。列国之强。兵力财力之足。科学之发明。民权之扩张。道德之理想。皆昔人所未能者也。"
国权	"萨克逊王统已绝。法朗科尼家继之。纪元一千二十四年。空拉特二世为王。合并盘格尼帝国。空拉特之子亨利三世时。为德意志帝国权势最大之时。于教皇之选举。有大势力。遂与教皇不和。"
改革	"亨利明主也。即位之后。即改革旧教之不合者。" "改革之端。事事皆着有进步。" "英吉利之改革。则循序渐进。次第达于完备。" "一千八百五十九年。陷京师。于是中国屡以遣使讲和为宗旨。兵蹙地削。势甚危亡。犹以拥护旧敝。不肯改革为宗旨。其迷惑之心。亦云甚矣。"
革命	"自路易第十四世隆盛之时。以威权自殖。其内已含颓败之状。及路易第十五世时。国势益形扰乱。其崩时太息曰。我死后。洪水必至。至路易十六世时。其言卒验。弹雨血注。有如洪水。即大革命也。" "财政紊乱。国债有非常之重额。岁入有非常之减少。遂为大革命之引线。" "时一千七百九十九年十一月也。自兹以往。革命之扰乱遂终。法兰西遂为拿破仑之法兰西矣。以上拿破仑之解散议会而向微萨勒。闯入王宫。恣所欲为。以泄其忿。王及后。"
解放	"政府从其议。遂解放奴隶。并代赎其身于佣主。" "黑人于国会既无实权。故往往招白人之凌侮。其解放之者。不过仅使之不为奴隶耳。"

第三，《万国历史》对进化论的阐释和对进化史观的运用，共同为中国先进分子选择、接受和传播马克思主义，特别是唯物史观，吹响了前奏，搭建了桥梁。

《万国历史》指出：

"英吉利之达尔文，尤著名于世。著种族始原之书，以考论世间动植诸类所以繁殖之故。言今之生物，虽千差万别，推原其始，皆由极少之生物，逢种种之坟遇而递变其形，宜者乃得生存，由优胜劣败之理绵延以至于今。主此说者，谓之进化论。瓦勒斯、奥文、哈克斯勒诸子，皆生物学之名家也。而此进化之说，非独言生物而已，实则世界一切民物诸事，无一而非此理所包孕。故其事至赜至繁，而应用甚无穷也。"

"言生物学及进化论者，以事物之进步，皆由竞争而来。盖借竞争以为淘汰，优胜而劣败，乃自然之势也。吾人虽乐平和博爱，而战争之事，固亦所不免。穷推历代之史，自可知其盛衰之由。历史者，所以教人类之进步。而进步者何？由取善舍恶而已，亦是检择之事起。竞争之心兴，其所以教人类之进步者，乃教人类之竞争也。故历史者，竞争之历史也。其竞争愈烈者，进化亦愈速。如吾人之竞争，其所为皆激烈复杂。……"

达尔文的生物进化论，开创了生物进化论研究的新时代。恩格斯不仅称赞其为19世纪自然科学中"具有决定性重要意义"的"第三个大发现"，①而且将其与马克思在社会历史领域的伟大发现相提并论，"正像达尔文发现有机界的发展规律一样，马克思发现了人类历史的发展规律"②。重要的是，达尔文的生物进化论还具有重要的哲学和社会意义，不仅为马克思的观点"提供了自然史的基础"③，"用来当作历史上的阶级斗争的自然科学根据"④，而且还被后来的学者扩展到社会领域，即将生物进化论的"进化"观念上升到宇宙万物的普遍规律。在他们看来，"物竞天择""适者生存"不仅是生物进化过程，也是人类社会进步的一般规律。对此梁启超就曾指出，"自达尔文《种源说》出世以来，全球思想界，忽开一新天地，不徒有形科学为之一变而已，乃至

---

① 马克思，恩格斯. 马克思恩格斯选集：第3卷[M]. 北京：人民出版社，2012：894, 895.
② 马克思，恩格斯. 马克思恩格斯选集：第3卷[M]. 北京：人民出版社，2012：776.
③ 马克思，恩格斯. 马克思恩格斯全集：第30卷[M]. 北京：人民出版社，1974：131.
④ 马克思，恩格斯. 马克思恩格斯文集：第10卷[M]. 北京：人民出版社，2009：179.

史学、政治学、生计学、人群学、宗教学、伦理道德学，一切无不受影响"①。进化论对史学的影响最突出的就是形成了进化史观，以进化的观点分析人类社会发展。

进化论由于"与资产阶级民主主义的文化相联系"，故而其在近代中国的传播具有十分重要的意义，成为近代传到中国的"真正发生了重大影响的"两种西方哲学之一。②不仅如此，在自然观上坚持唯物主义观点的进化论，以及在深层"文化心理结构"上坚持"求现实生存、肯定世俗生活并服务于它的实用理性"③的进化论，也"为中国人接受唯物史观吹响了前奏曲"④，"由进化论走到唯物史观，在中国知识群中，是顺理成章，相当自然的事"⑤。

达尔文进化论的传播、运用和广泛社会化，事实上构成了20世纪初中国人选择马克思主义，特别是唯物史观的中介和桥梁，而作新社版《万国历史》对进化论的叙述和进化史观的运用、评述，当然成为进化论在中国早期传播的一部分，继而共同成为唯物史观在中国早期传播思想史背景营造的一支合力。

第四，《万国历史》对与马克思主义的理论体系直接相关的若干内容的记述，成为近代中国人对马克思主义的最初认知之一。

作新社版《万国历史》最后一部分在介绍人类社会发展趋势的时候，编者就19世纪以来出现的"社会问题"发表了一番评论。在这番评论中提到了马克思。

"社会问题之中心，实贫民问题也。富者若益富，贫者必日益艰窘，而其数亦增加不已。若增加之数愈多，势必至于败乱社会，破道德，开一切妨害社会之源。苟具有人情者，蕴一视同仁之怀，于贫民之艰厄困苦，不可膜外置之。于是贫民或表贫民之同情者，结为社会党，各国皆有之。在俄罗斯有虚无党、破坏党，以此抗专制政治。日耳曼亦尝受过激党之害。虽然社会党之善良者，亦高旷之思想。如法兰西之散西门、德国之咖尔吗克司及赖塞尔是也。此辈皆思拯贫民之

---

① 李华兴，吴嘉勋. 梁启超选集[M]. 上海：上海人民出版社，1984：340.
② 冯契. 中国近代哲学的革命进程[M]. 上海：上海人民出版社，1989：6.
③ 李泽厚. 中国现代思想史论[M]. 北京：生活·读书·新知三联书店，2009：155.
④ 冯契. 中国近代哲学的革命进程[M]. 上海：上海人民出版社，1989：14.
⑤ 李泽厚. 中国现代思想史论[M]. 北京：生活·读书·新知三联书店，2009：156.

急,登之衽席,同享安乐。而研究理财及国法之理,思见诸施行,为贫民表同胞之情,谓之国家社会主义。以国家之力,干涉商工等,平分其富,以均之贫民,如此贫者渐减,积而久之,产业相埒,不致有争夺之思,而社会安矣。"

作为一种建立在资本主义基础之上的、为无产阶级争取自身和人类解放的学说,以及人类文明发展的最新成果,马克思主义的相关内容能在19世纪末20世纪初封建末期的中国出现,实属不易。我们认为,这一时期中国书刊出现的关于马克思主义理论体系直接或间接相关的任何内容的介绍,都是难能可贵的,哪怕在今天看来这些介绍还很零碎、简单,甚至存在误解的地方,也值得珍惜,因为它代表了中国人对马克思主义的最初认知,事实上构成了五四以后马克思主义在中国广泛传播的"长时段"观念史背景。尽管《万国历史》的编者将马克思与圣西门、拉萨尔放在一起,并归入"国家社会主义",认为其"以国家之力,干涉商工等,平分其富,以均之贫民",显然是错误的,但将马克思及其思想纳入解决"社会问题"一类,并认为其主旨在于解决贫民问题,应该说也有几分道理。

总之,作为一种来自西方的、以实现无产阶级解放为己任的思想学说,马克思主义在近代的传播需要一定的基础,这种基础既表现为中国社会内部需求、时代主题变化、经济文化变动、主客体准备等,也表现为一种"长时段"的知识熏陶和思想基础。故而深化马克思主义在中国的早期传播,既需要加大对"十月革命一声炮响"的全方位解读,也需要对思想文化领域"变动缓慢的现象"①的长时段观念史考察②。因为在很大程度上,没有这种"变动缓慢的现象"的长期浸润,没有这些知识积累和思想土壤长期熏陶等作为基石和语境,马克思主义就不可能仅仅通过几次突发事件,立即转换为中国人的普遍认知。

尽管这种"变动缓慢的现象"的发生和长时段观念史背景的营造,不是单靠戢冀翚等少数人和《万国历史》等少数书刊就能完成的,而且事实上仅凭个别人和个别图书也无法完成如此浩大的工程,但作为清政

---

① 葛兆光. 中国思想史:上册[M]. 上海:复旦大学出版社,2009:15.
② 参见王磊,王跃. 马克思主义在中国传播研究的观念史视角[J]. 江苏社会科学,2013(6);王磊,王跃. 论五四时期的"主义文化"对马克思主义早期传播的影响[J]. 中共党史研究,2011(10).

府学部审定的教科书,作新社版《万国历史》对一系列与马克思主义产生发展有密切关联的近现代世界历史事件的叙述,对与马克思主义的观念谱系有密切关系的重要概念大量使用,对进化论和进化史观的阐释和运用,对与马克思主义的理论体系直接相关的若干内容记述,显然为早期中国人在选择马克思主义之前打开了一扇观察世界的窗口,其与同时期相关著述一起,共同构成了马克思主义在中国广泛传播的长时段观念史背景营造的一支合力。

The World History and the Contextual Shaping of the early Spreading of Marxism in China: A Horizon of Long-period History of Ideas

Wang Lei

Abstract: The reasons why Marxism was accepted by Chinese advanced intellectuals after the May Fourth Movement and had significant influence, are definitely not the spread of several classics and the stimulation of some big events in the short term. Instead, China at this moment already had a long-term and deep-seated basis of history of ideas. The dissemination of the 1902 edition *The World History* published by Zuoxin Press actually constituted a joint force constructed by the idea. To be specific, the narrations of some modern historical events closely related to the production and development of Marxism constitutes Chinese people's perception of world modern and contemporary history development before Marxism system was brought to China; the descriptions of several important concepts closely related to the concept of Marxism constitutes a soil for the Chinese to recognize, understand and accept the Marxist theoretical system; the interpretation of the theory of evolution and the use of the evolutionary history idea builds a bridge for Chinese advanced elements to select, accept and disseminate historical materialism; the description of several contents that are directly related to the theoretical system of Marxism constitutes one of modern Chinese people's initial cognition of Marxism.

Key words: *The World History*; Marxism; early spreading; history of ideas

---

侯外庐谈用《资本论》解《道德经》中的"有之以为利，无之以为用"

老子《道德经》第十一章中有句话："三十辐共一毂，当其无，有车之用；埏埴以为器，当其无，有器之用；凿户牖以为室，当其无，有室之用。故有之以为利，无之以为用。"

侯外庐说，历代各家对这句话的解释，一般都认为"有"是指实物，"无"是指空虚，都是就生产物的物理属性而论的。他起初只是不满意前人的解释，认为老子所举三件制作成品——车、器、室，都是劳动生产物，都具有使用价值；既然都具有使用价值，为什么"当其无"时，才能表现其有用性呢？所以，这里的"有"和"无"，是不能从生产物的物理属性去解释的。但究竟该如何解释，他在很长一段时间里，也没有明确的答案。20世纪20年代末，他在法国译读《资本论》第一卷时，才豁然开朗，读懂了这句话。他认为，这里的所谓"无"，就是指在生产力水平低下时，车、器、室等一切产品不属于个人的特定的历史阶段，也就是"非私有"的时代，它们只单纯地表现为有用物，由人们共同生产、共同占有，用政治经济学的术语说，只有使用价值，故曰"无之以为用"。所谓"有"，就是"无"的历史阶段的对立物，也就是"私有"的时代，在这个时代，车、器、室等劳动生产物，在一定条件下可以变成商品，具有交换价值，而交换价值表现为利的关系，故曰"有之以为利"。

侯外庐说，他自20世纪20年代末读《资本论》得解"有之以为利，无之以为用"，发现"有"和"无"包含两个历史阶段的概念，到50年代完成《中国思想通史》老子章的修订，对老子思想的研究基本成形，"摘取的果实虽小，然而在我个人从事中国思想史研究的经历中，用马克思的方法论指导研究，解决疑难，一向自视这是最宝贵的尝试之一。"

《韧的追求》，侯外庐著，生活·读书·新知三联书店1985年10月版。

（严何摘编）

津村秀松对社会主义的评介及其在中国的早期传播

——以《经济学大意》为例

李 健

摘要：津村秀松是日本知名经济学者，其代表作《经济学大意》和《国民经济学原论》对社会主义进行了经济学阐释，从社会主义评介中构建起自己的社会改良主义的思想。这种思想对于20世纪20年代的社会主义论战也产生了深远影响，对社会改良派的影响尤其大。

关键词：津村秀松；社会主义论战；社会改良主义

作者简介：李健，北京大学马克思主义学院副教授、博士生导师，主要研究领域为思想政治教育、科学社会主义理论。

《经济学大意》是日本学者津村秀松原著、阐述基本经济学原理的重要著作，在日本和中国产生重要的影响。上海群益出版社于1915年12月出版了彭耕译本，之后13年一共刊印发行了6版。当时需求可见一斑。在前言中，译者说明本书宗旨"在使初治经济学者得窥斯学大意"，适用于"我国法政学校实业学校师范学校及中学校教课程"①。正是这本经济学的教科书，对于推动20世纪20年代的中国经济学的发展产生了重要影响。一些大学院校的招考中，必考的科目就有"经济学大意"。1924年上海大学经济学系的招考简章中，考试科目就有"国文、经济学大意、英文、论理、数学"②。不仅如此，该书也是1925年7月欧阳溥存编撰的

---

① 津村秀松. 经济学大意[M]. 彭耕, 译. 上海：群益书社, 1915: 1.
② 《北京大学日刊》1924年7月19日第1511期.

《新中学教科书经济学大意》的主要依据。欧阳版无论是在编纂体例上还是在基本内容上与《经济学大意》具有极大的相似性。彭耕译本出版后，在《新青年》杂志1917年第二卷第五期上作了广告。《新青年》中的广告词写道："凡无师承而欲以简易方法通经济学者，每皆於是书求之，足知其最合攻究斯学者之心理矣"①。这种宣传，加之其重版6次之多，可见其在国人心中也产生了相当的影响。《经济学大意》作为大众化普及性的经济学读物，虽然其中介绍了经济学的一般理论，但是其中的内容大多忽略或舍去其中有关马克思经济学说的评介，与此同时却保留了关于社会主义与共产主义的批评。从这一事实，我们可以看出，作为从日本译介而来的《经济学大意》，其中所阐释的经济学也是作为一种舶来品，对于国人来说是比较陌生的，更毋庸谈从经济学的角度来评介马克思主义了。从这方面来说，《经济学大意》对于推动经济学的大众化作了相当的贡献，为马克思主义的传播奠定了一定的经济学基础。但是其间对于社会主义的批评，对于当时的中国人来说，难以从经济学的角度评介马克思主义，在编撰和翻译经济学著作的过程中，容易将其与一般社会主义混为一谈。

一、社会主义的经济学阐释

在津村秀松的著作中，其非常注重经济学的理论阐释，这与他的经济学背景是密切相关的。以经济学为背景阐释社会主义，是津村秀松《经济学大意》的一大特色。津村秀松在第八章，从国民经济学基本研究对象出发，引出国民经济学的基本范畴即私有财产与自由竞争，进而阐述了共产主义与社会主义，声称社会主义与共产主义有弊端，从而转向了社会改良主义。

津村秀松指出国民经济发展的前提是统一国家的政体出现，而与此相适应的国民经济运行得顺畅与否，关键在于拥有良性的国家政治法律。"使一国政治法律若良，则国民经济易于发达，其政治法律若恶，则国民经济难于生存"②，而这也直接关系到私有财产与自由竞争的发展。随后，他在私有财产制与自由竞争一节中指出，私有财产是远古时代原始共

---

① 《新青年》1917年1月1日第二卷第五号。
② 津村秀松. 经济学大意[M]. 彭耕，译. 上海：群益书社，1915：21.

产制度发展到一定阶段的产物。伴随着人口的增加，有限的财产势必导致供应不足，"因时变迁，遂化共有财产制，而成私有财产制矣。于是乎各自异其利害，而自由竞争，遂以益剧"①，从而形成当今世界各国不断进步，不断发展的文明时代。在这里津村秀松将竞争视为文明进步的重要推动力。也是在自由竞争的推动之下，贫富分化愈演愈烈，物竞天择的自然法则使得社会自然分化为富人与穷人两大阶级，而且阶级对立日趋尖锐，于是，"事久变生，遂有废私有财产制而共有财产制之'共产主义'Communism 论起焉。又有禁止土地及资本生产手段之私有制，化归公有之'社会主义'Socialism 论起焉"。至此，津村秀松以这种形式展示了其阐释社会主义的新路向，即从自由竞争出发，用经济学的逻辑来论证社会主义的必然性。

随后，津村秀松指出，共产主义和社会主义虽然认识到社会日益分化的危险，但是这种激烈的矫正，使得弱者不劳而获，强者虽劳亦无特别的利益，实则是打击了劳动者的积极性，从而加剧了社会的不公平，"（社会主义之主张）其中虽含有一部分之真理。然破坏社会进步基础之私有财产制及利己心已甚矣"②。至此，他指出极端的私有财产和极端的公有财产对于社会发展都是有害的，最重要之处乃是"折衷其说"，在私有财产中，将涉及国计民生的基础设施如邮政、电报等，加以限制化为公有。"故以实际言之，国家一方承认其私有财产制度以尊重个人权利，加以保护。使人民安居乐业，各专厥职，以图国家发展。一方又许其自由竞争，以尊重个人之自由，亦加以保护，使人民各尽其长。自在发挥，而促社会之进步。夫如是则国民经济，方能发达焉。"③津村秀松这种调和主义的观点，将社会发展的基础奠定在私有制与自由竞争的基础之上，所得出的结论必然是反社会主义和共产主义的，而把解决社会矛盾的道路导向温和的改良主义，在保存现状的基础之上防止极端私有制和极端公有制的发生。这些观点的产生，是出于西方经济学理论中所排斥的任何形式的共产主义与社会主义的基本立场出发的。而伴随着《经济学大意》在中国的传播，使得当时中国人从经济学角度阐释马克思主义，特别是对社会主义产生了很大的误解，将其与一般的抑或是庸俗的社会主义混为一谈。但其对

---

① 津村秀松. 经济学大意[M]. 彭耕，译. 上海：群益书社，1915：21.
② 津村秀松. 经济学大意[M]. 彭耕，译. 上海：群益书社，1915：22.
③ 津村秀松. 经济学大意[M]. 彭耕，译. 上海：群益书社，1915：23.

资本主义社会所造成的社会两极分化所进行的批评，以及由此揭示出来的社会主义的必然性，使时人加深了对社会主义的理解。特别是从经济学的角度来说明社会主义这一新的理论路径本身，就在相当程度上深化了当时知识界对社会主义的理解。

二、在评介社会主义之中构建社会改良主义

明治维新之后，日本经济学研究成果不断涌现，其中尤以津村秀松最为显著，《国民经济学原论》是津村秀松倾注精力最多的著作，同时也是被称为"洛阳纸贵"的经济学名著。当时已经有田岛锦治的《最近经济论》（1897年）和金井延的《社会经济学》等著作出版。日本的经济教科书不能算少，但是比起之前出版的那些书，津村秀松的《国民经济学原论》能获得高度评价的原因是其平实明白的叙述、丰富充实的引用、恳切细致的解说，就如同当时的书评所描述的那样"我国（日本）经济学界所未曾有的名著""既刊经济学书中的白眉""博引旁证，对症下药""学者必读之良书"等①。在该书中，津村秀松对马克思经济学的评介主要见之于第七编"社会主义"一节。津村秀松实际上在批评社会主义的过程中构建了其社会改良主义的思想。

社会主义的国家"劳动之结果非尽应归劳动者之有"②。津村秀松认为，社会主义的前提是以劳动者的劳动成果凝结为一切生产资料，因而劳动者的劳动（抑或劳力）构成了社会主义生产的唯一要素，但是这种劳动不仅仅包括劳动者的劳动，还包括作为整体劳动者的社会的计划、组织、经营、调节等行为。这是社会主义生产必不可少的重要因素。既然如此，那么这些劳动者理应享受所有劳动成果。但是"况社会主义之国家，亦犹今日之社会。有婴孩，有老弱，有病夫，有不具者。若尔之人，实际虽不能劳动，然社会当为之保育。国家当为之扶养。而与以相当之衣食住。至若官吏公使医师教员僧侣学者，亦为社会主义之国家所必需。凡此阶级，皆不能不分劳动者劳动之结果。然社会主义于直接劳动者之间，以其劳动种类之相异"③，却不能保证分配之公平，而那些不从事劳动抑或非生产性劳动的人，却直接参与了这种分配，更是加剧了这种分配的不公。在这

---

① 上久保敏. 日本の経済学を築いた五十人[M]. 东京：日本评论社，2003：222.
② 津村秀松. 国民经济学原论[M]. 马凌甫，译. 上海：群益书社，1920：820.
③ 津村秀松. 国民经济学原论[M]. 马凌甫，译. 上海：群益书社，1920：822.

里，津村秀松仅仅是从直观上看待社会主义，其所理解的社会主义，只不过是小资产阶级的社会主义。

"在社会主义之国家，终难期需给之投合。"①在津村秀松看来，社会主义国家中，生产资料和生产活动都是在国家和政府掌控之内，政府按照其国民在一年的时间内所需的一切商品数量加以计算，并制定生产计划，让一切生产活动都是按计划进行的，因此不用担心生产过剩或者生产不足的问题，也不会产生危机。但是，这只是在狭小范围内的生产才能实现的。然而，"今日之交通经济组织，既以发达，且有趋于世界经济时代之倾向。国家间之交通贸易，日就繁剧。一国之需要，非仅仰其供给于一国，而直仰给于全世界。一国之产物，亦非独销售于本国，大量输出于国外，于是市场为世界的。需给投合为国际的，而财之种类，千差万别，人之嗜好，又若举雨其风"②，在经济全球化的趋势之下，日本仅凭国内之力能否计算出其国内的需求与生产预期，是存在疑问的。在此，津村秀松忽视了社会主义是建立在生产资料公有制基础之上的，这就从根本上克服了资本主义生产的内在矛盾，也是适应生产社会化的必要要求。

"社会主义之国家，有化专制国家之危险。"③津村秀松认为，社会主义国家将所有生产资料收归国有，消灭了私有制，也就消灭了资本，消灭了雇佣劳动，任何人要想获得生活消费资料，就必须从事劳动，但是这使得劳动者，"不得不委身于国家而托庇其生命，任属何事，一不可不听政府之指挥，而仰官吏之鼻息。是则个人无职业选择之自由，无赁银约定之自由，官吏之所指定任何职业，无容规避，任何赁银，一当忍受。四民殆若奴隶，而生杀予夺之权，悉举而委诸政府之手，世遂一变为政府万能主义之国家"④。社会主义的一大优势就是集中力量办大事，能够保持政策落实的执行力。但是，如果对集中权力没有进行有效的制约，如果没有健全的制度，这种权力也可能带来不堪设想的后果。

"社会主义之国家，难期世运之进步与发达。"⑤在津村秀松看来，社会主义是克服私有财产带来社会分配不均的有效手段，而极端自由竞争

---

① 津村秀松. 国民经济学原论[M]. 马凌甫，译. 上海：群益书社，1920：822.
② 津村秀松. 国民经济学原论[M]. 马凌甫，译. 上海：群益书社，1920：822-823.
③ 津村秀松. 国民经济学原论[M]. 马凌甫，译. 上海：群益书社，1920：823.
④ 津村秀松. 国民经济学原论[M]. 马凌甫，译. 上海：群益书社，1920：823.
⑤ 津村秀松. 国民经济学原论[M]. 马凌甫，译. 上海：群益书社，1920：823.

违背了经济活动的客观规律，带来了消极后果。但是，自由竞争却是成为推动世界历史发展的原动力。然而，在当今各国竞争激烈的大势之下，一国要想在国际立足，则"不可不鼓舞国民之元气，奖励国民之活动，而于农工商文武各方面，又不可不力图其发达，否则国势颠危，存亡莫保。故非万国一致化为社会主义之国家，决不能以一国实行社会主义"①，因此社会主义变为一种普遍性的现象时，社会进步将停滞不前了。他进一步指出，社会分化推动了社会进步，这种分化产生了文学技艺和道德，而这些文学技艺和道德的发达，"先起于上流社会，渐及于中流社会，后遂普及于一般，而为文明之发达。因此文明先觉上流社会，唯于私有财产继承制度之下，得以见其发生"②。但是，社会主义却废除了这种制度，使得这些发展起来的文明消除殆尽，社会变得无味。津村秀松的这种观点，忽视了上层建筑的继承性，割裂了人类历史发展的整体性，从而没有真正把握文明的发展规律。

"社会主义之国家，罪恶不灭，恐慌不绝。"③在津村秀松看来，社会主义国家实行的分配公平，消除了贫富差距，从而也就消解了人性善恶之别。但是，在他看来，这并没有完全解决罪恶与恐慌问题。他进一步指出，人们的犯罪动机既有物质的原因，也有思想的因素。社会主义国家既然消灭了私有制，实现了平均分配，消灭了罪恶与恐慌产生的经济因素。但"不能断其基于精神的生活缺陷之犯罪，亦不复发。总之社会主义之人生观，乃偏于唯物论。单解人类为境遇之儿。是又非吾人之所取"。将社会主义理解为偏于唯物论，是一种庸俗的理解，这不仅有种将唯物主义理解为庸俗的唯物质论，而且违背了上层建筑是由经济基础所决定的历史规律，割裂了经济基础与上层建筑的辩证关系。总而言之，津村秀松批评了社会主义，主要就是针对着"学理的唯物主义"，"世称'近世社会主义'（modern socialism）又曰，'学理的社会主义'（scientific socialism）吾人次款虽题社会主义。其实专述此近世学理的社会主义而已"④。不难看出，其所谓的"学理的社会主义"，就是科学社会主义。在津村秀松看来，科学社会主义的这些主张并不具有可行性，从而代之以"社会改

---

① 津村秀松. 国民经济学原论[M]. 马凌甫，译. 上海：群益书社，1920：823.
② 津村秀松. 国民经济学原论[M]. 马凌甫，译. 上海：群益书社，1920：824.
③ 津村秀松. 国民经济学原论[M]. 马凌甫，译. 上海：群益书社，1920：824.
④ 津村秀松. 国民经济学原论[M]. 马凌甫，译. 上海：群益书社，1920：815.

良主义"。

基于此，津村秀松阐发了其社会改良政策的三大举措，首先是"普及教育，以崇高一般国民之自觉心，而鼓舞独立自助之精神"①。推行义务教育，还会促进产业工会、劳动工会等产生。其次是"阐扬宗教道德，以崇高一般社会之公德心，而实行和衷共济之业"②。并在此基础之上，推进改革宗教、奖励德育、辅助慈善事业。最后是"以国家之权利，防止社会阶级轧轹，而调和一般人民之利害"③。进而推出工场法、劳动保险法和其他劳动者保险法，保障劳动者的基本权利。不难看出，津村秀松所秉持的基本理念是"以私有财产制和利己心及其如影随形的自由竞争，作为社会进步和国民经济发展的基础"④。从这一基本理念出发，必然导致其对于社会主义主张的排斥，从而采取折中主义的社会改良政策来缓和阶级矛盾，解决社会问题，在保存私有制的前提下缓解阶级矛盾，防止各种极端取向。也是这一基本价值取向，对于 20 世纪 20 年代的"社会主义论战"产生了重要影响。

三、"妄想的社会主义"还是科学社会主义

1920 年 9 月，英国著名哲学家罗素应邀来中国讲学。罗素宣称自己是一个共产主义者，他把社会矛盾的根源归结于私有财产，认为要缓和社会矛盾，避免资本家压迫的一个重要举措就是将所有资本归社会或国家所有，但他并不主张阶级斗争，认为斗争会摧毁已取得的经济社会发展的成果。罗素在中国的演讲，也传达了相似的观点。他认为中国的当务之急是发展资本主义以"增加富力"，并指出了中国应走出一条发展实业、兴办教育的改良道路。可以说，这一主张与津村秀松的改良主义三大举措是契合的。张东荪就此认为救中国只有一条路，"一言以蔽之：就是增加富力。而增加富力就是开发实业"，指出中国可以实行一个主义，就是"使中国人从来未过过人的生活的，都得着人的生活，而不是欧美现成的甚么社会主义、甚么国家主义、甚么无政府主义、甚么多数派主义等等"⑤。

---

① 津村秀松. 国民经济学原论[M]. 马凌甫，译. 上海：群益书社，1915：24.
② 津村秀松. 国民经济学原论[M]. 马凌甫，译. 上海：群益书社，1915：24.
③ 津村秀松. 国民经济学原论[M]. 马凌甫，译. 上海：群益书社，1915：24.
④ 谈敏. 回溯历史——马克思主义经济学在中国的传播前史[M]. 上海：上海财经大学出版社，2008：1177.
⑤ 张东荪. 由内地旅行而得之又以教训[J]. 新青年，1920-12-01（4）.

张东荪的言论由此引发了20世纪20年代的"社会主义论战"。论战一方宣扬基尔特社会主义，主张改良，实际上批评马克思主义，代表人物包括张东荪、梁启超等。论战的另外一方是马克思主义者李大钊、陈独秀、李达等人，他们通过对资本主义社会内在矛盾的深刻分析，认为资本主义内在矛盾不可能克服。他们还指出俄国十月革命指明了后发国家应走的道路，认为走向社会主义是中国社会最现实的选择。

梁启超早在1911年，就有意与时任商务印书馆董事长张元济商量，出版一批生计财政类的书籍，其中就包括津村秀松的《国民经济学原论》，只不过由于该书的篇幅过大，没有出版。"惟津村秀松《国民经济学》卷帙过多，销售不易。为营业计，不敢轻易下手，拟请另选他种"①。可见，在此之前，梁启超就接触过津村秀松的学说。而其在论战中的基本论调也遵循了《国民经济学原论》的理论。例如，梁启超在论证中国必须走资本主义道路时，就指出"有资本阶级，然后有劳动阶级；有劳动阶级然后社会主义运动有所凭借"②。梁启超这一强调资本阶级是社会基础的论断，与津村秀松在《国民经济学原论》中的看法非常相似。津村秀松在《国民经济学原论》中即认为一国要想在激烈的国际竞争中保存自己，就应该通过资本竞争发展自己，而不是都走向社会主义："况当列国竞争剧烈之今日，欲于国际间占有力之地位。不可不鼓舞国民之元气。奖励国民之活动，而于农工文武各方面。又不可不力图其发达。否则国势濒危。存亡莫保。故非万国一致化为社会主义之国家"③。除此之外，由平民共济会创办的《生活杂志》中，也刊发了津村秀松的《社会主义管见》一文，该文延续其对于社会主义的排斥思想，认为"惟今私有财产制度之世。文明国民自制心盛，而人口增加之势，亦不甚激。若化为公有财产。一般食物与人口。必失其调和。穷则思乱。掠夺强劫之祸，将次而起之。社会秩序，不得不为之破坏焉"④。因此，关键不在于实行社会主义，而是保护劳动者，发展实业，振兴教育。这一改良观点也为张东荪所继承："现社会是寄生生活，这个趋向便倾于共同生活；现社会是偏重资本，这个趋向便倾向于普遍的劳动；现社会是自由竞争，这个趋向便倾向于互相扶助；

---

① 张元济. 张元济全集：第三卷. 北京：商务印书馆，2007：218.
② 梁启超. 复张东荪书论社会主义运动[J]. 改造，1921-02-15（3）.
③ 津村秀松. 国民经济学原论[M]. 马凌甫，译. 上海：群益书社，1920：823.
④ 津村秀松. 社会主义管见[J]. 生活，1913-02-12（1）.

现社会是个人快乐主义,这个趋向便倾向于社会幸福。"①和津村秀松一样,张东荪否认了社会主义革命的可能性和必要性。

可以说,在这次论战中,津村秀松的一些思想影响了梁启超和张东荪等人,坚持资本主义在当时中国存在的合理性和必要性。早期的马克思主义者陈独秀、李大钊等人否定了这种合理性,坚定地认为中国必须选择社会主义。早期马克思主义者从经济角度论证资本主义暂时性的路径,实际上正是被津村秀松著作的译本带到中国来的。论战双方一方鼓吹津村秀松的改良主义结论,从而反对马克思主义,另一方继承其经济学说明社会主义的方法论路径,捍卫社会主义在中国的合理性。但这场论点本身,却使得马克思主义在中国的影响大大扩展开来,促进了社会主义思想在中国的早期传播。在此意义上,津村秀松对社会主义的介绍,特别是《经济学大意》的彭耕译本,客观上为马克思主义在当时中国纷然杂陈的各种思潮中脱颖而出作出了贡献。

Hidematsu Tsumura's Review on Socialism and Its early Dissemination in China: Take *The Idea of Economics* as an Example

Li Jian

Abstract: Hidematsu Tsumura was a well-known economist in Japan. His representative works *The Idea of Economics* and *The Original Theory of National Economics* have interpreted socialism by Economics, building his own social reformism thought from the reviewing of socialism. This thought also exerted a profound influence on the socialism debate in 1920s, especially on the social reformists.

Key words: Hidematsu Tsumura; the debates on socialism; social reformism

---

① 张东荪. 我们为甚么要讲社会主义? [J]. 解放与改造,1919-12-01(1).

马君武译《俄罗斯大风潮》中文本研究

仝 华 岳从欣

摘要：出版发行于 1902 年的《俄罗斯大风潮》中译本，译者署名为"独立之个人"，他是当时中国留日的学生马君武。书名为译者所加，译文基本内容所对应的是英国学者托马斯·柯卡普所著《社会主义史》英文原著（1900 年版）第十章"无政府主义"。从总体看：该译本大体反映了原著的内容。不过，对若干人名、地名的翻译不够准确，所述少量史实有一定的出入，中间兼有删改，有的内容不是原著中的，而是译者个人的评介，也有原著的不少内容译者根据需要作了舍弃。该译本对早期社会主义及其相关思潮的传播与研究具有重要意义，主要体现为：有助于人们了解宣传社会主义的著作《社会主义史》；有助于人们了解无政府主义思想的主要内容及其发展史；有助于中国先进分子了解和认识以俄国无政府主义思想与实践为代表的、世界范围的无政府主义，并从一个重要方面认识无政府主义与科学社会主义的区别。

关键词：《俄罗斯大风潮》；《社会主义史》；独立之个人；马君武；无政府主义

作者简介：仝华，北京大学马克思主义学院教授、博士生导师，国家社科基金党史党建学科规划组评审组成员、教育部"中国近现代史纲要"课教学指导委员会委员。

岳从欣，女，北京联合大学马克思主义学院副教授，博士。主要从事马克思主义理论研究，参与多个国家、教育部和北京市基金项目，出版专著一部，发表学术论文近30篇。

清光绪二十八年（1902），一本名为《俄罗斯大风潮》的英文中译本问世，译者署名为"独立之个人"，书名为译者所加。译文基本内容所对应的是英国学者托马斯·柯卡普著《社会主义史》英文原著（1900 年版）第十章"无政府主义"。该译本从一个方面反映了 20 世纪 20 年代初，中国思想界对无政府主义思潮的认识。本文从以下五方面考察和论述该译本的相关情况。

一、关于译本、原著者和译者

托马斯·柯卡普（Thomas Kirkup，1844—1912），英国人。生于英国诺森伯兰郡（Northumbrian）伍勒（Wooler）附近的一个牧羊人家庭。8 岁时随其父移居凯尔索（Kelso）附近的柯克耶索姆（Kirk Yetholm），此处属于苏格兰的 Cheviots（切维厄特是英格兰和苏格兰的边界地带）。柯卡普曾在爱丁堡大学获文科硕士学位，并得到访学奖学金资助。这使他后来能顺利地在哥廷根、柏林、图宾根、日内瓦和巴黎等地访学，继续从事自己的研究。曾任苏格兰钱伯斯出版公司（W. & R. Chambers）教育顾问。1883 年从爱丁堡移居伦敦。在伦敦期间，他与钱伯斯出版公司保持了长期的密切合作关系。与此同时，他还投稿于英国大不列颠百科全书和其他的百科全书，偶尔也为公众出版社写稿。其主要著作有：《社会主义研究》（*An Inquiry into Socialism*）、《社会主义史》（*The History of Socialism*）和《社会主义前史》（*The Primer of Socialism*）。朗曼斯（Longmans）出版公司曾分别于1887年、1888年和1907年出版《社会主义研究》；其余两本书均由布莱克（Black）出版公司出版。《社会主义史》曾于 1892 年、1900 年、1906 年和 1909 年由柯卡普修订出版发行；《社会主义前史》也曾于1908年和1910年出版发行。1910 年，其母校爱丁堡大学特授予他文科博士名誉学位。

"独立之个人"，是马君武的笔名之一。马君武，1881 年 7 月 17 日生于广西桂林恭城衙署，祖籍湖北蒲圻（今赤壁市）。原名道凝，号厚生。后更名同，复更名和，号君武。1899 年考入设于广西桂林的体用学堂，该学堂是中国近代史上广西第一所既学中学又学西学，包括学英文的新型学校。马君武的英文成绩在该校名列前茅。同年义和团反帝爱国斗争爆发。1900 年春夏，马君武出游新加坡，后返广州、上海。1901 年春夏到上海震旦学院读书，同年冬，赴日本留学。1902年开始参与梁启超在日本创办的《新民丛报》的工作，并为该报撰稿。同年，在日本结识孙中山，开始追随孙中山革命。1905年，参与组建中国同盟会，是该会章程起草人之一，《民报》的主要撰稿人之一。1911年武昌起义后，参与起草《中华民国临时约法》及《临时政府组织大纲》。此后曾任中华民国临时政府实业部次长、孙中山革命政府秘书长、广西省省长，北洋政府司法总长、教育总长。他还是大夏大学（今华东师范大学）、广西大学的创建人和首任校长。1940年8月1日病逝于桂林。[①]

二、该译本的书名内涵及其序言要义

《俄罗斯大风潮》中译本的书名有着深刻的内涵。所谓"俄罗斯大风潮"，系指19世纪中后期俄国的革命运动。其中特别是指70年代的社会运动、革命的民粹运动和80年代民意党人的活动。70年代的俄国多数革命活动家，站在无政府主义或半无政府主义的立场，从所谓农民革命只要一来就会消灭君主制度和以剥削群众为基础的社会经济制度这一错误信念出发，否定政治斗争的必要性。无政府主义的主要代表人物之一米哈伊尔·巴枯宁的观点这时在革命青年中间得到广泛传播。70年代的民粹主义运动虽然分裂为几个派别，但意见分歧基本是在策略问题上。把农民民主主义和空想社会主义兼容并包的民粹派活动家，在这一时期，进行了比较充分的表现。80年代民意党人的活动，以试图谋杀君主专制首脑的行动最为突出，但遭到沙皇政府的残酷镇压。《俄罗斯大风潮》中译本，着重介绍和评价了上述时期若干事件和代表人物。其反映的主要内容（按目录所列）依次是：无政府党创始者布鲁东[②]；无政府党魁杰巴枯宁[③]；巴枯宁之运动及遭遇；巴枯宁之著作；巴枯宁之主

[①] 参见莫世祥. 马君武集[M]. 武汉：华中师范大学出版社，2011；周伯乃. 桂水长清——马君武传[M]，台北：近代中国出版社，1989；马君武著，文明国编. 马君武自述[M]. 合肥：安徽文艺出版社，2013；林煌天. 中国翻译词典[M]. 武汉：湖北教育出版社，1997.

[②] "布鲁东"，即皮埃尔-约瑟夫·蒲鲁东（Pierre-Joseph Proudhon，1809—1865），法国政论家、经济学家和社会学家，小资产阶级社会主义者，无政府主义的创始人，第二共和国时期是制宪会议议员（1848）。

[③] "巴枯宁"，即米哈伊尔·亚历山大罗维奇·巴枯宁（Михаил Александрович Бакунин，1814—1876），俄国无政府主义和民粹主义的创始人和理论家。

义；巴枯宁之势力；无政府党魁杰克娄剖特京①亲王；无政府党之宗旨；苟体尔②之诉词；俄罗斯国二种机关：王室、农党③；俄帝亚历山大第二④之善政；无政府党魁杰那屋娄夫⑤；去与人民为伍⑥主义；俄罗斯学生革命之运动；刺客惨杀主义；俄罗斯女豪杰韦拉沙嫂丽支⑦；俄罗斯人心大激动；不杀皇帝不已；俄罗斯女豪杰薛非亚⑧；杀俄帝亚历山大第二；少年革命党；俄罗斯政府党专制无道之情形；革命之国民。

该书"序言"分为五段，第一段主要强调"人间之最可恶者。莫如野蛮时代之所谓圣贤"及"无改造社会之思想者，其断不可谓之大豪杰"。第二段主要介绍圣西门倡导的"社会主义"和达尔文、斯宾塞发明的"天演进化之理"，告诉了人们一种新主义，即"无政府主义"。第三段指出，俄国的彼得大帝，是人间"最可恶者"之一。第四段强调，俄国"至今无宪法、无议院。因自由而举革命被杀戮者，已如麻矣。俄罗斯诚人间之最黑暗地狱也"。第五段是该序言的点睛之段。其写道，无政府党人被各国政府视为"最大公敌"，但"英人克喀约作此书"，则对无政府党人"称赞之不已""美哉"。

---

① "克娄剖特京"，即彼得·阿列克谢耶维奇·克鲁泡特金（Пётр Алексеевич Кропоткин，1842—1921），俄国民粹主义革命家，无政府主义运动的理论家和活动家，地理学家。
② "苟体尔"，即埃米尔·戈蒂埃（Emile Gautier，1853—1937），法国无政府主义者。法学博士，做过记者，曾与克鲁泡特金共事，是1881年7月伦敦无政府主义代表大会的参加者之一，1883年1月与克鲁泡特金及其他几位无政府主义者被法国里昂地方法院判处5年监禁。
③ "农党"，翻译有误，根据英文原文"the Mir"，应译为"米尔"，即农村公社，基辅罗斯时期开始存在。南方称公社为"维尔弗"，北方称"米尔"。随着封建化的加强，米尔普遍推广，成为最基层的组织机构。1861年改革后，公社仍然保留。十月革命后直到农业集体化时期才最后消灭。
④ "亚历山大第二"，即亚历山大二世（АлександрⅡ，1818—1881），俄国皇帝（1855—1881）。
⑤ "那屋娄夫"，有误，据文意应为"拉屋娄夫"，即彼得·拉甫罗维奇·拉甫洛夫（Пётр Лаврович Лавров，1823—1900），俄国哲学家和政论家，社会活动家，民粹派的思想家。
⑥ "去与人民为伍"，今译为"到民间去"。
⑦ "韦拉沙嫂丽支"，即维拉·伊万诺夫娜·查苏利奇（Вера Ивановна Засулич，1851—1919），俄国民粹主义运动、社会民主主义运动的活动家，劳动解放社（1883）的创始人之一；后来转到孟什维克立场。
⑧ "薛非亚"，即索菲亚·利沃夫娜·彼洛夫斯卡娅（Софья Львовна Перовская，1853—1881），俄国民粹派革命家，柴可夫斯基团成员，1879年加人民意党，任该党执行委员会成员，1881年3月1日组织谋刺沙皇亚历山大，10日被捕，4月3日被处死，是俄国历史上第一位受绞刑的女革命者。

三、关于该译本与《社会主义史》英文版关系的具体说明

自 1892 年《社会主义史》英文版初版发行后，1900 年、1906 年和 1909 年经由托马斯·柯卡普本人三次修订出版。需要指出的是，《社会主义史》（1892 年版）中的"无政府主义"是第九章，《社会主义史》（1900 年版）增加了第九章"德国社会民主党"（The German Social Democracy），原文第九章"无政府主义"改作第十章。根据《俄罗斯大风潮》中译本出版发行的时间和内容来看，马君武是根据《社会主义史》（1900 年版）翻译的。其根据如下。

《俄罗斯大风潮》"苟体尔之诉词"目录下第一段和第二段提到：

> 在控诉院尔米勒苟体尔 Emile Gautier 自护之诉词，最能感动人心。原告诘之曰："苟体尔迷失真性，为热性有权之大说客，传播无政府主义于法兰西。"苟体尔以如画之辨才答之曰："时至今日，尚忍不言革命乎？尚得詈无政府之党人为乱党人乎？试放眼观今日之社会，负债者日众，歇业者日众。社会之现状，盖有滔滔趋入凄凉之境，而不可复返之势。若任其势之所趋，而不思改造之方法，吾不知其何所底止。有资本者握社会之大权，而一切人皆为之牺牲而已。"

> 无政府主义者，最明白最单简之主义也。一言蔽之，曰："不认外界之威权，不许有土地或资本之私产。人人按其才力之所近，以作自由之工。无工业等等自养之法，不能成自由社会也。自由社会者，人人有平等之自由而互相连合。故改造社会之宗旨，不过使其成为自由社会，而自由联合耳。善人之尽其义务，非惧政府及警察也。因义务乃其自己之义务而自尽之，譬之人之有生，即须自然呼吸空气也。"①

这两段内容没有见于 1892 年版中，在 1900 年版中原文为：

> Perhaps the most striking feature of the trial was the defence of Émile Gautier before the Court of Appeal. Gautier was described by the Public Prosecutor as a serious intelligence gone astray, a licentiate in law who

---

① 克喀伯. 俄罗斯大风潮[M]. 马君武，译. 少年中国学会，1902：7-8.

had passed brilliant examinations, a powerful orator who might be considered as the apostle of the anarchist idea in France. He was only twenty-nine years of age. In his defence Gautier described with passionate eloquence how he, the son of a law-officer(huissier), had been converted to revolution and anarchism by the sight in court of the daily miseries of debtors and bankrupts and other victims of a capitalist society. As Voltaire is said to have had an attack of fever at every anniversary of the massacre of St. Bartholomew, so he, far away in Brittany, was seized with a fever of rage and of bitter indignation when the calendar brought round the accursed dates at which bills and rents became due.

The leading principles of anarchism are marked by great clearness and simplicity, and may be summed up as the rejection of all external authority and of all private appropriation of land and capital. All human relations will depend on the free action and assent of the individuals concerned. Free associations will be formed for industrial and other purposes, and these associations will with a like freedom enter into federal and other relations with each other. The process of social reconstruction is, in short, the free federation of free associations.①

从该译文中的一些段落分配看，如"巴枯宁之著作"目录下的第二段"其序又曰：人莫不无恒业，巴枯宁者。……"②是一个独立的自然段。这段内容对应的原文在 1892 年版本中不是作为独立自然段存在，而是与前一段合在一起的。

In their preface to Bakunin's work, *God and the State*……With them he fought the hard battle of life, aggravated by prison, by exile, by all the dangers, and all the bitterness which devoted men have to undergo in their troubled existence. They then go on to say how in Russia among the students……③

---

① Thomas Kirkup. *A History of Socialism*[M]. London：Adam and Charles Black，1900：246-247.
② 克喀伯. 俄罗斯大风潮[M]. 马君武，译. 少年中国学会，1902：3-4.
③ Thomas Kirkup. *A History of Socialism*[M]. London and Edinburgh：Adam and Charles Black，1892：185.

而在 1900 年版本中，它是作为一个独立自然段存在，这与马君武译《俄罗斯大风潮》的相应部分在段落格式上是对应的。

> In their preface to Bakunin's work, God and the State……With them he fought the hard battle of life, aggravated by prison, by exile, by all the dangers, and all the bitterness which devoted men have to undergo in their troubled existence.
>
> They then go on to say how in Russia among the students……①

考察该译本，可见译者在其中加入了一些他个人的概括与评论。例如，在正文目录"无政府党主义"下的第一段，就是译者所加的对无政府党主义的概括，这在 1900 年版中没有对应的原文。其概括如下："有翻天覆地之精神，具挟山超海之气力，弄神出鬼没之手段，扫去世间一切君主教主重重网罗。万人一魂，欲造出其理想中之新世界。前者死，后者继。无论男女贵贱，莫不勇猛侠烈，以杀君相贵族等等恶类，为独一之目的。烈烈乎！无政府党之主义也。堂堂乎！无政府党人也。"②

再如，在正文目录"巴枯宁之运动及遭遇"下第二段内，部分内容也属于这种情况。即译文所写："所处之境，皆黑暗可惧，不睹天日。昏浊罪恶之政府，恃其势力，压止革命，摧残志士，无所不至。天下事物之最可痛恨者，未有甚于专利之罪恶政府者也。"和"谓其人曰：革命之后，则我国人共同重造一新世界。世间最可乐之事，未有甚于革命者也。国民乎！与其服从于专制政体之下，为奴隶而生，何如堂堂正正，为我国民造福，为我国家请命，以兴革命。成则我国民受永世之休，不成亦不失为世界上最有荣誉之革命豪杰。诸君！诸君！盍自择焉。然巴枯宁者，绝世之大豪杰也。大凡聪明太高之人，必不能受人之善谋，而常拒朋友之忠告，是以巴枯宁之第二次革命又不成。"③

又如，在正文目录"巴枯宁之运动及遭遇"下第三段的内容，在原文中是和第二段合在一起的，而译者重新分段。

> Bakunin thus passed in prison and in exile the dreary years of

---

① Thomas Kirkup. *A History of Socialism*[M]. London：Adam and Charles Black，1900：239.
② 克喀伯. 俄罗斯大风潮[M]. 马君武，译. 少年中国学会，1902：1.
③ 克喀伯. 俄罗斯大风潮[M]. 马君武，译. 少年中国学会，1902：2.

European reaction which followed the revolutionary period of 1848. When he returned to London be found that the forward movement had again begun. It was a time of promise for his own country after the accession of Alexander Ⅱ to the throne. In the Kolokol he assisted Herzen to rouse his countrymen and prepare them for a new era; but the impatient temperament of Bakunin could not be satisfied with the comparatively moderate counsels followed by his friend. The latter years of his life he spent, chiefly in Switzerland, as the energetic advocate of international anarchism. In 1869 he founded the Social Democratic Alliance, which, however, dissolved in the same year, and entered the main International. He attempted a rising at Lyons in September 1870, soon after the fall of the Second Empire, but with no success whatever. At the Hague Congress of the International he was outvoted and expelled by the Marx party. His activity in later years was much impaired by ill-health. He died at Berne in 1876.①

类似的情况还有一些。包括该译本的目录也是译者依据原文主要内容而概括出来的。

译者在该译本中根据需要对原著内容有所取舍。例如,"苟体尔之诉词"目录下第二段和第三段之间,从逻辑上看,连贯性不够,对照原文发现,第二段对应的原文在第246—247页,第三段对应的原文在第250页,中间有大量内容未译。未译的内容是关于无政府主义作为社会主义运动历史的三个方面的特征。其包括①经济上是集体主义;②它是有特色特征的革命行动理论;③它是个人与法律或政府关系的理论。柯卡普对这三个方面的特征作了详细解读。

未译的相应部分内容如下:

> Considered as an historic socialist movement, anarchism may therefore be set forth under these three heads: (1) Economically it is collectivism; (2) it is a theory of revolutionary action, which is certainly its characteristic feature; (3) it is a theory of the relation of the individual

---

① Thomas Kirkup. *A History of Socialism*[M]. London: Adam and Charles Black, 1900: 238-239.

to law or government.

As regards the first point, its collectivism is common to it with the prevalent socialism, and therefore need not detain us here. Nor need much be said in the way of criticism of the details of the ultra-revolutionary programme of the anarchists. In our chapter on Marx we have already indicated that the materialism which is common to both schools cannot now be regarded as a tenable or admissible theory of the world. The materialism of both schools sprang from the Hegelian left. It should now be considered as dead, and should in all fairness be set aside in discussion for or against socialism. With regard to religion and marriage, it is hardly necessary to state that progress lies, not in the abolition, but in the purification and elevation of those great factors of human life. Bakunin's criticism of religion is simply a tissue of confusion and misconception. Marriage is a fundamental institution, on the purity and soundness of which social health and social progress must above all things depend: in this matter, more than almost any other, society must and should insist on the maintenance of due safeguards and regulations. Free love is a specious and delusive theory, which would tend to bring back social chaos. It would certainly establish a new slavery of women, whose needs and rights would be sacrificed in the name of a hollow and disastrous freedom.

With regard to the third leading principle above mentioned, the negation of government and external authority, the anarchy of Balrunin is essentially the same as that of Proudhon. But in Proudhon the principle was set forth in paradox, whereas Bakunin expounds it with perfect frankness and directness, and with a revolutionary energy which has seldom been equalled in history. What they both contemplate is a condition of human enlightenment and self-control in which the individual shall be a law to himself, and in which all external authority shall be abolished as a despotic interference with personal freedom. It is an ideal to which the highest religion and philosophy look forward as the goal of man, not as one, however, which can be forthwith reached through the wholesale destruction of the present framework of society, but through a long process of ethical and social improvement. The error of the anarchists consists in their impatient insistence on this proclamation of absolute freedom in the present debased condition of the great mass of the people in every class. They insist on taking the last step in social development before they have quite taken the first.

Like its collectivism, the theory of freedom is not a special feature of anarchism. Collectivism is simply the economic side of the prevalent socialism generally. Its theory of freedom is a very old theory, which has no necessary connection whatever with a revolutionary program, and we should not misunderstand it because of the strange company in which we here find it. It is a high and long-cherished ideal of the best and greatest minds. The good man does his duty, not from fear of the police or the magistrate, but because it is his duty. And we must regard it as the high-water mark of his probity and goodness that the right is so wrought into the texture of his conscience and intelligence that the doing of it has become as natural to him as breathing or locomotion.

It is an ideal, also, which we must cherish for society and for the human race. And not in vain; for there is an ever-widening circle of human action, in which good and reasonable men do the right without pressure or stimulus from without, either from law or government. We are therefore to regard a well-ordered, intelligent, and ethical freedom as the goal of the social development of the human race.

But it is an ideal which must obviously depend for its realisation on the moral and rational development of men. It cannot come till men and the times are ripe for it. No doubt the realisation of it may be hindered by evil institutions and reactionary Governments; yet these, too, are merely the outcome of such human nature as was once prevalent in the countries where we now find them. They have outlived their time. We are certainly right to get rid of them, as of other evil habits and conditions of the past, but it is best done when done wisely and reasonably. And it cannot be done in any wise or effectual manner except through a wide organic

change in the human beings concerned.①

再如，目录"巴枯宁之主义"下的第二段写道："巴氏不认世界上之有特权者。其言曰：人之有特权者，必至自杀其良知。试观人之有政治特权或生计特权者，其不怀邪恶之意念与者，几人乎？吾乃断以一言，曰：握立行政之特权而入官者，其意识恒因之而坏，吾当尽吾力以除去之。专制之君吏，吾固当除去之。即被民选举者，吾亦当除去之。盖无论专制、共和，既握特权之人，必固利亲私之少数人，而屈伏大众为其奴隶，夺公众之利益。放眼观今日之世界，其得失岂不然哉？岂不然哉？吾所以不能不痛恨于握特权之独夫也。"②这部分内容系从下述原文中翻译而来。

  The following extracts taken from the program of the International Social Democratic Alliance, which he founded, will help to complete our knowledge of the views of this extraordinary agitator. The Alliance declares itself atheistic; it seeks the abolition of all religions, the displacement of faith by science and of divine justice by human justice, the abolition of marriage as a political, religious, legal, and bourgeois institution. The Alliance demands above all things the definite and complete abolition of classes, and political, economic, and social equality of individuals and sexes, and abolition of inheritance, so that in the future every man may enjoy a like share in the produce of labor; that land and soil, instruments of labor, and all other capital, becoming the common property of the whole society, may be used only by the workers—that is, by associations of cultivators and industrialists. It looks forward to the final solution of the social question through the universal and international solidarity of the workers of all countries, and condemns every policy grounded on so-called patriotism and national jealousy. It demands the universal federation of all local associations through the principle of freedom.③

---

① Thomas Kirkup. *A History of Socialism*[M]. London：Adam and Charles Black，1900：247-250.
② 克喀伯. 俄罗斯大风潮[M]. 马君武，译. 少年中国学会，1902：4.
③ Thomas Kirkup. *A History of Socialism*[M]. London：Adam and Charles Black，1900：241-242.

这部分翻译与原文差别很大。笔者翻译原文供参考：以下摘录取自国际社会民主联盟纲领，这有助于了解非凡活动家的观点。联盟宣称自己是无神论者，寻求废除所有宗教；用科学代替信仰，用人类正义代替神的正义；废除作为政治、宗教、法律和资产阶级制度的婚姻。联盟要求首先明确和完全地废除阶级、经济和政治；要求社会个人和性别平等，废除继承权。这样，在未来，每个人都可以在劳动生产中享有同样的份额；土地，劳动工具和所有其他资本，成为供工人阶级使用的全社会共同财产——也就是说归农会和工会所使用。

但是上述原文部分内容译者未译：It looks forward to the final solution of the social question through the universal and international solidarity of the workers of all countries, and condemns every policy grounded on so-called patriotism and national jealousy. It demands the universal federation of all local associations through the principle of freedom.（大意是：这个国际同盟会希望由各国工人构成一种普遍的和国际的结合，来最终解决社会问题；它谴责基于所谓爱国主义和民族偏见的任何政策。它要求所有各地方的联合会当依照自由原则，构成一种普遍的同盟团体。）

再如，在该译本目录"苟体尔之诉词"下第一段内容，译者也是根据自己的需要对原文内容作了取舍。其写道："在控诉院尔米勒苟体尔 Emile Gautier 自护之诉词，最能感动人心。原告诘之曰：'苟体尔迷失真性，为热性有权之大说客，传播无政府主义于法兰西。'苟体尔以如画之辨才答之曰：'时至今日，尚忍不言革命乎？尚得詈无政府之党人为乱党人乎？试放眼观今日之社会，负债者日众，歇业者日众。社会之现状，盖有滔滔趋入凄凉之境，而不可复返之势。若任其势之所趋，而不思改造之方法，吾不知其何所底止。有资本者握社会之大权，而一切人皆为之牺牲而已。'"①这一部分内容是根据 1900 年版本中的下面一段翻译而来。

> Perhaps the most striking feature of the trial was the defence of Émile Gautier before the Court of Appeal. Gautier was described by the Public Prosecutor as a serious intelligence gone astray, a licentiate in law who had passed brilliant examinations, a powerful orator who might be

---

① 克喀伯. 俄罗斯大风潮[M]. 马君武，译. 少年中国学会，1902：7.

considered as the apostle of the anarchist idea in France. He was only twenty-nine years of age. In his defence Gautier described with passionate eloquence how he, the son of a law-officer(*huissier*), had been converted to revolution and anarchism by the sight in court of the daily miseries of debtors and bankrupts and other victims of a capitalist society. As Voltaire is said to have had an attack of fever at every anniversary of the massacre of St. Bartholomew, so he, far away in Brittany, was seized with a fever of rage and of bitter indignation when the calendar brought round the accursed dates at which bills and rents became due.①

但原文中下面的内容在该译本的目录"苟体尔之诉词" 下第一段中没有体现。例如，原文中"a licentiate in law who had passed brilliant examinations…He was only twenty-nine years of age."（大意是：他通过多次考试，成绩很好……古氏的年纪此时还只二十九岁。）和"As Voltaire is said to have had an attack of fever at every anniversary of the massacre of St. Bartholomew, so he, far away in Brittany, was seized with a fever of rage and of bitter indignation when the calendar brought round the accursed dates at which bills and rents became due."（大意是：有人说福禄特尔②（Voltaire）每当圣巴塞洛缪（St. Bartholomew）大屠杀的周年祭日，便发生一种激昂慷慨的狂热，而古谛尔远在布列塔尼（Brittany），当时日向前推移，达到那些可恨的应付帐项和租金的日期，他便心中怀恨，愤怒到了极处。）

类似的情况还有不少。这说明译者并不是严格根据原文进行翻译，而是根据需要对相关内容作了取舍。

从总体看，该译本大体反映了原著的内容。不过，对若干人名、地名的翻译不够准确，所述少量史实有一定的出入，中间兼有删改，有的内容不是原著中的，而是译者个人的评介，也有原著的不少内容译者根据需要作了舍弃。

---

① Thomas Kirkup. *A History of Socialism*[M]. London：Adam and Charles Black，1900：246.
② "福禄特尔"，即伏尔泰（Voltaire，1694—1778），法国自然神论哲学家、历史学家和作家，18世纪资产阶级启蒙运动的主要代表人物，反对专制制度和天主教。他曾写了一部《彼得大帝统治时期俄罗斯帝国史》（1759—1763）。该书1874年俄文版的书名为《彼得大帝时期的俄国》（Россия при Пётре Великом. По рукописному известию Иоанна Готтгильфа Фоккеродта и Оттона Плейера）。

四、对该译本部分内容的评析

第一，关于"巴枯宁饱经幽禁之苦，放流之惨"。译者在该译本第 3 页中写道："自一千八百四十八年革命不成之后。巴枯宁饱经幽禁之苦。放流之惨。所处之境。皆黑暗可惧。不睹天日。昏浊罪恶之政府。恃其势力。压止革命。摧残志士。无所不至。天下事物之最可痛恨者。未有甚于专利之罪恶政府者也。"对巴枯宁在这方面的情况，马克思和恩格斯于 1873 年 4—7 月在保·拉法格参与下写成的《社会主义民主同盟和国际工人协会》一文作了揭露。即其第十部分"补充 1.巴枯宁的逃亡"中写道："1857 年，巴枯宁被解往西伯利亚，但是不是像人们根据他的叙述可能认为的那样去服苦役，而只是流放。当时西伯利亚的总督是穆拉维约夫-阿穆尔斯基伯爵，他是扼杀波兰的刽子手穆拉维约夫，以及巴枯宁的亲戚。巴枯宁由于这种亲属关系和他对政府的效劳，在那里处于特殊的地位，受到特别的优待。"该文还写道："巴枯宁不仅自己享受和滥用了上司的优待，而且由于受到了少量的贿赂还为资本家、承包人和包税人争取这种优待。""巴枯宁用上述办法弄到了许多钱，同时又有官高势大的总督的庇护，要逃走是轻而易举的事情。他不仅领到了一张写着自己名字的可以在西伯利亚全境通行的护照，而且还接受官方的委托，巡视直到东部国境的边陲地区。到了尼古拉也夫斯克港口以后，他便立即不费周折地转赴日本，在这里他安然地坐上了开往美洲的船只，于 1861 年抵达伦敦。这位新的穆罕默德就这样实现了一次神奇的逃亡。"

第二，关于无政府主义思想的发源、宗旨及作用等的评析。关于无政府主义思想的"发源"，该译本第 1 页第 1 自然段中写道：无政府主义者"实发源于公产主义（一名社会主义）"。这一说法是含混不清、站不住的。因为，其一，马克思主义所指的社会主义，是建立在科学世界观和方法论基础上的科学社会主义，而不是其他形形色色的社会主义。马克思、恩格斯在《共产党宣言》一文中所批判的"反动的社会主义"、保守的或资产阶级的社会主义、批判的空想的社会主义和共产主义等，已经充分地说明了这一点。其二，从无政府主义主张的核心内容看，其与科学社会主义主张背道而驰，根本不可能"发源"于科学社会主义。无政府主义是国际工人运动中的一股小资产阶级社会政治思潮。其产生于西方资本主义社会矛盾开始激化的 19 世纪中叶，并经历了 19 世纪 60 年代末至 70 年代末以及 19 世纪末至 20 世纪初的不同阶段的演变。但是，无论是蒲鲁东的无政府主义，还是巴枯宁的无政府主义，抑或是克鲁泡特金的无政府共产主义，尽管它们有不同之处，但是，鼓吹个人绝对自由，反对任何国家和政府，否定任何权威和法律，其中包括反对建立独立的无产阶级政党，反对建立无产阶级专政等，这是他们的共同之处。对无政府主义思想的来源及其与科学社会主义的区别，列宁在 1901 年写的《无政府主义和社会主义》一文中作了概要而深刻的阐述。他指出：" 无政府主义是绝望的产物。它是失常的知识分子或游民的心理状态，而不是无产者的心理状态。" 无政府主义 " 是改头换面的资产阶级个人主义。个人主义是无政府主义整个世界观的基础 "。他还写道：" 无政府主义在产生以来的 35—40 年中（从巴枯宁和 1866 年国际代表大会算起是这样。从施蒂纳算起，那还要早很多年）除了讲一些反对剥削的空话以外，再没有提供任何东西。" 列宁强调，无政府主义者 "（α）不懂得剥削的根源；（β）不懂得社会在向社会主义发展；（γ）不懂得阶级斗争是实现社会主义的创造力量 "。也因此，无政府主义是 " 在否定政治的幌子下使工人阶级服从资产阶级的政治 "。

关于 " 世间上思想最高远最活泼之法兰西人布鲁东 " 所创的 " 无政府主义 "，也是在该译本正文第 1 页第 1 段中，译者写道：" 实世间上思想最高远最活泼之法兰西人布鲁东 Proudhon 也。布鲁东即创此主义。" 那么，应该怎样认识蒲鲁东主义呢？蒲鲁东主义是一种小资产阶级社会主义流派，其产生于 19 世纪 40 年代。蒲鲁东主义从小资产阶级立场出发批判资本主义所有制，把小商品生产和交换理想化，幻想使小资产阶级私有制永世长存。它主张建立 " 人民银行 " 和 " 交换银行 "，认为它们能帮助工人购置生产资料，使之成为手工业者，并能保证工人能 " 公平地 " 销售自己的产品。蒲鲁东主义反对任何国家和政府，否定任何权威和法律，宣扬阶级调和，反对政治斗争和暴力革命。马克思在《哲学的贫困》著作中，对蒲鲁东主义作了彻底的批判。马克思、恩格斯同蒲鲁东主义进行了长达 30 年坚持不懈的斗争。经过 1871 年巴黎公社无产阶级革命运动实践的检验，蒲鲁东主义宣告破产。列宁称蒲鲁东主义为不能领会工人阶级观点的市侩和庸人的痴想。蒲鲁东主义被资产阶级的理论家们广泛地利用来鼓吹阶级调和。

关于 " 无政府党之宗旨 " 及巴枯宁之社会主义 " 以唯物论 " " 为之基 "，该译本第 4 页第 2 段开头即写道：" 巴枯宁之社会主义。最直截爽快之主义也。是为革命社会主义。而以唯物论 Moterialisn 为之基。" 这一说法是错误的。因为,从根本上说,巴枯宁无政府主义绝不可能以唯物论为基。该书第6页第2段对"无政府党之宗旨",概括了三层意思:一是想得到十分完全无限制的自由,使"人人有平等之价值",必须"删废""一切政府威权"和"地方法治","而代之以天然自由之契约";二是社会中那种看重资本垄断利权的少数人,是没有资格讲自由的。因为资本者,"为人类公共遗产","当为人类所公用","不当谓任何一人共享此公产之权","亦不当谓任何一人有专据此公产之权";三是想得到充分的自由,"必以极平等为始基"。

  对该译本中关于"无政府党之宗旨"的上述概括,其基本意思大体是正确的。虽然无政府主义在揭露和批判沙皇专制制度及资本主义制度方面,有一定的值得肯定的因素,但是,由于巴枯宁主义者鼓吹个人绝对自由,反对任何权威;认为国家是剥削和不平等的根源,要求废除一切国家,实行小生产者公社的完全自治,并把这些公社联合成自由的联邦(按其说法就是实现"社会清算")。巴枯宁主义者反对马克思主义的社会革命学说,否定工人阶级的一切不直接导致"社会清算"的斗争形式,否认建立独立的工人政党的必要性,主张由"优秀分子"组成的秘密革命团体去领导群众骚乱。而这些都是违背无产阶级根本利益的要求,违背辩证唯物主义和历史唯物主义的。从实践看,尽管19世纪60年代末和70年代初,巴枯宁主义在当时经济落后的西班牙、意大利及法国南部和瑞士的小资产阶级以及一部分工人中得到传播,在巴枯宁主义影响下的俄国,也形成了革命民粹主义的一个派别。但是巴枯宁主义,毕竟在1873年西班牙起义(西班牙资产阶级革命)中最终遭到彻底破产。对此,恩格斯谴责道:"可见,一旦要采取实际行动,巴枯宁主义者的极端革命的叫喊,不是变为安抚,就是变为一开始就没有前途的起义,或者变为同极其可耻地在政治上利用工人并用拳脚来对待工人的资产阶级政党的合流。"①恩格斯还告诫人们:"总而言之,巴枯宁主义者在西班牙给我们提供了一个不应当如何进行革命的绝好的例子。"②

  关于无政府主义是"消极主义"的评论,该译本第9页第5段,对无政府

---

① 恩格斯. 行动中的巴枯宁主义者[M]//马克思,恩格斯. 马克思恩格斯全集:第18卷. 北京:人民出版社,1964:539.
② 恩格斯. 行动中的巴枯宁主义者[M]//马克思,恩格斯. 马克思恩格斯全集:第18卷. 北京:人民出版社,1964:540.

主义者和无政府主义,作了有一定辩证意味的评论。一是高度赞扬无政府主义者的"勇敢忠直果决独立之气"。指出,其"几为无政府人所独有","无论世间何党派","皆不能及之"。二是指出无政府主义是"消极主义"。因为它"破坏政府社会宗教家族一切旧义","行其所谓绝对自由之宗旨"。三是无政府主义"于个人或国民之发达",虽有"暂时之功",但由于它是"消极主义",因此,于个人或国民之发达,只可以"为药材",而不可以"为食物"。应该说,这种认识从一个角度、一定程度地点明了无政府主义的缺陷和局限。这反映了作者对无政府主义的认知态度,应予以肯定。

五、该译本在中国的传播及其意义及相关研究简述

第一,该译本在中国的传播及其意义。《俄罗斯大风潮》在 1902 年出版发行后,除马君武中译本外,当时国人对其重译的不多。从目前搜集到的资料来看,还有一个中译本,即上海开明、文明、广智等书局于 1902 年 11 月在日本印刷联合发行的《俄罗斯大风潮》。遗憾的是,这一中译本目前还没有找到。

《俄罗斯大风潮》中译本对早期社会主义及其相关思潮传播与研究具有重要意义,其主要体现为:一是有助于人们了解宣传社会主义的著作《社会主义史》。该中译本虽然只是《社会主义史》一书中一章的主要内容,但是,读者在阅读该译本时,有可能对《社会主义史》的其他内容产生兴趣,从而促使其阅读、研究《社会主义史》。二是有助于人们了解无政府主义思想的主要内容及其发展史,了解 19 世纪后半期俄国无政府主义代表人物的思想特点和无政府主义者群体的实践及其结局。这有助于为中国共产党成立前后,中国早期共产主义者与无政府主义的论战提供有重要参考价值的素材。三是有助于中国先进分子了解和认识以俄国无政府主义思想与实践为代表的、世界范围的无政府主义,并从一个重要方面认识无政府主义与科学社会主义的区别,从而促使他们思考和探索推翻中国不合理的社会制度的正确出路。

第二,相关研究简述。检索相关研究成果,学术界对马君武研究的理论成果相对较多,相关论文达 130 余篇。但是涉及马君武译《俄罗斯大风潮》一书的论文则只有 10 余篇,以《俄罗斯大风潮》为研究对象的专著鲜有出版。相关评价主要是:有学者指出,"中国最早较为系统地介绍无政府主义学说的是马君武。1902 年马君武在日本留学时翻译了英国人克

喀伯的《俄罗斯大风潮》一书并于当年11月出版"①;有学者认为:"在介绍和引进社会主义方面,马君武在1902年他撰写的《俄罗斯大风潮》序中就曾提到'生西孟之徒倡导社会主义于世,其势日盛',为现存已知史料中较早在自己的文章中提到'社会主义'一词的知识分子"②。需要指出的是,还有学者撰文写道,马君武"翻译了不少的西方名著",③但该文所列1902年马君武的译著中,并未列此译本。2013年5月,由安徽文艺出版社出版的《马君武自述》一书,无论其所收入的由居正④于1940年12月所写《马君武》一文,还是马君武的多篇自述性文章,以及该书编者所整理的"马君武生平主要活动年表",均未提及译作《俄罗斯大风潮》,该书其他部分也未就此有补充说明。

综上所述,在介绍有关无政府主义的著作中,虽或多或少提及这部译作,但基本未超出上述文章对它的研究程度和评价。此外,对该书的发行者"少年中国学会",截至目前还未找到能够证明该组织情况的可靠材料,还需要继续考证。可以看出,学术界对《俄罗斯大风潮》一书的研究还不深入、不全面。这也说明,对马君武及其所译《俄罗斯大风潮》一书的研究还有一定的空间。

A Study on Ma Junwu's Chinese Translation of *The Great Russian Tide*

Tong Hua　　Yue Congxin

Abstract：The Chinese version of *The Great Russian Tide* was published in 1902, and its translator's signature was an independent individual. The translator was Ma Junwu, a Chinese student studying in Japan at that time. The name of the book is added by the translator. The basic content of the translation corresponds to the tenth chapter "Anarchism" in the English original (1900 edition) of the book *A History of Socialism* written by the

---

① 陈春香. 高旭新思想的日本渊源[J]. 晋中学院学报, 2010 (4): 3.
② 唐诗杰, 董伟武. 马君武对"西学东渐"贡献的再钩沉[J]. 湘潮, 2015 (2): 37.
③ 曾德珪. 马君武诗文著译系年录(一)[J]. 广西师范大学学报(哲学社会科学版), 2002 (7): 119.
④ 居正(1876—1951), 1905年在日本加入中国同盟会, 是1911年辛亥革命武昌起义的指挥者之一。1912年南京临时国民政府成立后, 曾任内政部次长。

British scholar Thomas Kirkup. Generally speaking, Ma's version is faithful to the original text. However, the names of some persons and places and several historical facts were inaccurate, some contents were not from the original book but the translator's review and introduction, and Ma Junwu deleted many paragraphs according to his conception. This version is important for China early socialism and related thoughts spread and study. It helped people to know the book *A History of Socialism* which conducted propaganda of socialism, and to cognize the basic thoughts of anarchism and its history, and it also helped China advanced intellectuals to understand worldwide anarchism represented by Russian anarchism thoughts and practice, as well as the differences between anarchism and scientific socialism.

Key words: *The Great Russian Tide*; *A History of Socialism*; An Independent Individual; Ma Junwu; anarchism

---

克鲁泡特金回国后拒绝出任教育部长一职

无政府主义者克鲁泡特金（1842—1921），俄国贵族出身，也是一个著名的地理学家。俄国1917年二月革命胜利后，移居国外40年的克鲁泡特金于同年6月回到彼得格勒，临时政府曾派代表前往车站迎接。不久，克伦斯基政府又邀请他出任教育部长一职，但被他直截了当地拒绝了。1921年2月8日，克鲁泡特金病故。2月13日，在莫斯科的新处女公墓举行了安葬仪式。俄共（布）中央的花圈缎带上写着："献给一位备受沙皇政府和国际反革命资产阶级迫害的人"；人民委员会的花圈缎带上写着："献给彼·阿·克鲁泡特金——为反对沙皇统治和资产阶级而斗争的老战士"。

（严何辑）

《社会主义神髓》版本和译者考证及其传播效力

李爱军*

摘要：《社会主义神髓》日文本于1903年7月初版发行，之后多个日文本和中译本相继出版。《社会主义神髓》最早的中译本是1903年10月由浙江潮编辑所出版的达识译社译本。此后，该书被重新译介，分别于1907年2月由日本东京中国留学生会馆出版了蜀魂译本、1907年3月由日本东京奎文馆书局出版了创生译本、1912年由《东方杂志》连载了高劳译本和1963年由北京商务印书馆出版了马采译本。囿于当时政治环境，译者不据实署个人的真实姓名，而是多以译书团体名或化名来署名。《社会主义神髓》早期译介有四个译本，以"达识译社""创生"和"高劳"为署名的译者基本上已考证清楚，但是"蜀魂"仍然需要作进一步考证。

关键词：《社会主义神髓》；版本；译者；考证；传播

作者简介：李爱军，武汉大学博士，北京大学马克思主义学院博士后。现为湖南科技大学马克思主义学院讲师，主要从事马克思主义早期传播史研究。

完整的文本研究包括版本考证、文本解读和思想研究三个环节或步骤。这三个环节或步骤是前后相继且又相互融通的。版本考证是文本解读、思想

---

* 本文是国家社会科学基金一般项目"日本渠道马克思主义文献的汉译、传播和接受研究"（项目编号：18BKS034）、教育部青年课题项目"汉译日文马克思主义文献整理和研究"（项目编号：17YJC710037）和中国博士后第61批博士后科学基金资助项目（资助编号：2017M610024）的阶段性成果。

研究的前提和条件，其最终的旨趣和归宿还是为思想研究服务。① 通过对作者、译者和出版社等相关信息进行细致的考证，廓清文本产生的语境、写作背景、写作过程和文本思想，以及译者所处的语境、翻译意图、译本与文本思想的差异等，力图再现文本的原始状态。《社会主义神髓》日文本初版发行，之后多个日文本和中译本相继出版。通过对《社会主义神髓》中译本的版本和译者考证，有助于厘清其早期的译介情况，阐述其传播效力及其对中国马克思主义早期传播的影响和意义。

一、《社会主义神髓》版本考证

日本幸德秋水所著《社会主义神髓》一书于明治三十六年（1903）7月5日在东京初版。同年7月25日再版，9月5日第3版（图1），11月第6版。需要指出的是，前6版均由东京堂朝报社②出版发行，而不是由万朝报社出版发行的。遗憾的是，朝报社第4版和第5版均未找到原书。该书在短短的4个月内发行了6版，可见非常之畅销。明治三十八年（1905）第7版，"由分社"出版。第二次世界大战结束后，该书陆续又出了菊版、改造社版、龙吟社版、弘文堂アテネ文库版、山川书店版、岩波文库版、世界评论社版和讲谈社版等多个版本③。

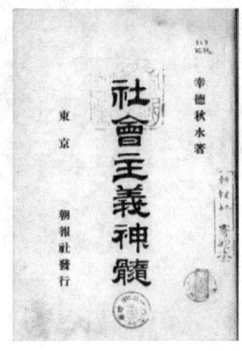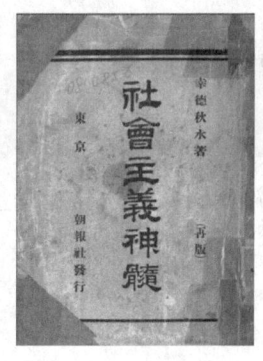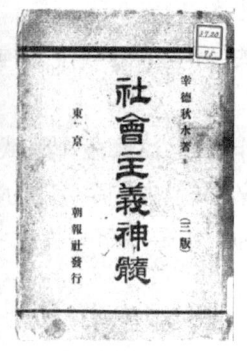

图1 《社会主义神髓》日文本的初版、再版和第3版封面

---

① 聂锦芳. 版本考证与文本解读、思想研究的关系辨析——以《德意志意识形态》为例[J]. 马克思主义与现实，2007（3）：77-80.

② 有学者认为，《社会主义神髓》最初的日文原版是由万朝报社出版的。这一说法有误，根据其日文原书版权页来看，应该为朝报社出版。实际上，《万朝报》是东京朝报社的机关报。参见幸德秋水著，盐田庄兵卫编. 幸德秋水的日记与书简[M]. 东京：未来社，1954.

③ 参见幸德秋水著，盐田庄兵卫编. 幸德秋水的日记与书简[M]. 东京：未来社，1954：417；幸德秋水全集编纂委员会. 幸德秋水全集：别卷二[M]. 株式会社明治文献，1973：369.

《社会主义神髓》最早的中译本是 1903 年 10 月 5 日由浙江潮编辑所在日本东京出版的达识译社译本（图 2）。根据日文本初版版权页发行日期来推算，间隔正好三个月就有中译本问世。这说明，当时中国留学生对日本思想界研究社会主义的动态密切关注，反应不可谓不迅速。除达识译社译本外，还有四个中译本：一是蜀魂重译，日本东京中国留学生会馆，丙午十二月二十八（1907 年 2 月 10 日）出版，简称"蜀魂译本"。二是创生重译，日本东京奎文馆书局明治四十年（1907 年）3 月 5 日出版，简称"创生译本"。三是 1912 年，《东方杂志》公开连载发表由高劳翻译的《社会主义神髓》，简称"高劳译本"。后来作为《东方杂志》20 周年纪念刊物，同时也作为《东方文库》第 26 种图书于民国十二年（1923）11 月由东方杂志社编纂、上海商务印书馆出版发行。民国十四年（1925）6 月再版。这个版本书末附录高畠素之著、陈望道译《社会主义的意义及类别》。四是由中山大学马采重译，1963 年北京商务印书馆的版本，简称"马采译本"。该版本书后附有平野义太郎所作的《题解》。后来以该版本为底本又多次重印发行，可见该书传播之久，影响之远。

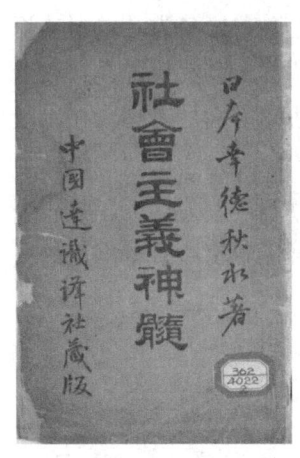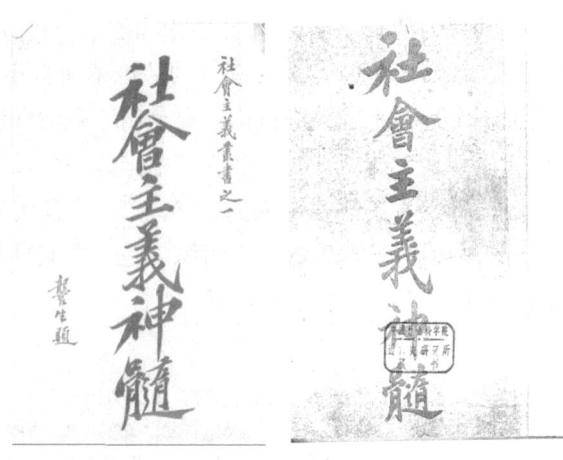

图 2　《社会主义神髓》中译本封面

除上述五种译本外，学术界还有"张溥泉译本"一说。此版本说法的根据来源于梁漱溟的自述。他在《我的自学小史》中回忆到："约在民国元年尾二年初，我偶然一天从家里旧书堆中，检得《社会主义之神髓》一本书，是日本人幸得秋水（日本最早之社会主义者，死于狱中）所著，而张溥泉先生翻译的，光绪三十一年（1905）上海出版。此书在当时已嫌陈旧，内容亦无深刻理论。它讲到什么'资本家''劳动者'底许多话，亦不引起我兴味；不过其中有些反对财产私有的话，却印入我心。我即不断地来思索这个问题。愈想愈多，不能自休。终至引我到反对财产私有的路上，而且激烈地反对，好像忍耐不得。"①据考证，查阅张溥泉先生回忆录、日记和年谱等相关文献资料，均没有其翻译《社会主义神髓》日文本的详细记载，但是他与日本社会主义者密切交往以及留日期间曾做过日文书籍的翻译工作一事却是历史事实。据他回忆，"光绪三十三年（1907）丁末，经理民报事务。与幸德秋水，大杉荣，堺利彦来往，尤佩服秋水学问。伊译义人（意大利人——编者注）马拉德士达无政府主义，及西人某总同盟罢工论，余皆重译成语文出版。太炎皆撰序，载章氏丛书内"②。"颇信社会主义学说，与社会主义者接近。"③但是，仅凭梁漱溟个人的回忆片段，加上原本的阙失，张溥泉译本这一说法是不足采信的。

二、达识译本的译者"中国达识译社"考证

关于"中国达识译社"，目前学界的主要说法可归纳为三种：一是笼统地把其视为清末中国留日学生组织之一④。二是说它署名为"中国达识译社"，"实为主办《浙江潮》的那班革命青年"⑤，也就是说，它和浙江潮编辑所是同一个组织机构，只是出于政治和法律方面的考虑，在出版发行《社会主义神髓》时署名为"中国达识译社"。三是中国达识译社为"浙江留日学生集体或个人的化名"⑥。笔者认为，"中国达识译社"可能是当时中国留日学生的一个组织，是一个兼具翻译和出版日本书籍的文化团体，但它存在的时间并不长。

---

① 梁漱溟. 梁漱溟全集：第 2 卷[M]. 济南：山东人民出版社，1989：689.
② 张继. 张溥泉先生回忆录：日记[M]. 台北：文海出版社有限公司，1985：8.
③ 张溥泉. 张溥泉先生全集：续编[M]. 台北：中国国民党中央委员会党史委员会，1982：522.
④ 杨金海，胡永钦. 《共产党宣言》在中国的翻译、出版和传播[M]//杨金海. 《共产党宣言》研究. 北京：中央编译出版社，2013：537.
⑤ 朱维铮. 朱维铮史学史论集[M]. 上海：复旦大学出版社，2015：271.
⑥ 《社会主义神髓》最早中译本的译者到底是何人呢？有学者推断是"浙江留日学生集体或个人的化名"，并给出了自己的理由和查找线索。根据当时《浙江潮》出版《社会主义神髓》的编辑是浙江绍兴人许寿裳这一线索，该学者经过考察得出结论："《社会主义神髓》最早中译本出版时，许寿裳是《浙江潮》编辑，他对该书的翻译出版如果不是组织者，至少也是知情者。"参见蒋逸人，戴梦桃. 《社会主义神髓》的中译问题及其它[J]. 浙江学刊. 1983（1）：26.

甲午战争之后，出于救国的需要，中国留日学生以向国内传播新思想和新知识为己任，创设了多个专门翻译和出版日本书籍的译书团体，如译书汇编社、教科书译辑社、湖南编译社、闽学会等。与此同时，为阻止革命思想的传播和革命力量的发展，清政府曾屡次颁布禁令，严禁学生购阅进步书籍。其实，早在1880年，日本政府就为了取缔集会、结社和限制群众运动，制定了集会条例，此后又相继制定了1888年的保安条例、1890年的集会及政社法、1893年的新集会及政社法和1899年的治安警察法。1900年3月又在先前法律的基础上，制定了《日本治安警察法》，对革命思想和革命活动严加管制。该法共32条，其主要内容有：规定任何政治结社、室内室外集会都必须提前向警察当局呈报登记；警察官若认为于维持秩序安宁必要时，得限制、禁止或解散各式集会，亦有权命令发言人，停止其演讲或讨论。予政治性集会均须有警察到会监督。违反本规定者，分别按其行为的轻重处1年以下的监禁或50日元以下的罚金，等等。①1903年，清政府与日本政府又商订颁布了《约束鼓励出洋游学生章程》，其中有十款"约束"条文。1905年，日本文部省还颁布了第十九号省令《关于公私学校接纳清国留学生的规定》，即后来通称的《清国留学生取缔规则》。该规则共有15条，其第一条规定"来日本留学的人需持有清国公使的介绍信"，第9条和第10条规定"接受留学生的学校，应安排学生住在宿舍或学校监督下的民宅，禁止学生脱离学校任意租房"，"不得接受因品行不良被其他学校勒令退学的人"等。该规则表面上是在限制中国留日学生的自由，其真实目的则意在镇压日本国内的工农运动和社会主义团体的发展，维持社会治安。可见，翻译出版像《社会主义神髓》这种宣传社会主义的书籍，在当时是"非法"的。

"中国达识译社"存在的时间并不长，目前也未见该社所译的其他图书出版，因此，它可能只是个化名。出于当时日本政治和法律方面的考虑，译者不据实署个人的真实姓名，而选取一个译书团体的名称作为署名，这种现象也属正常。

三、蜀魂译本的译者"蜀魂"考证

目前关于蜀魂的原始资料，仅见二则：一是日本东京社会主义研究社

---

① 陆昕，徐世虹. 中外法律文化大典[M]. 北京：中国政法大学出版社，1994：744.

刊布的"社会主义丛书出版豫告",附在1907年2月出版的《社会主义神髓》蜀魂译本版权页之后,详细介绍了《社会主义神髓》七章的标题,并称"凡冀不后于新世纪之潮流者,不可不知社会主义。欲洞悉社会主义者,不可不浏览本书也"。由于疏忽,豫告中的书名误排成了"社会主义神体"。二是《天义报》第5卷(1907年8月10日)封三刊载的《社会主义神髓》出版广告。该广告称:"《社会主[义]神髓》日本幸德秋水著,中国蜀魂译",并且介绍说:"此书于社会主义之起原,及现今社会党之大势,叙述甚晰。欲研究社会主义者,必以此书入门。"①

囿于蜀魂译本原文本的缺失,中国学界根据以上信息,有人认为蜀魂为龙言生②;也有人认为蜀魂为龙宫生③。除此之外,还有蜀魂为"能言生""响生""奢生""奢生"等诸多说法。20世纪50年代,日本学界还有《社会主义神髓》的所谓"蜀魂遥"译本之说,但并未有人看到原始文本。例如,日本学者盐田庄兵卫在《幸德秋水的日记与书简》④一书中说,该书是"明治三九年,蜀魂遥(龙言生)翻译、由中国留学生会馆社会主义研究社发行的,听说有这个版本但编者并未亲见"。1962年,中国学者马采根据日本昭和二十八年二月(1953年2月)岩波文库出版的《社会主义神髓》翻译的中译本仍然沿袭了"蜀魂遥"这一说法。日本学者狭间直树在其专著《中国社会主义的黎明》一书中也提到过:"幸德秋水著蜀魂遥译《社会主义神髓》。"⑤

这里需要指出的是,我们在日本和国内均找到了蜀魂译本的原始文本。从《社会主义神髓》的蜀魂译本来判断,译者是蜀魂,是确定无疑的。所谓"蜀魂遥","遥"当为"移译"一词中"移"字的误植。那么,蜀魂是不是奢生呢?从"奢生"为译本所写的序中的"故吾友蜀魂急译之以向吾国"⑥推断,"奢生"应是当时中国留日学生之一,是蜀魂的朋友,而不是译者蜀魂本人。值得注意的是,蜀魂译本明显不同于达识译社译本、创生译本、高劳译本的地方,是其载有幸德秋水专门为这个中译本撰写的《重叙》,其中写道:"社会主义乃世界大势,社会党运动乃世

---

① 万仕国,刘禾校注. 天义·衡报[M]. 北京:中国人民大学出版社,2016:595.
② 杨孝臣. 论幸德秋水[J]. 历史研究,1982(4):165.
③ 黄国秋,田伏隆. 蜀魂是我国最早全文翻译《共产党宣言》的人[J]. 学习与探索,1983(2):20.
④ 幸德秋水著,盐田庄兵卫编. 幸德秋水的日记与书简[M]. 东京:未来社,1954.
⑤ 狭间直树. 中国社会主义的黎明[M]. 东京:岩波书店,1976:82.
⑥ 幸德秋水. 社会主义神髓[M]. 蜀魂,译. 东京:乐群编译社,1907:1.

界的革命也。世界大势所趋,无国家、地方之别。世界革命所起,无民族、人种之别,岂又有日汉之别? 余乃社会主义家,岂唯为日本一国耶? 托马斯·潘恩曰:'世界乃我乡国,作善乃我宗教'。此亦余志也。此书若在中国能为数亿人类同胞所阅,若能一助其参与于此世界大势、世界革命之中,可酬余志矣。译者蜀魂君征叙于余,即书此文与之。"从中大致可推断,蜀魂和幸德秋水二人,是相互熟知的。当然,蜀魂只是一个化名或笔名,他到底是谁,其具体生平如何,仍然需要进一步考证。

四、创生译本的译者"创生"考证

据考证,创生是谭其莊的隐名。谭其莊(1880—1941),四川荣经县人,字芎陶,隐名创生(一说创去①),后多用创之。据谭其蓁回忆,"党人有误以'生'为'之'者,遂以创之闻。"②1880年3月26日(清光绪六年二月十六日)生。1902年后肄业于四川大学堂(今四川大学),1905年夏赴日留学,入实科学校,研习法政。留日期间,在东京加入同盟会,以"推翻满清,建立共和"为宗旨。信仰孙中山先生三民主义思想的同时,又接受社会主义思想,译《社会主义之神髓》一书。③据谭其蓁回忆,"乙巳(1905年)之夏,东渡日本,研究法政,兼习实科,暇则译书属文,如《社会主义神髓》《物理学》《西施》等书,次第刊布,并秘与革命同志,设计进行,劳瘁至呕血数斗,而志不稍衰"④。1909年回国后,在西安优级师范任教。后去兰州,创设芎石书社。1911年赴秦州(今天水),赞助黄钺独立,成立甘肃军政府。1912年1月,谭其莊任交通司次长,4月促成秦(州)兰(州)政府合并统一。同年冬回四川成都,主持四川《民报》,任总编辑(郭亮东、张赤父、李晁甫任编辑。该报属共和党,初名《共和日报》,后改为四川《民报》)。1913年被推为国民党四川支部支部长。后继走川南,集合川南王子骧等从事讨袁活动,失败后隐居成都。1915年与王靖登(一说王靖澄⑤)等响应云

---

① 参见周家珍. 20世纪中华人物名字号辞典[M]. 北京: 法律出版社, 2000: 739.
② 杜元载. 革命人物志: 第8集[M]. 台北: 中国国民党中央委员会党史史料编纂委员会, 1971: 420.
③ 参见四川省荣经县地方志编纂委员会. 荣经县志[M]. 重庆: 西南师范大学出版社, 1998: 647.
④ 杜元载. 革命人物志: 第8集[M]. 台北: 中国国民党中央委员会党史史料编纂委员会, 1971: 421.
⑤ 参见四川省荣经县地方志编纂委员会. 荣经县志[M]. 重庆: 西南师范大学出版社, 1998: 648.

南护国军,在潼川成立护国军政府,任政务司长。罗佩金护理川督兼摄川政时,被聘为政治顾问(一说陈宧被迫宣布四川独立后,谭氏被聘为顾问①)。1918 年任四川靖国军司令熊克武秘书。1919 年当过四川省议员。1922 年任川东边防军训练处总办。1923 年任西川道尹。1927 年为刘成勋之国民革命军第二十三军驻京代表。1937 年冬返回四川,历任川康绥靖公署顾问,中国国民党四川省执行委员会训练委员,国民参政会川康建设期成会雅安办事处顾问委员会,西康省临时参议会议长,兼代中国国民党西康省执行委员会主任委员等职。1941 年 7 月 23 日逝世。有《创之文稿》若干卷。②

五、高劳译本的译者"高劳"考证

高劳,学界一般认为是杜亚泉的笔名。据蔡元培回忆,"是年(民国元年——编者注),商务馆刷新《东方杂志》,兼请君主编。君主编历八年,于世界大势、国家政象、社会演变、学术思潮,靡不搜集编载,研究讨论,贡献于国人。社论署名,或用亚泉,或用伧父;有署名高劳者,亦君作居多也"③。胡愈之回忆中也谈到这个问题,"先生在当时所撰文,多用笔名'伧父',间有署名'高劳'的"④。

杜亚泉(1873—1933),原名炜孙,字秋帆,号亚泉,笔名伧父、高劳,汉族,浙江会稽山阴县伧塘(今属上虞长塘)人。其号"亚泉"来源于"氩"和"线"二字的省略,其意思是说"自谓在世无作用如原质之氩,无体面如形学之线也"⑤。1904 年秋,杜亚泉应商务印书馆创始人夏粹芳、张元济之邀加入商务印书馆,被聘为编译所理化部主任。除了大规模地编译近代自然科学书籍外,从 1911 年起他又被聘兼任《东方杂志》主编。他从《东方杂志》第 8 卷起对其进行了改进,使其从内容和形式上发生了根本性的变化。胡愈之曾说:"《东方杂志》三十年的历史,可以划分三个时期:从创刊到第七卷止,可以说是草创时期。第八卷起,内容形式大加改进,为第二时期。第十七卷起改为半月刊,为第三时期。杜亚

---

① 参见陈玉堂. 中国近现代人物名号大辞典:续编[M]. 杭州:浙江古籍出版社,2001:328.
② 参见刘国铭. 中国国民党百年人物全书:下册[M]. 北京:团结出版社,2005:2365.
③ 蔡元培. 蔡元培自述(1868—1940)[M]. 北京:人民日报出版社,2011:246.
④ 胡愈之. 追悼杜亚泉先生[M]//许纪霖,田建业. 一溪集:杜亚泉的生平与思想. 北京:生活·读书·新知三联书店,1999:11.
⑤ 蔡元培. 杜亚泉君传[M]//田建业,等. 杜亚泉文选. 上海:华东师范大学出版社,1993:1.

泉先生主编《东方》，便在这第二个时期，先后共历九年。当时中国杂志界还是十分幼稚，普通刊物，都以论述政治法令，兼载文艺诗词为限。先生主编《东方》后，改为大本，增加插图。并从东西文杂志报章，撷取材料。凡世界最新政治经济社会变象，学术思想潮流，无不在《东方》译述介绍。而对于国际时事，论述更力求详备。对于当时两次巴尔干战争和一九一四年的世界大战，在先生所主编的《东方杂志》，都有最确实迅速的详述，为当时任何定期刊物所不及。《东方杂志》后来对于国际问题的介绍分析，有相当的贡献，大半出于先生创建之功。"① 后来，由于《东方杂志》受到《新青年》等的猛烈批评，商务印书馆竭力劝告杜亚泉不要撰文反驳，并要他改变自己的观点，杜亚泉于 1920 年辞去《东方杂志》主编兼职，专任理科编辑工作。1932 年"一·二八"事件后，商务印书馆被炮火焚毁，被迫停业并遣散职工，杜亚泉也不得不率领全家回乡避难。在此情况下，杜亚泉在乡下仍自费创办千秋编译社，继续从事科学编著工作。1933 年底，杜亚泉因患肋膜炎去世。

根据田建业整理的《杜亚泉译著一览表》记载，《社会主义神髓》系日本幸德秋水所著，杜亚泉译。② 由此可见，署名"高劳译"，实为当时《东方杂志》主编杜亚泉所译是确证无疑的。需要指出的是，署名"高劳"的文章并不都是杜亚泉亲自撰写的，有些文章是经过杜亚泉修改后才发表的，但是多数出于杜亚泉之手。据章锡琛回忆，他刚进馆时，杜亚泉让他翻译一篇居里夫人的传记，以测试章锡琛的日语翻译，章锡琛"总算望文生义地勉强成了篇，送给杜亚泉先生。他替我改削了一下，我再拿出来和原文对看，把自己译错的地方记出来，做下次的预备。后来这篇文章登在第 8 卷第 11 号的《东方杂志》上，由亚泉先生署名'高劳'，这实在是我学日文以后第一篇的翻译文字"③。

---

① 胡愈之. 追悼杜亚泉先生[M]//许纪霖，田建业. 一溪集：杜亚泉的生平与思想. 北京：生活·读书·新知三联书店，1999：10-11.
② 田建业. 杜亚泉译著一览表[M]//许纪霖，田建业. 一溪集：杜亚泉的生平与思想. 北京：生活·读书·新知三联书店，1999：311.
③ 章锡琛. 从办学校到进入商务编译所[M]//高翰卿. 商务印书馆九十五年 我和商务印书馆：1897—1992. 北京：商务印书馆，1992：101.

六、《社会主义神髓》译本的传播效力

《社会主义神髓》日文本初版发行,之后多个日文本和中译本相继出版发行。由此可见,这本小册子在当时思想界的份量。其实,这种思想的生命力源于马克思主义本身的思想魅力。日本学者指出:"'社会主义的主张'(第四章)和'社会主义的贡献'(第五章)这两章,可以说没有任何别的日本人能够这样系统地写出来,所以特别受到日本青年的爱读"[1]。《社会主义神髓》和同年出版的片山潜《我的社会主义》,被誉为日本明治维新时期社会主义启蒙书的"双璧",是日本"社会主义者第一次比较系统地阐述社会主义的文献"[2],是"明治时代日本有关社会主义的代表性文献"[3],代表了"明治年代社会主义者们所达到的社会主义理论的最高水平"[4]。与此同时,幸德秋水也被称为日本"社会主义的先驱者"[5],是明治时代"比较科学的和革命的社会主义者"[6]。基于此,有外国学者研究认为,幸德的社会主义观点在那时的日本是有关这一论题中最为先进的。

《社会主义神髓》出版后,不仅为日本思想界所欢迎,而且也引起中国留日学生和知识界的高度重视,其译本很快通过海路输入中国内地,成为当时中国知识分子了解马克思学说和社会主义的简明读本。在马克思主义中国传播史上,《社会主义神髓》译本可谓地位突出,流传甚广,影响深远。这主要表现在三个方面。

一是《社会主义神髓》是幸德秋水根据马克思、恩格斯的《共产党宣言》,恩格斯的《社会主义从空想到科学的发展》和马克思的《资本论》第一卷等经典著作写成的。该书第三章主要是根据恩格斯所著的《社会主义从空想到科学的发展》编写的,极其简洁明了地论述了近代科学社会主义的起源、理想及其实行方法等。"这部书虽然在其对马克思主义的理解中,夹杂着许多严重的缺点,但贯穿全书的基本观点,是

---

[1] 幸德秋水. 社会主义神髓[M]. 马采,译. 北京:商务印书馆,2012:69.
[2] 幸德秋水. 社会主义神髓[M]. 马采,译. 北京:商务印书馆,2012:69.
[3] 幸德秋水. 社会主义神髓[M]. 马采,译. 北京:商务印书馆,2012:70.
[4] 近代日本思想史研究会. 近代日本思想史:第 2 卷[M]. 李民,等译. 北京:商务印书馆,1991:67.
[5] 幸德秋水. 社会主义神髓[M]. 马采,译. 北京:商务印书馆,2012:69.
[6] 幸德秋水. 社会主义神髓[M]. 马采,译. 北京:商务印书馆,2012:69.

企图说明《共产党宣言》和《社会主义从空想到科学的发展》所表述的马克思的科学社会主义,而且在事实上确实收到了很大的宣传效果。"①虽然作者受历史客观条件的限制,其著作本身具有不可避免的局限性,但是在当时仍不失为一部不可多得的社会主义著作,基本上是传播科学社会主义的。

二是《社会主义神髓》介绍了马克思、恩格斯的三本重要著作,即《共产党宣言》《社会主义从空想到科学的发展》和《资本论》第一卷。这在20世纪初的中国还是第一次。中国人不仅由此知道了马克思、恩格斯这几本经典著作中的一些主要观点,而且更为重要的是,"共产党"和"共产党宣言"等名词、术语,也最早出现在了中国。达识译社译本第六章明确写道:"一千八百四十七,马尔克斯与其友音盖尔同发表《共产党宣言书》,详论阶级战争之由来及其要终,并谓万国劳动者同盟以来,社会主义俨然成一科学。"②从《共产党宣言》在中国的翻译、出版和传播来看,达识译社译本尽管不是最早引用《共产党宣言》内容的译本,但它是当时国内最早将马克思、恩格斯的《共产党宣言》书名翻译成《共产党宣言书》的译本。从严格意义上来讲,这种译法受当时作者幸德秋水翻译的影响,加上当时无法直接接触马克思、恩格斯原始文献的限制,很大程度上是直接借用过来的。其后,蜀魂译本、创生译本、高劳译本均沿用这种译法,将《共产党宣言》翻译成《共产党宣言书》。

三是《社会主义神髓》译本对当时中国的先进知识分子,特别是对李大钊、陈独秀、李达、董必武、周恩来、李汉俊、陈望道等有留日经历的中国早期共产主义知识分子产生很大的影响。景定成于1905年到日本后就曾受幸德秋水《社会主义神髓》一书的影响。据他记载,"他不是别人,就是有名的东亚卢骚中江笃介的大弟子,幸德秋水先生。他的自由思想,得之所传;社会主义,突过前辈,真算日本特出的人物。我虽没有过面,却看过他的《社会主义神髓》一书。所以听人说是他,就格外注意听他的演说"。③中国共产党早期领导人李大钊就深受《社会主义神髓》的影

---

① 幸德秋水. 社会主义神髓[M]. 马采, 译. 北京: 商务印书馆, 2012: 3.
② 幸德秋水. 社会主义神髓[M]. 中国达识译社, 译. 东京: 浙江潮编辑所, 1903: 45.
③ 陈夏红. 辛亥革命实绩史料汇编: 组织卷[M]. 北京: 中国大百科全书出版社, 2011: 434.

响①，"从当时的条件看，日本关于社会主义的理论著作，已经有不少译成中文。其中仅幸德秋水的著述，就有《二十世纪之怪物帝国主义》《广长舌》《社会主义神髓》等。而《社会主义神髓》一书是依据《共产党宣言》和《社会主义从空想到科学的发展》写成的，基本上是传播科学社会主义的。李大钊经常关心国内外政治形势，且已直接阅读日文报刊（《驳议》一书，即系其从日文报刊中看到原书出版的消息）。所以幸德等一些著作的译本，更有可能阅读过，从而成为李大钊进一步了解幸德思想或者接受一些影响的主要来源。"②俄国十月革命的胜利使得马克思主义和不同流派的社会主义学说在日本得到广泛传播，介绍各种思潮的书籍很多。周恩来在日本留学期间，深受《社会主义神髓》的影响。他在留日期间开始接触马克思主义，先后阅读过幸德秋水的《社会主义神髓》、约翰·里德的《震动环球的十日》，河上肇的《贫乏物语》以及《新社会》《解放》《改造》等杂志。同时也阅读了介绍无政府主义、基尔特社会主义、日本新村主义的文章。③吴玉章在后来的回忆中也曾谈到受《社会主义神髓》的影响："1903 年我在日本东京曾经读过幸德秋水的《社会主义神髓》，感到这种学说很新鲜，不过那时候一面在学校紧张地学习，一面着重从事革命的实际活动，对这种学说也没有进行深入的研究，就放过去了。这时，又重新看到这种学说，感到格外亲切。社会主义书籍中所描绘的人人平等、消灭贫富的远大理想大大地鼓舞了我，使我联想起孙中山先生倡导的三民主义和中国古代世界大同的学说。所有这些东西，在我脑子里交织成一幅未来社会的美丽远景。"④

---

① 关于李大钊与幸德秋水的关系问题，史学界特别是李大钊研究领域中争论由来已久。过去，中国比较一致的观点是李大钊留学日本后，接受了幸德秋水的影响。日本学者对此持不同意见，他们均否定了幸德秋水和河上肇对李大钊马克思主义的影响，其结论为李大钊是从安部矶雄那里开始接受社会主义影响的。实际上，有学者认为，李大钊不仅受安部矶雄、河上肇两人的影响，而且还受幸德秋水影响的。参见刘民山. 李大钊与幸德秋水[J]. 近代史研究，1995（4）：253-261.
② 刘民山. 李大钊与幸德秋水[J]. 近代史研究，1995（4）：258.
③ 力平，方铭. 周恩来年谱（1898—1949）[M]. 北京：中央文献出版社，1998：28.
④ 吴玉章. 吴玉章回忆录[M]. 北京：中国青年出版社，1978：104-105.

The textual research in edition and translators of *The Quintessence of Socialism* and its effectiveness of dissemination

Li Aijun

Abstract:Many Japanese and Chinese translations have been published in succession after the Japanese version of "The quintessence of Socialism" published in early July,1903. The earliest Chinese version was Dashi version, published by the editorial department of Zhejiang Tide in October,1903. After that, this book has been translated many times, such as Shuhun version published by Chinese students' Guild Hall in Tokyo in February 1907, Chuangsheng version published by Kuiwen Press in Tokyo in March,1907, Gaolao version which was serialized in "Oriental Magazine" and Macai version published by Beijing Commercial Press in 1963. Instead of using their real names, translators used their group names or pseudonyms because of the restriction of the political environment at that time. Among all those four versions, further research is still needed for Shuhun version while other versions has been confirmed basically.

Key Words:*The Quintessence of Socialism*; version; translators; textual criticism; dissemination

---

幸德秋水的汉学功底

　　幸德秋水不仅能熟练引用中国儒家经典中的名言警句以及历代的诗词典故,而且还能恰到好处地运用一些中国古代笔记小品中的文人轶事和俗言俚语,其作品极具感染力和可读性。《社会主义神髓》一书所有七章(包括绪论)的结尾几句,直接使用了汉文,内容出自《世说新语》《小窗幽记》等。比如绪论的结尾是"以货财害子孙,不必操戈入室;以学术杀后世,犹如按剑伏兵。"

　　《马藏》第一部第四卷《社会主义神髓》的"编者说明"。　(严何摘编)

《广长舌》对社会主义在中国早期传播的思想贡献*

路 宽

摘要：《广长舌》是日本社会主义者幸德秋水著作的中译本，是社会主义在中国早期传播过程中的重要文献。该书为社会主义和革命正名，批判了个人主义、自由竞争和帝国主义，认为社会主义是未来社会的发展趋势；提出只有社会主义才能解决个人主义、自由竞争和帝国主义之弊，只有社会主义能化私有制为公有制，改革和救治社会弊病，解决贫富悬隔过甚问题；指出实现社会主义的路径在于改革经济制度。该书还引介了大量与社会主义观念谱系相关的概念。该书对社会主义思想在中国的传播，以及社会主义观念谱系在中国的早期建构作出了重要贡献，具有重要理论意义。

关键词：《广长舌》；幸德秋水；社会主义；早期传播

作者简介：路宽，北京大学马克思主义学院研究员，主要研究中共党史与马克思主义中国化。

1902年，上海商务印书馆出版了由中国国民丛书社翻译的《广长舌》。这本书由日文著作翻译而来。原著为《长广舌》，作者是日本著名社会主义者幸德秋水，1902年2月由东京人文社出版，1902年3月15日再版。该书是社会主义在中国早期传播过程中的重要文献，对社会主义在中国的传播有重要思想贡献。因而，北京大学《马藏》编纂与研究中心将该书收入《马藏》丛书，予以重新排版，对其中所涉及的与现代翻译不同

---

* [基金项目] 中国博士后科学基金第62批面上资助"马克思主义早期传播文献的收集、整理与研究"[项目批准号 2017M620538]的阶段性研究成果。

的人名、地名、事件等予以考证，作出注释，并就整本文献的情况撰写了说明，为社会主义早期传播史的研究提供便利。现就该书对社会主义在中国早期传播的思想贡献作一论述。

一、文本概况

《长广舌》是幸德秋水收集整理其在《万朝报》《中央新闻》《日本人》等杂志上的文章合集而成。1950 年，《长广舌》被收入由平野义太郎主编、日本世界评论社出版发行的《幸德秋水选集》第 2 卷。1902 年商务印书馆出版了由中国国民丛书社翻译的中文译本《广长舌》（出版时间标注为"光绪二十八年壬寅孟冬"，即 1902 年农历十月）。①南京图书馆和复旦大学图书馆藏有该本。目前复旦大学还收藏有另一个版本，即"光绪二十九年八月二次出板"的版本，这是 1903 年的版本，这一版与 1902 年首版在内容及排版等方面相同，只是出版时间不同。1912 年上海商务印书馆将《广长舌》更名为《社会主义广长舌》再版。这一版大幅减少了断句号，在一些关键词和关键句下方添加了着重号，但在内容上未作改动。

书名"广长舌"具有特殊意涵。日文原著名为"长广舌"，中文译为"广长舌"，"广长舌"与"长广舌"意思相近。佛教中说，佛有与生俱来的不同凡俗的三十二种比较显著的体态特征，称"三十二大人相"，第二十七为广长舌相，也称广长舌、长舌相。具体而言，诸佛之舌广而长，柔软红薄，能覆面至发际，如赤铜色。此相具有两种表征：一是语必真实；二是辩说无碍，非余人所能超越。以下几种文献有相关论述：《大智度论》卷八中说："问曰：如佛世尊，大德尊重，何以故？出广长舌似如轻相。答曰：舌相如是，语必真实。如昔佛出广长舌，覆面上，至发际。语婆罗门言：汝见经书，颇有如此舌人而作妄语不？婆罗门言：若人舌能覆鼻无虚妄，何况乃至发际？我心信佛必不妄语。"《法华经·神力品》言："现大神力，出广长舌，上至梵世。"《阿弥陀经》中说："恒河沙数诸佛各于其国，出广长舌相，遍覆三千大千世界，说诚实言。"朱熹在《后洞山口晚赋》中道："从教广长

---

① 有部分工具书和著作将此译本书名写为"社会主义广长舌"（如田雁. 汉译日文图书总书目 1719—2011：第 1 卷[M]. 北京：社会科学文献出版社，2015：15.）。经查实，原书名为"广长舌"。

舌，莫尽此时心。"①幸德秋水用"长广舌"一词作为其书名，有将该书看作是宣传社会主义的喉舌，有如佛家传经布道之意。

《广长舌》的原作者是幸德秋水。幸德秋水（1871—1911），原名传次郎，日本高知县人，明治时期的思想家、社会主义者、无政府主义者，自由民权运动的领导人，激进政治活动的倡导者之一。他曾参加社会主义研究会，1901 年与片山潜、西川光次郎、安部矶雄等人共同创立日本最早的社会主义政党——社会民主党。1904 年，幸德秋水在《平民新闻》发表他和堺利彦合译的《共产党宣言》。幸德秋水的重要著作出版后基本上很快都有了中译本。例如，1901 年《二十世纪之怪物帝国主义》出版后，次年上海广智书局即出版了赵必振翻译的译本。1902 年《长广舌》出版后，同年即由中国国民丛书社译为中文，并以《广长舌》为名由商务印书馆出版。1903 年《社会主义神髓》出版后，至 1912 年先后产生了四个中译本，分别是：1903 年，由中国达识译社翻译、浙江潮编辑所出版的译本；1906 年，由社会主义研究社编译、乐群编译社（东京）出版的译本②；1907 年，由创生翻译、奎文馆书局出版的译本；1912 年，由高劳翻译、《东方杂志》（第 8 卷第 11、12 号，第 9 卷第 1、2、3 号）刊载的译本。1907 年，幸德秋水翻译罗勒（A. Roller）的《经济组织之未来》出版后，同年被译为汉文，以《总同盟罢工》之名刊行。③1907 年《基督抹杀论》出版后，1924 年北京大学出版部就发行了捏吊疋翻译的译本。幸德秋水的著作被迅速译为中文，并有众多译本，从一个侧面说明了其著作所具有的重要影响力。幸德秋水的社会主义论著对社会主义在中国的传播具有重要的促进作用。

《广长舌》由中国国民丛书社翻译。依据现有资料，还无法获知该社的创办人、创办时间等信息。但从国民丛书社翻译和出版的书籍的内容来看，这是一家致力于介绍西方新学的机构。该社所翻译的书籍有：《德国学校制度》（[日]加藤驹二著）④、《动物进化论》（[英]达尔文创

---

① 相关介绍参见：丁福保. 佛学大辞典：下册[M]. 北京：文物出版社，2015：2131；任继愈. 佛教大辞典[M]. 南京：江苏古籍出版社，2002：77；宽忍. 佛学辞典[M]. 北京：中国国际广播出版社，香港：华文国际出版公司，1993：97；辞源：上册[M]. 北京：商务印书馆，2015：1364.
② 该本版权页编译者署名"社会主义研究社"，正文首页译者署名有"蜀魂侪译"字样.
③ 朱谦之. 日本哲学史[M]. 北京：生活·读书·新知三联书店，1964：276.
④ 熊月之. 晚清新学书目提要[M]. 上海：上海书店出版社，2014：415-416.

义、[美]摩尔斯口述、[日]石川千代松笔记)①、《近世欧洲大事记》([日]森山守次著)②、《日本监狱法》([日]佐藤信安著)③、《世界近世史》([日]松平康国编著)④、《哲学十大家》([日]东京文学士著)⑤等。该社所出版的书籍有《最新万国政鉴》([日]《太阳报》原译，赵天择、王慕陶编译)⑥等。

二、研究综述

《广长舌》是一部重要的理论著作。上海商务印书馆总发行所在其所发行的广告中说："中江兆民先生，日本法国学派之第一人也，有东方卢梭之目，门下众多，而幸德秋水为其首出。是书即为幸德秋水原著。全篇三十二篇，凡当今时势上最要之问题，包括无遗。欲知吾人今日世界之主眼，不可不读是书；欲探世界将来之影响，不可不读是书。本馆特请国民丛书社译出，以饷我中国有志之士，今已出书，精整完美，译笔明畅，读者自知。"⑦

学术界对该书的研究情况如下：一是在与社会主义早期传播史相关的论著中，往往会简要提及该书信息。有学者将《广长舌》看作是19世纪末20世纪初"中国译自日本的介绍社会主义的论著中有较大社会影响和一定代表性的著作。"⑧二是就思想内容来讲，该书常被认为是宣传社会主义的通俗读物。有学者认为："这是一部宣传社会主义的通俗读物。全书三十二篇，比较系统地说明了社会主义的含义、目标、产生的根据、得以实现的必然性，驳斥了诬称社会主义为破坏主义、社会党为乱民的种种谬说。"三是该书的思想还不够成熟。有学者认为："《广长舌》日文原书出版于一九〇二年，作者这时已经接受了科学社会主义的基本观点，不

---

① 熊月之. 晚清新学书目提要[M]. 上海：上海书店出版社，2014：328.
② 熊月之. 晚清新学书目提要[M]. 上海：上海书店出版社，2014：248.
③ 熊月之. 晚清新学书目提要[M]. 上海：上海书店出版社，2014：424.
④ 熊月之. 晚清新学书目提要[M]. 上海：上海书店出版社，2014：224.
⑤ 熊月之. 晚清新学书目提要[M]. 上海：上海书店出版社，2014：240-241.
⑥ 熊月之. 晚清新学书目提要[M]. 上海：上海书店出版社，2014：261.
⑦ 外交报，1902-11-4（第26号）；转引自姜义华. 社会主义学说在中国的初期传播[M]. 上海：复旦大学出版社，1984：61.
⑧ 王明生，尚庆飞等. 思想的力量——马克思主义中国化的历史进程[M]. 南京：江苏人民出版社，2007：31.

过还很不成熟。"①《广长舌》中的"思想还不十分成熟"②。四是该书"重点是为社会主义宣传和辩护",但也掺杂了非社会主义思想。有学者认为,《广长舌》的"中心是有关社会主义的连载",其关于社会的论述"加深了一般人对于社会主义的理解,同时这也是最早一本介绍无政府主义的小册子"。③《广长舌》对社会主义的宣传,"仍夹杂作者早年信奉自由民权和人道主义的思想痕迹",如该书既宣传社会主义思想,也宣扬"博爱"和"共和";既要解决劳动者生存问题,又想避免任何"粗暴过激"的做法。当然,该书中的"若干基本观点缺少深入的理论分析",尤其是涉及经济问题的论述,只作了简单和初步的论证,并没有深入探究和引用马克思的经济学说。④

综上所述,《广长舌》是一部非常重要的理论著作。但学界关于《广长舌》的研究还比较少,多是简要的出版信息和主要内容的介绍,缺乏深入细致的分析、研究和评论,这是有待加强和改进的地方。

三、文本特点及其思想意义

介绍社会主义的译作曾在中国产生很大影响。1920年3月14日,毛泽东在致周世钊的信中说:"看译本较原本快讯得多,可于较短的时间求到较多的知识。"⑤在相关译作中,幸德秋水的中文译作在中国曾广为流传。朱谦之曾指出,幸德秋水"在其转向于社会主义之后,其书对中国人有相当影响。"⑥其作品的中文版《广长舌》主要有以下内容与特点:

第一,理论内容混杂,既有社会主义理论,也有无政府主义理论和民粹主义理论等。

19世纪末20世纪初,社会主义思潮在日本有很大影响。社会主义、虚无主义、民主社会主义、俄国民粹主义等思潮纷至沓来,在日本广泛传

---

① 此是姜义华为其所摘录的《广长舌》部分内容所作的"说明",参见姜义华.社会主义学说在中国的初期传播[M].上海:复旦大学出版社,1984:52.
② 吴雁南,冯祖贻,苏中立,等.中国近代社会思潮1840—1949:第1卷[M].长沙:湖南教育出版社,2011:397.
③ 张陟遥.播火者的使命——幸德秋水的社会主义思想及其对中国的影响[M].北京:社会科学文献出版社,2013:201.
④ 谈敏.回溯历史——马克思主义经济学在中国的传播前史:上册[M].上海:上海财经大学出版社,2008:247-249.
⑤ 中国革命博物馆,湖南省博物馆.新民学会资料[C].北京:人民出版社,1980:63.
⑥ 朱谦之.日本哲学史[M].北京:生活·读书·新知三联书店,1964:276.

播。当时日本出版了很多无政府主义著作,无政府主义思想被日本一些马克思主义者所接受和宣传。此外,19 世纪 60 年代,反映俄国小生产者利益的民粹主义派在俄国形成,民粹主义者主张通过武装暴动、秘密暗杀和恐怖活动扩大影响和声势,引起和推动社会革命。俄国沙皇对民粹派的大力镇压使民粹主义者纷纷流亡国外,日本也是流亡目的地之一。这些俄国民粹主义者对日本早期马克思主义者产生了重要影响。面对鱼龙混杂的各种思潮,日本马克思主义者还不能对其作出明确科学的辨别,还不能严格区分马克思主义、无政府主义和民粹主义等的差别。因而在日本早期马克思主义者的著作中,他们所称的社会主义往往可能是各种主要思潮相互交织的混合体。

幸德秋水本人深受日本思想界上述思潮的影响,他曾说:"我从幼年顷,即爱读最急进的、最过激的、最极端的、非军备主义、非国家主义、无政府主义的书"[①]。其著《长广舌》亦是作者这种复杂思想状态的生动反映,书中既有阐述社会主义的内容(如"社会主义之实质""社会主义之理想""社会主义之急要""社会主义之适用""帝国主义之衰运"等五节),也有介绍无政府主义的内容(如"无政府党之制造"一节),还有阐述民粹主义所主张的秘密暗杀等内容(如"暗杀论"一节),还宣传西方自由平等和个人主义的内容(如"平凡之巨人"一节)等,内容较为繁杂。20 世纪初,中国进步知识分子通过阅读和翻译日本介绍马克思主义和社会主义的著作,对社会主义"其学说、其历史、其派别、其运动"有了初步了解,"译者深喜研究其真相,并拟一一绍介之于学界"[②]。但他们对社会主义学说及其流派的认识往往是模糊的,因而往中国引介的内容也往往是科学社会主义、空想社会主义、无政府主义等思潮的大杂烩。中文译本《广长舌》也可看作是对这一情形的反映。

第二,为革命和社会主义正名,批判了个人主义、自由竞争和帝国主义,提出只有社会主义才能维护劳动者的利益和解决帝国主义问题。

《广长舌》反驳了各种对革命和社会主义的污蔑。该书为革命正名,认为革命并非"不敬""谋叛""弑逆",而是共和政治的起点,是人类进步的急切关头,是世界的公理。该书提出:"四民平等者,社会一大革

---

① 幸德秋水著,盐田庄兵卫编. 幸德秋水的日记与书简[M]. 东京:未来社,1954:343.
② 渊实(廖仲恺). 无政府主义与社会主义[J]. 民报,1906(9):1.

命也；王政复古，设立代议政体者，政治一大革命也。"革命者的目的"在组织新制度以更代旧制度"。革命可分为三个方面：一是改革腐败政治，推行代议制度和自由制度的"政治上之革命"；二是解决贫富悬隔、分配不公问题的"殖产经济上之革命"；三是改变日益颓败的社会风尚的"社会风俗及教育上之革命"。文中高度评价革命的历史作用，并引用马克思的名言"革命者，进步之产婆也"，指出"革命之所在，即进步之所生"。①

该书反驳了"社会主义者，破坏主义也；社会党者，乱民也"的谬论，指出产生这种错误认识的原因在于"殆未知社会主义之功用实质"。书中提出，"将欲成之，必先败之"，追求社会进步和进行革命事业，须以破坏手段为发端，这是新事物代替旧事物过程中的"公理"。新主义的发动，新运动的膨胀，往往使统治者将新主义看作是破坏主义，将参加者目为乱民，并加以迫害、镇压和剪灭。但是压制越惨烈，反抗就越激烈。该书提倡"国民研究社会主义之实质，勿流于彼等之背谬"。②

该书反驳了"个人主义、自由竞争者，社会进步之向导也"的流行观点，对个人主义和自由竞争之弊端进行了批判，指出个人主义和自由竞争将导致"富者率不正不义，其分配且极不平等"。具体说来，二者产生了以下问题：一是"贫富日益悬隔"；二是运输交通业等以竞争和垄断为目的，侵吞全社会的福利；三是"生产或过余，或不足。需用、供给，屡失平衡"。四是"物价之低昂不定，工业每生恐慌，甚则缺乏、饥饿，恶德踵至"。而这一切弊害都将导致社会经济陷入无政府状态。因而，须以社会主义矫正"个人主义之搅乱"。社会主义的急要问题和"第一要件"是解决"个人主义之余弊"和"自由竞争之遗毒"。③

该书反驳了调和资本家与劳动者的关系、使之"亲密恳和"的观点，提出只有社会主义才能维护劳动者的利益。该书指出，资本家与劳动者之所以对立，是由于"资本家之暴横与贫富之悬隔所致"，进一步来说，是因为自由竞争导致的。自由竞争制度是使"资本家入于刻薄残忍之制度"，处于这种制度下，不得不竞争和争战，造成"劳动者常陷弊害之悲境，资本家则常占利益之地位"，因此要"以社会主义救之"。那些试图

---

① 幸德秋水. 广长舌[M]. 中国国民丛书社，译. 上海：商务印书馆，1902：6-8.
② 幸德秋水. 广长舌[M]. 中国国民丛书社，译. 上海：商务印书馆，1902：8-11.
③ 幸德秋水. 广长舌[M]. 中国国民丛书社，译. 上海：商务印书馆，1902：17-19.

以"烂舌秃笔"劝二者亲密恳和的做法,实际是"使我劳动诸君永久陷于奴隶之境遇,而资本家永久享受快乐之幸福也"。书中提出,只有社会主义能使劳动者脱离苦境,得到幸福,避免"永远堕陷于奴隶之惨境"①。

该书还对帝国主义进行了鞭辟入里的评析。19世纪末20世纪初,世界主要资本主义国家开始向垄断资本主义过渡,帝国主义开始在少数国家发展和膨胀起来。幸德秋水敏锐地观察到这种趋势,对此提出了严厉批判。书中将帝国主义与社会主义联系起来,认为帝国主义是"世界社会主义之导火线"。②他以德国、俄国等为例,说明帝国主义国家为扩张军备,强占领土,不断增加军费,大肆举债。帝国主义不断发展,受益者只是军人、资本家和政治家,多数贫民则深受其害。帝国主义,使国内工商业趋于萎靡,贫富差距日益扩大,"陷多数之人民于困厄、饥饿、罪过之惨境"。能矫正帝国主义之弊病的唯有"救世之大主义",即社会主义。帝国主义的毒害愈传播,社会主义便愈高涨。社会主义是解决帝国主义之毒的"圣药"。③

第三,对社会主义的目的、意义和实现途径进行了详细论述。

未来社会的发展趋势:社会主义。该书从人类社会发展的角度指出:社会主义是"不二之理想","社会主义之发达,为20世纪人类进步必然之势"。20世纪是"社会主义时代"。④该书对此观点进行了详细论证,指出19世纪的文明是"以个人自由主义打破贵族专制主义,脱卸人类奴隶之羁绊",19世纪能打破政权的不平等,摆脱"政治之桎梏",却不能打破经济的不平等,于是形成了自由竞争制度,进而也导致下层劳动者受到资本压制,于是产生"资本合同主义"以摆脱"资本桎梏"。⑤到19世纪后半期,帝国主义也随之扩散开来。因而,从文明史上看,在欧洲,政治发展遵循以下路径:自由主义—国民主义—帝国主义—世界平和主义。经济和社会方面则是:自由竞争主义—资本合同主义—世界社会主义。该书认为,至20世纪上半叶,人们必将组织世界社会主义以取代帝国主义,并扫去其一切弊毒。这就是人类进步的历史。该书对社会主义

---

① 幸德秋水. 广长舌[M]. 中国国民丛书社, 译. 上海: 商务印书馆, 1902: 21-25.
② 幸德秋水. 广长舌[M]. 中国国民丛书社, 译. 上海: 商务印书馆, 1902: 5.
③ 幸德秋水. 广长舌[M]. 中国国民丛书社, 译. 上海: 商务印书馆, 1902: 30-32.
④ 幸德秋水. 广长舌[M]. 中国国民丛书社, 译. 上海: 商务印书馆, 1902: 11-15.
⑤ 幸德秋水. 广长舌[M]. 中国国民丛书社, 译. 上海: 商务印书馆, 1902: 3-4.

的实现充满信心,指出:"十九世纪者,自由主义时代也;二十世纪者,社会主义时代也。"① "社会主义之发达,为二十世纪人类进步必然之势,决非彼等所能防遏。"②

社会主义的目的和理想:化私有制为公有制。书中提出,社会主义的目的是"视生产资本为社会之公物""绝灭金钱无限之势力""改革今日之经济制度",③ 最终实现"凡社会上之资本,皆为社会上民人共有之公物;其生产之利益,亦各分配公平",并"化私有之资本为公有,化独劳之工业为公劳"。④

社会主义的重要意义:改革和救治社会弊病的良药。该书认为,金钱本是交换的媒介、价格的标准,只是执行度量衡的职能,但却被人用作私物。人们为得到金钱,便使尽各种手段,如强力掠夺等。占有大量金钱者便放弃劳动的义务,抢占社会公物,人心因而腐败,风俗因而颓坏,自由因而破裂,平等因而搅乱。作者因而提出,要禁止将金钱视为私有资本,要绝灭金钱的无限势力,通过改革社会经济组织,最终实现以下目标:"除去生活竞争之困苦,扫荡崇拜金钱之风气。万民皆受平等之教育,有自由之特权,有参政之特权。社会上之一切运动,少数之人士,不得独占其举废之权。"当然,该书将社会主义社会看作是无矛盾、无缺陷的社会,则是值得商榷的。该书认为,社会主义如能实行,则"社会上之判断皆聪明也,社会上之制裁皆公平也。"腐败堕落、暗杀横行等都将"霍然若失"。⑤

实现社会主义的途径:改革经济制度。这是作者不断申论和强调的观点。该书指出,社会上"富之分配之不均,在于资本家之横暴。资本家之横暴,在许其资本家之私有"。所以,应改革经济制度,"化一切资本为公物,化一切工业为公劳"⑥,以此除去贫富悬隔过甚的弊病。但该书将改革社会的重任寄托于"志士义人"等精英人物,希望他们"为多数人民之福利,为社会文明之进步"团结多数势力,如当年讨伐藩阀和诸侯那样,将"经济家权利"从"资本家之手"中夺走。当然,该书对实现这种

---

① 幸德秋水. 广长舌[M]. 中国国民丛书社,译. 上海:商务印书馆,1902:14-15.
② 幸德秋水. 广长舌[M]. 中国国民丛书社,译. 上海:商务印书馆,1902:11.
③ 幸德秋水. 广长舌[M]. 中国国民丛书社,译. 上海:商务印书馆,1902:14.
④ 幸德秋水. 广长舌[M]. 中国国民丛书社,译. 上海:商务印书馆,1902:24.
⑤ 幸德秋水. 广长舌[M]. 中国国民丛书社,译. 上海:商务印书馆,1902:39-40.
⑥ 幸德秋水. 广长舌[M]. 中国国民丛书社,译. 上海:商务印书馆,1902:30.

变革的前途显得过于乐观，认为实现此事的难度是"长者折枝之类，非挟太山以超北海之类也"。①

从以上论述看，该书对社会主义的认识达到了比较高的水平。该书指出资本主义社会的严重弊端：资本家利用资本剥削和压制劳动者，社会财富分配不均，劳动者日益贫困。因而，资本主义制度"也应该像封建制度和一切更早的社会制度一样被抛到垃圾堆里去"②。而且，该书也提出了解决现存问题的途径在于改革经济制度，化私有制为公有制。但其不足之处在于，将改变社会的主体定位于少数英雄人物，而不是广大无产阶级，希望英雄人物能团结众人改变社会所有制，并认为实现这一点并不困难，这显然带有空想的成分，反映了该书的局限所在。

第四，引介了大量与社会主义观念谱系相关的概念。

社会主义是作为一种思潮，一种理论或者说一种观念传入中国的。概念是凝聚社会、政治经验和意义的词语③，是理论或观念的"基本结构原件或元素"④。各学科学术体系的发端、演进和成熟都是以一系列相互关联的核心术语为支撑的。⑤王国维在论及近代涌现的各种新语时说："近年，文学上有一最著之现象，则新语之输入是已。……言语者，思想之代表也。故新思想之输入，即新言语输入之意味也。"⑥同样，社会主义思想、观念乃至理论、学科在中国的传播、普及、发展和深入人心，也需要逐步在中国本土语言中形成和确立一系列关键术语和核心概念，这成为支撑社会主义观念体系和系统理论的基本单位和语义载体。社会主义传入中国的过程是社会主义的概念和观念传入中国并逐步扎根、开花和结果的过程。对社会主义早期传播的研究应关注与社会主义观念谱系相关的概念和范畴。《广长舌》在介绍社会主义思想的同时，引介了大量与社会主义观念谱系密切相关的概念。对这些概念的分析，有利于从语词历史演进的角度去理解社会主义。该书中与社会主义观念谱系密切相关的概念有贵族专制主义、资本合同主义、社会主义、世界社会主义、帝国主义、帝国膨胀

---

① 幸德秋水. 广长舌[M]. 中国国民丛书社，译. 上海：商务印书馆，1902：94-95.
② 马克思，恩格斯. 马克思恩格斯文集：第9卷[M]. 北京：人民出版社，2009：21.
③ 孙江. 序言：语言学转变之后的中国新史学[M]//孙江. 新史学：第2卷：概念·文本·方法.北京：中华书局，2008：4-5.
④ 克莱德·M. 伍兹. 文化变迁[M]. 何瑞福，译. 石家庄：河北人民出版社，1989：119.
⑤ 余来明. "历史文化语义学"：理论与实践[N]. 光明日报，2007-03-30（9）.
⑥ 王国维. 论新学语之输入[J]. 教育世界，1905（96）.

主义、军国主义、世界平和主义、世界统一主义、国民主义、国民统一主义、个人自由主义、破坏主义、激烈主义；殖产经济、殖产革命、资本家、劳动者、贫富悬隔、劳动问题、同盟罢工、自由竞争等。此外，社会主义是在与它同时代的现代思想体系的互相激荡、论争和借鉴中不断发展的。因此，有必要关注与社会主义观念谱系紧密相关的一些现代概念。该书中有很多与社会主义观念谱系密切相关的现代术语，其中一些术语来源于日语，主要有民族、革命、改良、议会、封建、进步、文明、自由、平等、博爱、独立、自尊、民权、权利、利益、主义、政党、社会党、共和政治、自由党、政权、政体、资本、经济等。上述与社会主义观念谱系密切相关的重要术语和核心词汇在传入中国的过程中，逐渐成为记录和包含中国社会政治经验和语义内涵的概念，嵌入中国民众的社会惯习和日常生活，为马克思主义传入中国搭建了桥梁，奠定了思想基础，培育了文化土壤。同时，上述重要术语也有利于推进社会主义观念和相关概念在中国的渗透与普及，促进社会主义观念谱系在中国的早期建构。

一般来说，马克思主义中国化是马克思主义与中国实际相结合。而中国实际包含两个方面，即中国的历史文化和中国的社会现实。马克思主义中国化就是将马克思主义与中国历史文化和中国社会现实相结合。马克思主义中国化的主体是中国人。然而，透过《广长舌》中这一文本可以看到，由于长期深受中国传统文化的影响，幸德秋水等日本马克思主义者在传播社会主义时，不仅结合了日本的历史与现实，而且也在充分挖掘中国传统文化中的思想资源来理解和阐述社会主义。幸德秋水九岁入学堂，修《孝经》和汉诗，并爱读"东洋人的著作"，如"老子、庄子之书，释迦的经典"，具有较高的"汉学素养"。①他曾明确说："我是从儒家进入社会主义。"②他在《广长舌》中提到了许多与中国传统文化有关的人名和事件，如孔子、孟子、伯夷、叔齐、管仲、陆游、严子陵、司马徽、孝经、平城之围等中国历史人物、经典和事件，经过译者的译介，呈现在中国读者面前的是一部运用中国经验和中国历史文化阐释社会主义和马克思主义的著作。也就是说，幸德秋水等日本马克思主义者在研究和传播社会主义时，不自觉地根据中国的历史文化解释和阐发社会主义和马克思主

---

① 朱谦之. 日本哲学史[M]. 北京：生活·读书·新知三联书店，1964：276.
② 幸德秋水著，盐田庄兵卫编. 幸德秋水的日记与书简[M]. 东京：未来社，1954：343.

义，不自觉地进行了第一步"中国化"的工作。这不可避免地会影响马克思主义和社会主义在中国的传播和大众化。

第五，作者的社会主义思想受到了西方自由主义和日本军国主义的影响。

幸德秋水的社会主义思想受到了西方自由主义的影响，后者在其社会主义思想中留下了深刻的痕迹。例如，该书提出："社会主义者，非以绝灭资本家为目的也，特改革自由竞争之制度，代以社会主义之制度。"该书在反驳社会主义是"不可实行之空论"和社会主义"以同盟罢工为目的"的错误观点时提出："举一国之资本，尽没收于国家；举一国之工业，尽委输于中央政府，此诚不可实行之空论。"且认为社会主义"决非如此过激暴乱也"，"社会主义者，博爱也；社会主义者，一视同仁者也"①。这样一来，社会主义并不废除资本家和资本，亦不由国家管理工业，这与民主社会主义的主张已十分接近。如此，该书所提出的社会上所有资本为人民共有，生产利益平均分配也只能成为空想。在此基础上，该书对社会主义的理解，也多与博爱、平等等概念相联系，这也明显透出西方自由主义思想的影子。

幸德秋水是一个反帝国主义者，他鲜明地批判帝国主义，并将帝国主义的败落与社会主义的勃兴密切联系起来。该书指出："救济今日世界社会之大主义大理想，曰：在殪翻帝国主义。管辖今日世界社会之大主义大理想，曰：在组织社会主义。"②但是，作者处于近代日本军国主义日益崛起的时代，因而也不可避免地受到了日本军国主义思想的影响。例如，该书认为"日清战役"（中日甲午战争）中日本"大捷"的原因在于，内政清明、纲纪严明、资财富饶。该书将俄国之"侵吞朝鲜""经营满洲"③视为日本的危险。尽管该书持反对战争的立场，认为战争将导致"偿多额之负债，生民涂炭，元气已伤"。但该书也为日本辩护道："我甲午之战，非好战也，在于保持东洋永远之平和。拳匪之乱，我国之出师，亦势不得不然者。"该书认为，日本是"长于战"，而非"好战"。④这是军国主义和侵略主义价值观在作者思想上

---

① 幸德秋水. 广长舌[M]. 中国国民丛书社，译. 上海：商务印书馆，1902：22-24.
② 幸德秋水. 广长舌[M]. 中国国民丛书社，译. 上海：商务印书馆，1902：29-30.
③ 幸德秋水. 广长舌[M]. 中国国民丛书社，译. 上海：商务印书馆，1902：47.
④ 幸德秋水. 广长舌[M]. 中国国民丛书社，译. 上海：商务印书馆，1902：59-60.

的一种反映。

综上所述,幸德秋水著《广长舌》一书批判了个人主义、帝国主义和自由竞争等,系统论述了社会主义的目的、意义和实现路径,提出了以公有制代替私有制、改革经济制度等主张,引介了大量与社会主义观念谱系紧密相关的重要概念,对社会主义在中国的早期传播作出了重要思想贡献。

The Contribution of *Guang Chang She* to the Early Dissemination of Socialism in China

Lu Kuan

Abstract: *Guang Chang She* is a Chinese translation of the work of the Japanese socialist Kōtoku Shūsui. It made a great contribution to the early dissemination of socialism in China. The book advocates socialism and revolutionary, criticizes individualism, free competition and imperialism, and believes that socialism is the development trendency of the future society. It is proposed that only socialism can solve the disadvantages of individualism, free competition and imperialism, and only socialism can turn private ownership into public ownership, reforme and cure social ills, and solve the problem of the gap between the rich and the poor. It points out that reforming the economic system is the way to achieve socialism. The book also introduces a number of concepts related to the socialist conception. The book has made important contributions to the spread of socialist ideology in China and the early construction of socialist conception in China, which is of significant theoretical importance.

Key words: *Guang Chang She*; Kōtoku Shūsui; Socialism; the early dissemination of socialism

《近世社会主义》对马克思主义在中国早期传播的贡献[*]

王朝庆　王　刚

摘要：在中国早期马克思主义传播史上，《近世社会主义》一书具有独特的重要地位。该书是日本福井准造在参阅西方各国社会主义著作的基础上汇编而成，后由我国留日学生赵必振译入国内。《近世社会主义》在国内的译介，不仅打开了人们的眼界，为中国纷繁复杂的日趋革命化的思想界带来了一股社会主义的清新空气，而且更为重要的是，它对马克思、恩格斯的生平履历和马克思主义学说进行了系统性的介绍，促进了马克思主义在中国早期的传播和发展。

关键词：《近世社会主义》；马克思主义；早期传播

作者简介：王朝庆，华东师范大学马克思主义学院博士研究生。

王刚，南京师范大学马克思主义学院院长，教授，博士生导师。

1899年，日本人福井准造出版《近世社会主义》一书，1903年该书由我国当时湖南籍的留日学生赵必振翻译出版，1927年该书中译本重印。长期以来，国内一些学者认为该书是福井准造的原创之作，但实际上，这本书并非福井准造所"著"，而是他对当时欧美诸国比较流行的 A

---

[*] 本文系国家社会科学基金项目《马克思主义中国化史中若干基本问题研究》[项目编号：16BKS034]的阶段性成果。

*Handbook of Socialism*①、*History of Socialism*②等社会主义著作的一个译介汇编。那么，该书究竟是如何成书的，又是如何被译介，它对马克思主义在中国早期传播有哪些独特的贡献？深入研究这些问题，对于澄清学界对该书的误读以及它对马克思主义在中国早期传播的贡献具有重要意义。

一、《近世社会主义》的成书与译介历程

19 世纪末 20 世纪初，受明治维新文明开化政策的影响，日本的一些先进分子在向西方发达资本主义国家效仿和学习的过程中，译介并撰写了大量关于社会主义的著述。这一时期，他们普遍以谈论西方国家的"社会党""社会主义""资本""工人"等概念为时尚，有力地促进了社会主义思潮在日本的流行。理论层面的思潮是实践运动的先导，社会主义思潮在日本的广泛传播，曾先后两次（1905 年左右和 1918 年左右）推动了日本社会主义运动③的高涨。由此，日本知识界可以说已进入"马克思的时代"④。

正是在这样的历史语境下，时为日本众议院议员的福井准造受社会主义思潮的影响，于 1899 年 7 月发行出版了《近世社会主义》一书。该书分为上、下两册，共四编，分别梳理介绍了英法两国的空想社会主义，德意志的马克思主义、卡尔·洛贝尔图斯的学说、拉萨尔主义、无政府主义、社会民主主义、国家社会主义、俾斯麦的社会政策、基督教社会主义，以及欧美各国社会党的状况等。该书的出版，可以说使日本国内对社会主义学说有了更为清晰的了解和认识，正如栗原亮一在该书的序中所言："夫社会问题之讲究，为近世之最急要者。而发明社会主义真相之著作，吾国尚阙而不详，以致研究社会主义者每每误解。今此书出，关系于吾国者不浅，因赘一言以为叙。"⑤该书出版后不久，就受到了此时正在日本游学的赵必振的关注。1903 年初，他译介的《近世社会主义》一书的首个中译本通过上海广智书局出版。1927 年，上海时代书店又以赵必振 1903 年

---

① W. D. P. Bliss. *A Handbook of Socialism*[M]. London：Swan Sonnenschein & Co., New York：Charles Scribner's Sons, 1895.
② Thomas Kirkup. *A History of Socialism*[M]. London：Adam and Charles Black, 1909.
③ 比如，一些日本的社会主义者，如加藤弘之、幸德秋水、片山潜、河上肇等，曾以德国社会民主党为参照和样板，在日本建立了历史上第一个无产阶级政党——日本社会民主党。他们希冀以此来推动日本的无产阶级进行革命，从而推翻资产阶级统治而建立共产主义社会。
④ 佚名. 日本之马克思主义研究热[N]. 晨报，1919-04-24，第 2 版.
⑤ 福井准造. 近世社会主义[M]. 赵必振，译. 上海：广智书局，1903：扉页.

的中译本为底本，对该书进行了重印，这对于当时的革命斗争起到了一定的鼓舞作用①。通过对两个版本的比较，我们可以发现，这两个版本除了在个别字词上有细微改动以外（这主要是由于一些汉字具有多种繁体字所致），其内容和排版几近一致。

文本是思想的载体，只有彻底地厘清文本的来龙去脉，才能更好地把握文本所承载的思想实质。福井准造在写作《近世社会主义》一书的过程中，参考了大量西方国家学者的著述，其中，一些主要的参考著述被列在该书文后。长期以来，国内一些学者在研究赵必振译介的《近世社会主义》时，往往忽略对该书文后参考文献的挖掘与考证，因而《近世社会主义》这本书一直被视作是福井准造的原创之作。然而，通过搜集与整理该书文后的参考文献，我们发现，这本书实际上并非福井准造所"著"，而是他对当时欧美诸国流行的社会主义著作的一个译介汇编。

以《近世社会主义》中译本 1903 年版的正文绪论部分第二十一至二十二段为例。

"社会主义"之名词，其使用之者，实自英国始。千八百三十五年，当时英国之创立社会党者洛威托・拿夷②，组织各种族之团体。其谈论之际，始用"社会主义"或"社会党"等之名词，于文字之中。其后法人列布③题其所著《近世之改革》书中，泛论沙希贺④、卜厘陆⑤等之学说，每采用此语，遂传播于欧洲诸国，于是各国皆沿用之。

社会主义之定义，诸学者之论定，亦有数种。据亚度列・海陆度⑥之定义曰："为社会而要求服从个人之志意。"洛西路⑦曰："注意于人间本来之性质，以要求一般之幸福。"拉乌列⑧曰："其第一着于社会主义之状态，而要求其平等；其第二着，不必依赖国家之力，

---

① 田伏隆，唐代望. 马克思学说的早期译介者赵必振[J]. 求索，1983（3）.
② "洛威托・拿夷"，即罗伯特・欧文（1771—1858），英国空想社会主义者。
③ "列布"，即玛丽・罗奇・路易・雷博（1799—1879），法国文学家、经济学家、自由派政论家。
④ "沙希贺"，即克劳德・昂利・圣西门（1760—1825），法国空想社会主义者。
⑤ "卜厘陆"，即沙尔・傅立叶（1772—1837），又译为夏尔・傅立叶，法国空想社会主义者。
⑥ "亚度列・海陆度"，即阿道夫・赫尔德（1844—1880），德国经济学家，新历史学派的代表人物。
⑦ "洛西路"，即威廉・格奥尔格・弗里德里希・罗雪尔（1817—1894），德国庸俗经济学家，莱比锡大学教授，德国历史学派的创始人。
⑧ "拉乌列"，即艾米尔・路易・维克多・德・拉弗勒（1822—1892），男爵，比利时资产阶级历史学家和经济学家，庸俗政治经济学家的代表人物。

求其改革。"希耶尼^①曰："社会主义者，匡正人间贫富之不平等。取其充分所有，而与不充分者，以保其均平。如饥馑灾祸之时，国家权能所不及者。"而列希路^②则为专指"贫困社会之经济的哲学"。^③

上述两段在我们看来，应是福井准造根据托马斯·柯卡普（Thomas Kirkup）的著作 *A History of Socialism* 摘译而来，其相应的英语原文如下：

> The word 'socialism' appears to have been first used in *The Poor Man's Guardian* in 1833. In 1835, a society, which received the grandiloquent name of the Association of all Classes of all Nations, was founded under the auspices of Robert Owen; and the words socialist and socialism became current during the discussions which arose in connection with it. As Owen and his school had no esteem for the political reform of the time, and laid all emphasis on the necessity of social improvement and reconstruction, it is obvious how the name came to be recognised as suitable and distinctive. The term was soon afterwards borrowed from England, as he himself tells us, by a distinguished French writer, Reybaud, in his well-known work the *Reformateurs Modernes*, in which he discussed the theories of Saint-Simon, Fourier, and Owen.Through Reybaud it soon gained wide currency on the Continent, and is now the accepted world-historic name for one of the most remarkable movements of the nineteenth century.
>
> …
>
> Even economic writers differ greatly in the meaning they attach to the word. As socialism has been most powerful and most studied on the Continent, it may be interesting to compare the definitions given by some leading French and German economists. The great German economist Roscher defines it as including 'those tendencies which demand a greater regard for the common weal than consists with human nature.' Adolf Held says that 'we may define as socialistic every tendency which demands the

---

① "希耶尼"，即保罗·珍妮特（1823—1899），法国哲学家、作家、大学教授。
② "列希路"，即汉斯·冯·谢尔（1839—1901），德国政治经济学家和统计学家。
③ 福井准造. 近世社会主义[M]. 赵必振，译. 上海：广智书局，1903：7.

subordination of the individual will to the community'. Janet more precisely defines it as follows. 'We call socialism every doctrine which teaches that the State has a right to correct the inequality of wealth which exists among men, and to legally establish the balance by taking from those who have too much in order to give to those who have not enough, and that in a permanent manner, and not in such and such a particular case—a famine, for instance, a public calamity, etc.' Laveleye explains it thus 'In the first place, every socialistic doctrine aims at introducing greater equality in social conditions, and in the second place, at the realising those reforms by the law or the State.' Von Scheel simply defines it as the 'economic philosophy of the suffering classes'.①

由上可以看出，赵必振的《近世社会主义》中译本与柯卡普的英文原文几近一致。此外，在《近世社会主义》一书的日文蓝本中，其第四编的章节目录和 A Handbook of Socialism 中第五章到第十二章的章节目录也基本保持一致（表 1），这充分说明了福井准造的《近世社会主义》一书确实并非由其本人原创，而是他对欧美流行的一些介绍社会主义学说的书籍的译介汇编。尽管如此，这并没有影响该书的传播效力和影响力，它打开了人们的眼界，激起了人们的热忱，给中国纷繁复杂的日趋革命化的思想界带来了一股科学社会主义的清新空气。②

表 1　*A Handbook of Socialism* 与《近世社会主义》日文本部分章节对照表

A Handbook of Socialism		《近世社会主义》日文蓝本		
第五章（Ⅴ）	Socialism in England	第四编	欧米诸国に于ける社会党の现状	
第六章（Ⅵ）	Socialism in France	绪言	—	
第七章（Ⅶ）	Socialism in Germany	第一章	英国に于ける社会党の现状	
第八章（Ⅷ）	Socialism in Belgium	附	澳太利亚及新西兰の社会党	
第九章（Ⅸ）	Socialism in Switzerland	第二章	佛国に于ける社会党の现状	
第十章（Ⅹ）	Socialism in The United States	第三章	独逸に于ける社会党の现状	
第十一章（Ⅺ）	Socialism in Australia and New Zealand	第四章	中欧诸州に于ける社会党の现状	第一　白耳义の社会党
				第二　瑞西の社会党
				第三　伊太利の社会党
				第四　嗹马和兰の社会党

---

① Thomas Kirkup. A History of Socialism[M]. London：Adam and Charles Black，1909：3-6.
② 姜义华. 我国何时介绍第一批马克思主义译著[N]. 文汇报，1982-07-26，第 3 版.

续表

A Handbook of Socialism		《近世社会主义》日文蓝本	
第十二章（XII）	Socialism in Other Countries Austria-Hungary-The Balkan States-Denmark-Holland-Italy-Norway and Sweden-Russia-Spain	第五章 东欧诸州に于ける社会党の现状	第一　奥、匈牙利の社会党
			第二　瑞典、那威の社会党
			第三　露西亚の社会党
—	—	附	西班牙、葡萄牙の社会党
—	—	第六章	亚米利加に于ける社会党の现状

然而尽管如此，需要指出的是，由于受各种因素的影响（如时间的紧促、马克思主义话语体系尚未建立等），赵必振在译介《近世社会主义》一书时，总体翻译质量其实并不是很高，不仅一些词汇顺序出现了颠倒，甚至所用字词多处有误，而且话语转换与话语意蕴有许多不符合日文原意的地方。比如，一个较为典型的例子是，在《近世社会主义》第二编第一章第二节第六段开头，日文蓝本中的原文为：

"斯の如く价格を分类して使用、交换の二种となし，此两价格の区别をして能く判然せしめなば，资本家が自己の富を造らんが为めに，如何に劳动者を利用せしかを知るに难からず，换言すれば劳动者が资本家の牺牲となりて，其劳力の过半をこれに捧ぐる所以の理を觉知し得べし。"①

这里，赵必振将其译为："价格之分类，即以使用、交换之二种。此两价格之区别，判然而不能淆。彼资本家，但求自己之富，但利用劳动者，而不知其难。质而言之，劳动者、资本家之牺牲。以其劳力之过半，而食其力。"②实际上，福井准造的日文原意如果放在今天来加以重新观照的话，我们可以将之译为：价值可分为使用和交换两个种类，能明确区别这两个种类的价值，就不难理解资本家是如何为了制造自己的财富，而去利用劳动者的，换言之，劳动者成了资本家的牺牲品，他们过半的劳力都供奉于此。

通过对比上述两个版本的译文，我们可以发现赵必振译文其实并不符合原意，甚至没有将原意译出。例如，他译的"劳动者、资本家之牺牲"

---

① 福井准造. 近世社会主义[M]. 东京：有斐阁书房，1899：165.
② 福井准造. 近世社会主义[M]. 赵必振，译. 上海：广智书局，1903：第二编 7.

给人一种不知所云的感觉。此外，在紧接着的第九段开头部分，设若仔细对照日文原文，赵必振的翻译其实也算不上精彩，甚至有点"失真"。对此，我们在考察和研究《近世社会主义》的赵必振译本时，应当给予清醒的认识和恰当的判断。

二、对马克思、恩格斯生平履历的介绍

尽管由于条件的限制，赵必振的《近世社会主义》中译本质量并不是很高，但这并没有影响该书在中国早期马克思主义传播史上的重要地位。它对马克思、恩格斯的生平履历进行了详细介绍，尤其是他们的革命活动，这在国内应该说是比较早的传播马克思主义的理论著作。其主要贡献有如下三点：一是简要介绍了马克思（"加陆马陆科斯"）的求学经历及其改造社会的思想主张；二是描述了马克思和恩格斯的交往经历及其遭各国政府放逐的流亡经历；三是阐述了马克思及其友人创办《新莱茵报》的始末。

为方便读者进一步了解，笔者拟在此对该书第二编第一章第一节中关于马克思的生平及其革命活动的内容摘录如下：

> 加陆马陆科斯①者，以千八百十八年，生于托利乌斯②。父占普鲁西③政府枢要之地位，长于名家，入贺龙大学④修法律。后再入柏林大学，委身以研究哲学，尤倾心于海科陆派⑤……以唱道革命煽动之说。柏林政府特派检察官以察之，而文意婉曲，不能得其证据。然政府终恶之。千八百四十三年，乃严命禁止新闻之发刊。马陆加斯⑥益与政府对抗，欲绝绩其攻击，愈讲究于经济上之议论，乃再移于巴黎，以研究斯学之余间，辄执笔为文，以攻击本国之政府，公表自己之意见。其自柏林而移居于巴黎者……欲得普鲁西政府之欢心，命放逐其政教⑦于国外。马陆科斯既不容于法兰西，不得已，又移居于布拉

---

① "加陆马陆科斯"，即卡尔·马克思。
② "托利乌斯"，即特里尔城。
③ "普鲁西"，即普鲁士。下同。
④ "贺龙大学"，即波恩大学。
⑤ "海科陆派"，即黑格尔派。
⑥ "马陆加斯"，即马克思。
⑦ "政教"，有误，据文意应为"政敌"。

西渥斯①。益从事于经济上之研究，以讲究社会主义，以自己之新说，发表公论，以达劳动者之事情。乃批评布露度②《关于贫困之哲理》③，发刊于世，题为《自哲理上所见之贫困》④。又论贸易上之政策，题为《自由贸易论》⑤，二书最有名于时。千八百四十三年，假寓于法兰西之间，始与唱道德意志社会主义者野契陆斯⑥相见，互相交亲。共订生死，共试其运动。又自巴黎而移于列拉西陆斯⑦，又至伦敦，而开共产的同盟会⑧，以组织一团体。千八百四十七年，乃革其宣言书公刊之，⑨为国际的劳动者结合同盟之端绪。以待他日社会雄飞之机，养成劳动者之势力。

马陆科斯既得野契陆斯，为有力之同志者，各等之运动，藉其帮助者不少。野契陆斯亦与马陆科斯相亲善，终始同其难苦……马陆科斯等共去本国而移于英国之伦敦，仍与马陆科斯往来，共其运动。至马陆科斯之死，四十年，无异趣焉。

千八百四十八年之革命既兴，马陆科斯再归德意志。野契陆斯初与其友乌拉陆列⑩及诗人列拉伊利柯拉托⑪等相谋，兴一杂志，题为《意希野额西》⑫。特盛唱民主主义。与劳动者之味方⑬，以倡一世之舆论。而其所说，与日耳曼联邦之共和组织相反对，与当时支配社会复旧的运动，大示攻击之旨。为劳动者而吐万丈之气焰，保护其利益，而怜其不幸。于劳动以外之阶级，其利害休戚。与劳动相反背者，

---

① "布拉西渥斯"，即布鲁塞尔。
② "布露度"，即皮埃尔·约瑟夫·蒲鲁东（1809—1865），法国小资产阶级社会主义者，无政府主义代表人物。
③ "《关于贫困之哲理》"，即《贫困的哲学》，由皮埃尔·约瑟夫·蒲鲁东所著，1846年出版。
④ "《自哲理上所见之贫困》"，即卡尔·马克思的《哲学的贫困》，1847年出版。
⑤ "《自由贸易论》"，即卡尔·马克思的《关于自由贸易的演说》，1848年出版。
⑥ "野契陆斯"，即弗里德里希·冯·恩格斯。
⑦ "列拉西陆斯"，即布鲁塞尔。
⑧ "共产的同盟会"，即共产主义者同盟。
⑨ "千八百四十七年。乃革其宣言书。公刊之"，此句有误，据史实应为"千八百四十八年。乃革其宣言书。公刊之"。
⑩ "乌拉陆列"，即威廉·沃尔弗（1809—1864），德国和国际工人运动早期活动家、政论家，共产主义者同盟领导人。
⑪ "列拉伊利柯拉托"，即斐迪南·弗莱里格拉特（1810—1876），德国浪漫派诗人。
⑫ "《意希野额西》"，即《新莱茵报》。
⑬ "味方"，日语词，即我方、己方之意。

则必痛论之,以故政府又禁其续刊①。其设立后仅一年,至四十九年,忽遭废止。同时共其创立者咸被放逐,流寓于他方。马陆科斯,再至伦敦,至千八百八十二年②乃卒。③

值得注意的是,同一时期对马克思的生平履历作出介绍的还有朱执信。朱执信对马克思、恩格斯生平履历的介绍,主要见于 1906 年《民报》上登载的《德意志社会革命家小传》一文。学界有学者认为朱执信是中国较早介绍马克思主义的人,认为"朱执信是真正研究马克思主义的人"④。通过对《近世社会主义》的研究,我们可以发现,赵必振对马克思的研究要早于朱执信,但是,朱执信对马克思主义的研究要更为深入。

从赵必振和朱执信对马克思、恩格斯生平履历介绍的比较中我们可以看出以下几点。

一是从介绍的大致内容的角度来讲,两者都比较完整地概括了马克思的生平情况,如马克思的求学经历、马克思遭各国政府驱逐、马克思与友人创办期刊、马克思与恩格斯相识并共同致力于国际工人协会的筹备和开展工作等。

二是从介绍的内容详细度和准确度的角度来讲,后者水平更高。赵必振在译介福井准造《近世社会主义》一书时,囿于时间紧促,尚未对书中人物、年代、事件等具体内容详加考证,仅单纯依据日文蓝本所提供的文字进行译介,由此造成对文本内容传播的失真。例如,在介绍马克思生平履历时,该书出现多处时间上的错误,如马克思的逝世时间应为 1883 年,而在该书中则是"千八百八十二年";马克思《政治经济学批判》这部著作的出版时间应为 1859 年,在该书中则是"千八百五十年"等。与此相反,朱执信则在其著作中比较确切地介绍了马克思的生平及其革命活动,并详细摘译了《共产党宣言》的部分内容。

三是从介绍内容侧重点的角度来讲,赵必振以介绍马克思的经济活动为主,比较详细地论述了马克思的经济思想主张及《资本论》的成书概况;在介绍马克思学说一节中,作者更是以较大的篇幅介绍了马克思的

---

① "续刊",即《新莱茵报·政治经济评论》。
② 此处有误,马克思的逝世时间应为 1883 年。
③ 福井准造. 近世社会主义[M]. 赵必振,译. 上海:广智书局,1903:第二编 3-4.
④ 何香凝. 对中山先生的片段回忆[N]. 人民日报,1956-10-29,第 4 版.

"价格论"及改造现有经济制度的方案。而朱执信则更注重介绍马克思、恩格斯的《共产党宣言》,重点描述了马克思的革命活动事业。

四是从传播马克思主义目的性的角度来讲,赵必振译介由日本人编著的《近世社会主义》一书,并不具有特殊政治目的,而只是为了向国人介绍外国新思想以启民智,是他从事翻译事业的一项普通活动。而朱执信作为国民党成员,其宣传马克思主义具有特定的政治目的性和阶级性。在传播马克思主义理论方面,"朱执信对马克思的阶级斗争理论情有独钟,这主要是因为马克思的阶级斗争学说迎合了他宣传革命、反对改良主义的要求"①。

三、对马克思主义相关理论和无产阶级相关组织的介绍

赵必振的《近世社会主义》中译本(1903年版)对于国人了解马克思主义起到了一定的先导作用,它不仅比较详细地介绍了马克思具有代表性的哲学、政治经济学著作的成书过程,而且还较早地向国内传播了马克思主义相关理论,成为"近代中国系统介绍马克思主义的第一部译著"②。

第一,介绍了马克思主义著作和无产阶级报刊、组织。《近世社会主义》中译本前后共涉及五部马克思、恩格斯的重要著作。它们分别是《哲学的贫困》《政治经济学批判》(第1分册)《资本论》《关于自由贸易问题的演说》和《英国工人阶级状况》。需要说明的是,该书除了对《资本论》中的思想有比较详细的介绍以外,关于其他几部著作,该书仅列举了其名称、发表出版的时间并做出简单的评价,没有对其思想内容作更多的介绍。尽管如此,历史地看来,它仍然是20世纪初在中国较早对马克思、恩格斯经典著作作出介绍和说明的译著。

此外,该书还涉及国际共产主义运动中的相关组织和报刊,如共产主义者同盟、国际工人协会、《莱茵报》、《新莱茵报》等。以"共产主义者同盟"为例,该书有如下介绍:

> 千八百四十七年,正义同盟③于伦敦变更其组织,改名为共产的

---

① 王刚. 马克思主义中国化的起源语境[M]. 北京:人民出版社,2011:135.
② 姜义华. 我国何时介绍第一批马克思主义译著[N]. 文汇报,1982-07-26,第3版.
③ "正义同盟",即正义者同盟,共产主义者同盟的前身。

同盟①。新表其宣言书,以开陈同盟之意见。先述其目的曰:"同盟之目的,以平民(劳动者)之束缚者,与市民(资本主)而平夷,全灭阶级之争阋。与旧社会之基础,撤去阶级制与私有财产制,以组织一新社会。"且大攻击经济社会之现组织,绝叫社会制度之改革,为劳动者吐万丈之气焰。更结论之曰:"同盟者望无隐蔽其意见及目的,宣布吾人之公言,以贯彻吾人之目的,惟向现社会之组织,而加一大改革,去治者之阶级。因此共产的革命而自警,然吾人之劳动者,于脱其束缚之外,不敢别有他望,不过结合全世界之劳动者,而成一新社会耳。"此宣言书之执笔者,即加陆马科斯。以其共产的意见。发为公论,以布于天下,而为一大雄篇。②

在该段中,作者通过引用马克思和恩格斯为共产主义者同盟共同起草的党章(《共产主义者同盟章程》)的第一条和党纲(《共产党宣言》)的最后一段话,明确阐述了该同盟的根本宗旨和最终目标。通过与《马克思恩格斯全集》第4卷③和《马克思恩格斯文集》第2卷④相对照,我们可以发现其中的一个细微差异,即该书正文中的用语是具有温和性质的"改革",而《马克思恩格斯文集》第4卷(2009年版)中则用了比较激进的"暴力"一词。诚然,这与译者的译介并无直接关联,而是与该书的原作者即福井准造对社会主义的认识有关。统观全文,福井准造主要从经济制度方面阐述了社会主义的概貌,并没有介绍马克思、恩格斯等人的阶级斗争观点。事实上,福井准造对马克思主义阶级斗争观点的理解比较模糊,他把"社会主义运动的所有暴力形式只归咎于无政府主义者和虚无主义者",而"不重视作为社会变革手段的阶级斗争和革命在马克思主义理论大厦中的地位"⑤。在他看

---

① "共产的同盟",即共产主义者同盟。
② 福井准造. 近世社会主义[M]. 赵必振,译. 上海:广智书局,1903:第二编14.
③ 《马克思恩格斯全集》第4卷中的译文是:"同盟的目的:推翻资产阶级政权,建立无产阶级统治,消灭旧的以阶级对立为基础的资产阶级社会和建立没有阶级、没有私有制的新社会。"参见马克思,恩格斯. 马克思恩格斯全集:第4卷[M]. 北京:人民出版社,1974:257.
④ 《马克思恩格斯文集》第2卷中的译文是:"共产党人不屑于隐瞒自己的观点和意图。他们公开宣布:他们的目的只有用暴力推翻全部现存的社会制度才能达到。让统治阶级在共产主义革命面前发抖吧。无产者在这个革命中失去的只是锁链。他们获得的将是整个世界。"参见马克思、恩格斯. 马克思恩格斯文集:第2卷[M]. 北京:人民出版社,2009:66.
⑤ 李博. 汉语中的马克思主义术语的起源与作用[M]. 赵倩,王草,葛平竹,译. 北京:中国社会科学出版社,2003:82.

来，马克思所主张的实现社会主义的途径仅仅是"一任自然以达其目的"。由此可见，福井准造对马克思主义的解读不免有失偏颇。此外，该书仅从资本的角度来理解社会主义，不利于正确、完整地理解马克思主义。

第二，介绍了马克思主义相关理论和术语。在《近世社会主义》一书中，作者着重介绍了马克思的学说尤其是他的《资本论》中的经济学思想，并给予了非常高的评价，正如书中所言："加陆马陆科斯创设社会主义之实行，与国际的劳动者同盟以期社会之雄飞，其学理皆具于其《资本论》，大耸动于学界，为社会主义定立确固不拔之学说，为一代之伟人。其学理与主义，吾人不能不进而采之也。马陆科斯之《资本论》。为一代之大著述，为新社会主义者，发明无二之真理，为研服膺之经典。"①

该书在介绍马克思经济学思想时，引入了大量关于马克思主义的经济学术语（表2）。文本术语是表述马克思主义范畴的重要载体，也是马克思主义在世界范围内得以传播的先决条件。在早期马克思主义传入中国的过程中，日本渠道成为中国的先进知识分子接受马克思主义的主渠道②，因此，对马克思主义相关术语的恰当译介便成为日本语境的马克思主义在中国传播的前提。也就是说，在异质文化互动中，思想文本的译介者应当首先择取相对应的语义对等词来阐释和解读原生态文本，以消弭这种异质文化间的"时间间距"和"语言间距"，从而达到一种视界的融合。

表2 《近世社会主义》中译本中马克思主义经济学术语一览表

序号	中译本中的马克思主义术语	现代文本中的马克思主义术语
1	资本	资本
2	劳动者、劳民	工人
3	资本的生产制度	资本主义生产方式
4	资本者、资本家、资本主	资本家
5	赁银、劳银、报酬	工资
6	资本制度	资本主义制度
7	余剩价格	剩余价值
8	价格论	价值论
9	使用价格	使用价值
10	交换价格	交换价值

① 福井准造. 近世社会主义[M]. 赵必振，译. 上海：广智书局，1903：第二编 6.
② 王刚. 马克思主义中国化的起源语境[M]. 北京：人民出版社，2011：52-53.

续表

序号	中译本中的马克思主义术语	现代文本中的马克思主义术语
11	劳动力、劳力	劳动力
12	复杂混合之劳力	复杂劳动
13	单纯平易之劳力	简单劳动
14	利润	利润
15	压抑、压制	压迫
16	贮蓄、贮藏	积累
17	生产机关	生产资料
18	劳动时间	劳动时间
19	生产力	生产力
20	资本私有制	资本主义私有制
21	阶级	阶级
22	财本	资产
23	强夺、掠夺诈罟	剥削

然而需要注意的是，由表2可知，译者赵必振译介的多种马克思主义经济学术语与这些术语的现代文本之间存在着细微差异。以"余剩价格"（"剩余价值"）为例。这里主要涉及"价格"和"价值"的关系问题。"价值"一词在古汉语中早已有之，但它被用来作为经济术语则是受近代日本的影响，在日语文本中，"价值"即"价值"，其读音为kachi；而"价格"一词则由近代日本人创造，其最初目的是用来表达"价值"之意，但随着语义方面的重音转移，它的含义逐渐变为"价钱"①。因此，在中国早期的社会经济文献中，很少有使用"价格"来表达"价值"的，而赵必振中译本就是"很少中"的一例，并且它还是表达马克思主义价值和剩余价值理论的第一部中文文献②。在该书中，其所用的术语均是"价格"（如"使用价格""交换价格""余剩价格"）而不是"价值"，尽管如此，这并没有造成对马克思主义术语的误读。在该书中，译者对"余剩价格"的来源有着清晰地描述，即"资本家所以蓄积其利润，增加其财产者，则以生产社会余剩价格之故"③。"使用价格"则被定义为"以供

---

① 李博. 汉语中的马克思主义术语的起源与作用[M]. 赵倩，等译. 北京：中国社会科学出版社 2003：298-300.

② 李博. 汉语中的马克思主义术语的起源与作用[M]. 赵倩，等译. 北京：中国社会科学出版社 2003：302.

③ 福井准造. 近世社会主义[M]. 赵必振，译. 上海：广智书局，1903：第二编6.

给人类之必要满足人间欲望之价格"①。由此可见,这里所使用的"价格"即是表达"价值"之意。而直到1919年五四运动以后,"价值"这一术语才彻底取代"价格"而成为"中文马克思主义政治经济学范畴里的标准术语"②。

在今天看来,"价值"与"价格"虽然是两个不同的马克思主义术语,但是重新审视当时的历史条件,我们就可以理解,译者在这里所表达的意思与马克思主义原生态文本较为贴近,实属难能可贵。

The Contribution of *Modern Socialism* to Marxism Early Dissemination in China

Wang Chaoqing   Wang Gang

Abstracts: The book *Modern Socialism*, which was compiled on the basis of reference to western countries' socialist works by Japanese Fukui, and translated into China later by Zhao Bizhen who studied in Japan, has a unique important position in the early history of the spread of Marxism in China. The translation of *Modern Socialism* in China, not only opened up people's horizon, and brought a fresh air of socialism to China's complicated and increasingly revolutionary ideological circles, but also made a systematic introduction to Marx and Engels's life record and Marxism earlier, making an important contribution to the early spread and development of Marxism in China.

Key words: Zhao Bizhen; *Modern Socialism*; Marxism; early dissemination

---

① 福井准造. 近世社会主义[M]. 赵必振, 译. 上海: 广智书局, 1903: 第二编 7.
② 李博. 汉语中的马克思主义术语的起源与作用[M]. 赵倩, 王草, 葛平竹, 译. 北京: 中国社会科学出版社, 2003: 302.

《社会主义概评》中译本考析

韦 磊

摘要：岛田三郎的《世界之大问题：社会主义概评》一书出版后不久，国内出现了三个中文译本，即通社翻译出版的《世界之大问题》、作新社翻译出版的《社会主义概评》，以及署名"金匮侯明杰广译"的《群义衡论》。一直以来，对于三个译本的具体情况学界并不清楚，因而出现了诸多误读。本文对三个译本的具体情况分别进行了考证和分析。同时，也初步分析了三个译本出版后的传播情况。

关键词：《世界之大问题：社会主义概评》；《世界之大问题》；《社会主义概评》；《群义衡论》

作者简介：韦磊，北京师范大学中共党史专业，法学博士，中共北京市委党校党史党建教研部副教授，硕士研究生导师。研究方向为中共党史、马克思主义中国化。

20世纪初，日本学者撰写或翻译了大量有关社会主义思潮的论著。其中不少论述被中国知识界翻译为中文出版。岛田三郎所著《世界之大问题：社会主义概评》（以下简称"《概评》"）即为其中之一。该书出版后不久就多次被中国学者翻译出版，在国内传播马克思主义方面发挥了较大作用。鉴于国内学界对于《概评》中译本的基本情况及其传播认识并不充分，本文尝试对其进行简单考证、评析，敬请学界指正。

一、岛田三郎及其《概评》

岛田三郎（1852—1923），本为旧幕臣铃木和英之子，出嗣岛田家。明治维新后，岛田三郎先后就读于布朗私塾、沼津军校、大学南校、大藏省附属英语学校。1874年任东京《横滨每日新闻》主笔。第二年，成为元老院书记官。1878年，组织嘤鸣社。1880年转为文部省文部权大书记官。1881年,"明治十四年政变"中,与大隈重信一起下野,并重新加入《横滨每日新闻》。1882年,参加创立了立宪改进党。1888年,继承了沼间守一的《横滨每日新闻》社长职位。1889年,游欧美。同年,日本开设帝国议会,他当选神奈川县代议士。之后,连续14次当选众议院议员。1894年担任了众议院副议长。1915年当选众议院议长,与尾崎行雄、犬养毅等人发起宪政拥护运动,促成日本普通选举之实施。岛田三郎为著名雄辩家,富正义感,对日本军部之跋扈行径深感不满。因此于1914年极力反对陆军增设师团。岛田三郎著有《泰西通鉴》《英国宪法史》《开国始末》《如是我观》等书。

岛田三郎所著《概评》一书的再版相较于第一版的变化主要是作者加写了"再版序"。再版序中岛田三郎指出,该书出版一个半月后即售罄。再版序中,作者还引述了两则当时媒体对于该书的评述。根据评述可知,该书在日本受到欢迎与当时日本社会问题密切相关,特别是当时在日本影响巨大的"足尾矿毒事件"。《概评》一书日文再版相较于第一版除增加再版序之外,其他内容基本没有变化。其内容除序和绪论外,还包括:社会主义缺少定义、近代社会主义之发源、德意志之社会主义、德意志社会党员之凶暴、德意志之社会党与俾斯麦、社会党依国情而变其性质情态、各国之社会党、美国社会党、俄国虚无党、社会党之同名异实、社会主义者经济主义、社会主义及个人主义、讲座社会党、福斯特的社会主义、政治家学者宗教家的评论、社会主义对政体、戈丹的证言、社会主义对宗教、基督教的社会主义、英国社会主义的实行、社会主义研究的必要性、社会主义实现之兆、结论等。此外,日文版原著还有附录。附录包括:对劳动新闻社之判决宣告书、社会政策学会趣意书、社会政策学会之辨明书、对社会政策学会会员者的质疑。

二、中译本基本情况

《概评》一书出版后不久即引起中国知识界的关注,中国有关出版社就着手组织力量进行翻译。1903年,在中国出版发行了三个版本的中译本,分别是:1903年3月通社出版发行的《世界之大问题》(通社译本)、1903年8月作新社翻译出版的《社会主义概评》(作新社译本),以及当年署名"金匮侯明杰广译"的《群义衡论》(衡论译本)。下面对上述三个中译本的基本情况进行简要探讨。

（一）通社译本

第一，通社译本的基本情况。通社译本于 1903 年 4 月出版发行。[①]该译本封面信息从右至左竖排依次为：世界之大问题 通社丛书之一。版权页信息从右至左竖排依次为：光绪二十九年二月印刷 光绪二十九年三月发行 定价银四角 通社版权之证 著者 日本岛田三郎 翻译兼发行所 上海英界三马路胡家宅 通社 印刷所 上海美界虹口 澄衷学堂印书处 二十世纪世界大问题（图1）。

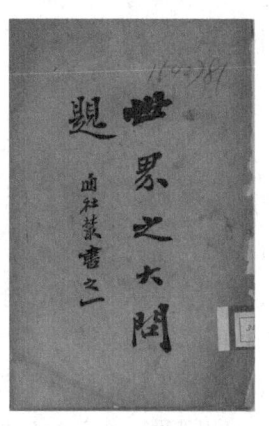

图 1　通社译本封面及版权页

第二，通社译本的名称。国内有学者认为，通社译本之所以称为"世界之大问题""大概因其强调社会主义为'二十世纪世界之一大问题'，故此译本署名为《世界之大问题》"[②]。我们认为这一判断值得商榷，如前所述《世界之大问题》一书译自岛田三郎的《概评》。考察该书日文原著可知，该书的日本版书名为"世界之大问题：社会主义概评"。可见，通社译本采取的"世界之大问题"名称，实际上是直接取自于该书日文原著的部分书名。

第三，通社译本的价值取向。通社翻译出版《概评》一书体现了出版社对于社会主义思潮的肯定与前瞻性。"通社译本"是由通社翻译出版，系《通社丛书》之一。通社所发行的图书中，《通社丛书》是其主要图

[①] 据该译本版权页信息，该译本于"光绪二十九年二月印刷 光绪二十九年三月发行"。由于当时中国采取的历法为阴历，因此，阳历应为 1903 年 5 月。

[②] 谈敏. 回溯历史——马克思主义经济学在中国的传播前史[M]. 上海：上海财经大学出版社，2008：272.

书。《世界之大问题》即为第一批《通社丛书》之一。《通社丛书广告》（1903年3月18日《中外日报》）中关于《世界之大问题》的介绍如下："社会主义之结果，其在今世纪乎？自封建变为擅制，政归中央少数之手，其弊至于有奴隶、无国民。法国第二革命军起，欧米列国，慑其余响，无不参予民权，扶植民气，锲而不舍，而社会主义兴焉。其所主张，往往与礼运大同之说、佛氏平等之思，遥相符合。潮流东渐，波将及我。我同胞不可不有此豫想也。"可见，通社翻译出版该译本正体现了作者对于未来社会主义思潮对中国影响的预见，这是具有一定前瞻性的。同时，这也体现了通社"欲新中国，必自中国士夫多读新书始。欲使中国士夫多读新书，必自多译新书始"的宗旨。

（二）作新社译本

第一，作新社译本的基本情况。作新社译本出版于1903年10月①。该译本封面页信息从右至左竖排依次为：社会世界××（最后两字无法辨认）　社界主义概评　作新社藏版。版权页信息从右至左竖排依次为：光绪二十九年八月十八日印刷　光绪二十九年八月二十日发行　版权所有　著者　日本岛田三郎　上海英租界四马路五十五号；译者兼发行者　上海英租界四马路五十三号的作新社图书局　印刷所　作新社印刷局　总贩卖所　上海四马路老巡捕房东首的作新社（图2）。

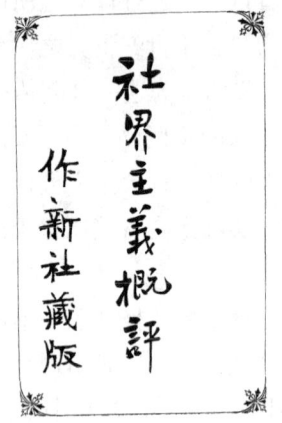 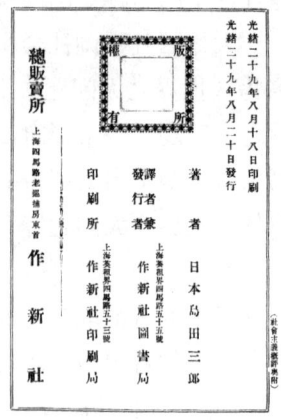

图2　作新社译本封面及版权页

---

① 据该译本版权页信息，该译本于"光绪二十九年八月十八日印刷、光绪二十九年八月二十日发行"。由于当时中国采取的历法为阴历，因此，阳历应为1903年10月8日和10月10日。

该译本在出版时出现了一处明显错误，即书名"社界主义概评"应为"社会主义概评"。

第二，作新社译本的价值取向。作新社又称作新图书局、作新译书局，是清末民营翻译出版机构，由清政府官派留日学生戢翼翚①于1901年左右在上海创办。②作新社出版译书的时间集中于1902—1906年。在该社的图书出版广告中，就明确宣示："本社为开通风气，输入文明起见，特聘中外通才，编译各种书籍，义精词达，皆至切实用者"。③作新社的译书活动及其刊行的《大陆报》，对西方新学的传入，以及宣传革命派思想都起到了重要作用。作新社译本出版也体现了该社追求进步的价值诉求。在作新社出版的 1904 年第一期《大陆报》上刊登了作新社译本的广告中明确提出："是书为日本名家岛田三郎所著，详论德、美各国之社会党、俄罗斯之虚无党，加以评论而定其范围，俾世之社会主义者不致错杂纷淆，是国民进步之大欤助也"④

（三）衡论译本

第一，衡论译本的基本情况。1903 年中国知识界还翻译出版了《概评》的第三个译本，即《群义衡论》。由于笔者所搜集到的衡论译本缺少封面、版权页等。因此，关于该译本出版的具体时间，以及出版社和译者等信息无法确定。根据译本中译者序所提及的"光绪癸卯译者序"，可知该译本应完成出版于 1903 年。该译者序还有署名"金匮侯明杰广译"。由于笔者学识所限，因此无法确定该译者具体情况。

比较衡论译本内容与日文原著内容，我们认为该译本依据日文第一版翻译的可能性较大。日文版《概评》一书再版时，作者加写了"再版序"。衡论译本仅翻译了第一版时的"序"，并没有翻译"再版序"。同时，鉴于衡论译本对于日文原书各个部分的翻译比较全面。可以推断，衡

---

① 戢翼翚（1878—1908），字符丞，湖北郧阳府房县人；1896 年应选赴日任驻日公使馆译员，后回国应试赴日学习；1900 年与同学创办杂志《译书汇编》，后又与秦力山、冯自由等人创办《国民报》《大陆报》；1903 年应召入京，任职外务部，后因与孙中山往来书札被发现，1907 年被捕押解回籍，1908 年在武昌逝世。（刘国铭. 中国国民党百年人物全书：下册[M]. 北京：团结出版社，2005：2333.）

② 邹振环. 戢元丞及其创办的作新社与《大陆报》[J]. 安徽大学学报（哲学社会科学版），2012（6）.

③ 佚名. 作新社发售新书目录[N]. 顺天时报，1907-11-28（6）.

④ 《大陆报》1904 年第 1 号插页。

论译本依据日文第一版所翻译的可能性较大。

第二，衡论译本的译名问题。衡论译本的译者有意识不采用原书中的"社会"这一概念，而是采取了"群"的概念。译者之所以如此，主要在于其受到了严复的影响，且 20 世纪初期，中国知识界广泛存在以"群"翻译西方"society"一词的情况。在中国知识界，严复较早地以"群"翻译"society"。1895 年 3 月 4 日，严复开始在《直报》上连载《原强》，介绍达尔文及斯宾塞的学说，并将斯宾塞的社会学译为"群学"。严复以后直至 20 世纪 40 年代，中国知识界一直存在以"群"翻译西方"society"一词的情况。衡论译本译者没有采用源自日语的"社会""社会主义"等词汇，显然是受到了严复翻译思想的影响。严复在以"群"翻译西方"society"一词时，是将斯宾塞的社会学与荀子的"能群"相联系，而译之为"群学"。衡论译本在译者所撰写的"序"中，对于人类社会产生的原因的解释，曾援引："荀子曰：'人之所以为人者以其能羣也。'"①实际上，这句话并非是荀子原文，而是严复在《天演论》中，对荀子有关思想的概括。②可见，衡论译本对于"社会"这一概念的理解与严复是一致的。

译者有意识使用"群"来替换"社会"这一概念，体现了译者对于这两个概念的思考，是作者有意识所为。衡论译本对于原书中所提及的"社会"一词，均以"群"翻译。但有两处，译本使用了"社会"一词。第一处为正文第二十章的标题："社会之同名异实其事迹之训世"；第二处为第二十七章中"或社会进步"。这两处虽然使用了"社会"一词，但是，显然是译者疏忽所致。在该译本的勘误表中明确指出第一处"社会"为"群党之误"。可见，译者是有意识回避"社会"一词，而使用"群"这一概念的。此外，在衡论译本的译者看来，以"群"指代《概评》一书中的"社会"一词，更加符合"society"一词的原义。"社会"一词，在当时的中国，有两方面的含义：一方面指共同生活的人们通过各种各样关系联合起来的集合；另一方面，指中国传统文化中的"社会"，即"社"与"会"的组合，"社"指的是土地之神，或者祭祀之所，"会"就是集合。由此可见"社会"一词更多的是指向祭祀和集会。因此，在严复和

---

① 岛田三郎. 群义衡论[M]. 侯明，译. 1903：1.
② 苏中立. 百年天演《天演论》研究经纬[M]. 福州：福建人民出版社，2014：199.

衡论译本的译者看来，中国传统文化中的"社会"概念，无法科学地反映英文中"society"的内涵。而源自荀子的"群"则与"society"更为贴近。在衡论译者所撰写的"序"中，译者在引述了严复转述的荀子的论断后，明确提出："夫人无爪翼牙角。能殊飞走。非系联固结。互为保持。则不克以大其与物为竞之能。而自全于天行酷烈之际。"①

第三，衡论译本的价值取向。从内容方面看，衡论译本最突出的特征就是译者为译文撰写了译者序。译者所撰写的序言也鲜明地体现了译者追求进步的思想。

首先，译者论述了人类社会产生，以及近代社会主义思想产生的原因。在译者看来，其原因在于社会贫富分化，贫富分化导致社会问题日益增多，以至于危及人类社会的存在与发展。而人们为解决这些社会问题，提出了社会主义思想。"况今新理新器，尔发日多。工业商业扩张日盛，贫富之悬隔，益逾往昔而靡所底止。苟不为酌盈剂虚，挹彼注此之方，则群力脆弱，尤难与万物争存，以历久而不涣。于是仁人君子，蒿目忧之，务去私戒偏，以强种而保群，特设专科。"②

其次，社会主义思想、理论存在千差万别的情况。译者指出："推究群义枝分派别，列国各殊，徐举暴施，利害得失相参半，或图普及教育，径行撰举，废止死刑，减少军备；或主张虚无，恣行杀戮，以破坏为旨义，视铁血为高矢。目论之辈，怵激烈者之盲进乱治，遂并和平者之矫弊保群，而亦屏之，趋避恐污，不复深究。"③这种混乱的情况直接影响了人们对社会主义的正确认识和理解。

再次，译者认为，岛田三郎写作此书的目的就在于帮助人们正确认识社会主义："岛田君深惧群义不明，则群德不修，而群力不固。乃统论诸派，抉其利而摘其弊，不虚美、不护偏，叙述详明，断制平允。"④

最后，译者明确提出了自己的期望，即希望人们通过阅读该书，明确社会主义思想中利与弊，趋利避害，最终达到"保种自强"的目的："苟读者择其善者而为之，惩其偏者者而正之。则研究群义，不受其弊而获其利。群德修、群力固，卓然自立，有以久存于物竞天择之间，其于保种自

---
① 岛田三郎. 群义衡论[M]. 侯明，译. 1903：1.
② 岛田三郎. 群义衡论[M]. 侯明，译. 1903：1.
③ 岛田三郎. 群义衡论[M]. 侯明，译. 1903：1.
④ 岛田三郎. 群义衡论[M]. 侯明，译. 1903：1.

强之事，或非无裨也夫。"①

（四）三个中译本及与日文原著间的差异

第一，内容方面的差异。从内容方面看，作新社译本对部分内容进行了删减，特别是绪论部分，作新社译本删去了原书绪论中关于社会和社会问题产生的论述和关于日本社会民主党、政策学会的论述。通社译本对于原书的绪论部分进行了较为完整的翻译。此外，在绪论开头之处，译者加写了自己对于社会民主党出现原因的理解："人之生不能无群，群而不能无争，争而不能无分，分极必合，事理之常。社会云者即自分之合之见迹也。然其主义甚广，其内容不纯，流异派别莫究其端。社会民党之问题遂出现于近世纪之世界。而研究此世界之问题者，徒执其内容之一小分子而以为其主义。"②在译者看来，19世纪后半期、20世纪初期，社会民主党出现的原因在于人们对于"社会"含义理解的千差万别。衡论译本翻译了日文原书的"序"，以及附录的内容。其他两个译本则没有翻译这些内容。在序言中，岛田三郎主要阐述了写作和出版该书的原因。日文原书的四个附录，衡论译本也加以翻译，译后四个附录名分别为："对劳动新闻社之判决宣告书""民群政策学会趣意书""民群政策学会之辩明书""质于民群政策学会员者"。四个附录是有关日本社会民主党的相关材料，其中，"对劳动新闻社之判决宣告书"的内容主要是日本社会面临的尖锐矛盾，以及日本社会民主党的理想、目标、纲领等。"民群政策学会趣意书"的内容是社会政策学会的基本理念和主张等。"民群政策学会之辩明书"是针对社会民主党被查禁，而宣布其社会主张的。"质于民群政策学会员者"是安部矶雄对社会主义的进一步阐释。

"通社译本"的主体，即三十五章节部分，译者对多处进行了删减等处理。译本删减的第一类内容是原书中的具体事例。其中，比较有代表性的有：第四章，译本删减了原书中关于英国选举政治变革的情况，以及德国等国社会党运动的具体情况；第二十九章，译本删减了原书关于莫里斯的经历及其基督教社会主义思想阐述的内容。译本删减的第二类内容是原书中的有关论述、分析。其中，比较有代表性的有：第三章，译本删减了原书中关于社会主义思想传播的思想原因的分析；第十九章，译本删减了

---

① 岛田三郎. 群义衡论[M]. 侯明，译. 1903: 1.
② 岛田三郎. 世界之大问题[M]. 通社，译. 上海：通社，1903: 1.

原书中关于俄国教育方面的缺陷导致虚无党发展的分析；第二十二章，译本删去了原书中关于社会主义思潮发生的原因及其属性的分析；第二十五章，译本删减了原书中关于社会主义的批评意见的分析。

"通社译本"对于原书的部分内容还进行了概括处理。其中，比较有代表性的有：第十章，译本将原书关于社会党的不同情况的总结、论述，以及英国国会中党派情况和德法两国社会党情况的论述，概括为："社会党之变相笔难尽宣。其意旨弘大者，为英德法奥。前篇已略举之。"第十五章，译本对原书关于俄国虚无党所进行的活动，以及与其相关的情况进行了概括。

作新社译本、衡论译本的主体内容基本与原文保持一致，未有太大变动。"通社译本"一书在诸多段落、章节中采取了删减、压缩，或者是译者总结、提炼等方式进行处理。衡论译本在结构和内容方面则最接近原书。

第二，人名等翻译的差异。由于日文原书在论及欧美相关人名、地名等时，采取了日文音译的处理方式。同时，日文原著也未提供相关专有名词的西文原文。此外，20世纪初，中国知识界对于欧美的人名、地名等也尚未形成较为一致的译法。因此，不仅三个中译本所翻译的人名等不尽相同，而且与目前的译法存在显著差异，甚至存在同一译本对于同一人名的翻译也存在前后不一的问题，如关于马克思的翻译，"通社译本"就有"马路可司、马露可司、马露可士"等三种翻译。表1仅举几例。

表1 中译本人名翻译对照表（部分）

通社译本	作新社译本	衡论译本	今译
恶文、倭翁	罗拔都俄乌烟、俄为烟	期薄德屋温、朗博得乌温、朗博得为温、乌温	罗伯特·欧文
卡倍、揩徘	歇雅北、克以耶别、扣亚别、克耶别	加伯、贾贝	埃蒂耶纳·卡贝
溥尔同	布留、不路	巴尔登	蒲鲁东
那沙路立、那沙露立	非路寄南独拉杀路列、拉杀尔安	斐纪讷路色莱	拉萨尔
马路可司、马露可司、马露可士	咖尔吗科、麻娄克科、加兰马科、卡尔焉尔克斯	加尔马古斯、马克斯	马克思
罢可零、罢苛零、拔枯尼	巴克恋、霸苛烟、霸苛悠	巴枯宁、罢昆、巴枯寗	巴枯宁
利夺活、柳多罗	留德罗、刘德罗	李德乐、李托乐	勒德罗
钦搭司聊	克痕古是雷、克痕格斯雷	金古斯	金斯莱

续表

通社译本	作新社译本	衡论译本	今译
诺般灵喀、诺撒灵	咖尔诺卑灵克、诺弊林克、诺避灵格	揩而诺比林	卡尔·爱德华·诺比林
撒倍罗	别黑路、倍里路、黑别尔、倍别尔	裴柏而、裴伯、裴伯尔	奥古斯特·倍倍尔
菩仑开	不兰克以、步来德	波仑葛、汲仑克、白拉德	布朗基
雀鲁尼雀夫斯堪	阶尔尼阶弗斯克以、纠黎纠弗斯史以	张涅夫斯	车尔尼雪夫斯基

三、中译本在中国的传播

《概评》中译本出版后，在中国知识界引起了较大的关注。其中，作新社译本相对而言影响和传播最广。作新社出版的 1904 年第一期《大陆报》上刊登了《社会主义概评》译本的广告，对该译本进行了宣传、推广。此后，该书在中国知识界中流传开来。1912 年 12 月 22 日，叶圣陶在给顾颉刚的信中就曾提及："《社会改良论》《社会主义概评》两书，遍寻四包中不得，殆君未以置此中也，所以未从邮寄。且此两书，我来君家亦未见过，何故？"①可见，该书至 1912 年依然在知识分子中流传，依然存在一定的影响。著名作家、文学理论家阿英在其 1936 年编写的《晚清文艺报刊述略》中，编撰了《附辛亥革命书征》。该目录以阿英个人所藏辛亥革命史籍为主，参以《磨剑室藏革命文库目录》及其他著录编制而成。其中，"磨剑室目录所收，旁及一般宣传民主政治、社会主义、各国革命之书，本目则以直接有关辛亥革命者为主。其关系较间接者，则择其要者，别成附编，附诸编末。"②在"附编"中，阿英就收录了作新社译本。可见，作新社译本是为阿英所认可的一部重要著作，也是被《磨剑室藏革命文库目录》所收录的著作。日本学者实藤惠秀在其 1970 年出版的《中国人留学日本史》中，在介绍通社时，强调该社在 1903 年出版了《世界之大问题》一书。③可见，该译本在近代中国社会主义思潮传播中也具有一定的影响力。据笔者搜集资料所见，衡论译本在出版后，流传并不广泛。

20 世纪 80 年代之后，中国学界开始关注《概评》中译本。其中，对

---

① 叶至善，叶至美，叶至诚. 叶圣陶集：第 24 卷[M]. 南京：江苏教育出版社，1994：18.
② 阿英. 阿英全集：第 6 卷[M]. 合肥：安徽教育出版社，2003：323.
③ 实藤惠秀. 中国人留学日本史[M]. 北京：生活·读书·新知三联书店，1983：269.

于作新社译本关注度最高,同时对通社译本也有所涉及,而对于衡论译本学界则基本没有关注。学界对作新社译本和通社译本的研究主要体现在:

第一,从版本角度进行研究。近年来,国内学界有学者在论述马克思主义在中国的传播时,介绍了作新社译本的主要内容,并对作新社译本与通社译本进行了初步比较。这方面以谈敏所著的《回溯历史——马克思主义经济学在中国的传播前史》为代表。在该书中,作者通过对作新社译本与通社译本中关于马克思经济学说内容比较得出结论,关于拉萨尔和马克思经济思想的部分、关于社会主义不同含义与用法部分、关于社会党政策的倾向性意见部分,两个译本中内容基本一致。① 此外,作者通过比较认为:两个译本对于社会主义史实部分的描述,与那一时期各种译本的通行说法相比,没有多大差别。《回溯历史——马克思主义经济学在中国的传播前史》一书还认为,两个译本的翻译水平不相上下,但作新社译本的内容稍详于通社译本。关于两个译本的译名,该书认为,"社会主义概评"更贴近于日文原著意思。

第二,从社会主义思想传播史方面进行研究。学界普遍认为,该译本在社会主义、马克思主义在中国的传播过程中,起到了积极作用,是社会主义、马克思主义在中国早期传播时期的一部重要著作。章开沅、严昌洪主编的《辛亥革命与中国政治发展》一书,在介绍 1902 年到 1903 年相继问世的几部译介社会主义的专著时,指出:"岛田三郎的《社会主义概评》,亦由作新社 1903 年出版。"② 这些论著基本上只是提及了作新社译本或通社译本,并没有对这些译本进行深入的研究。

第三,从社会主义传播史料编辑方面进行研究。1987 年由中共中央党校科研办公室选编的《社会主义思想在中国的传播》,选编了作新社译本和通社译本的主要内容。

由此可见,对于《概评》,国内学界并没有给予高度重视,其研究显得较为薄弱。与此同时,国内学界对于《概评》的认识还存在诸多误读。第一,版本方面,多数学者认为,这两个译本是岛田三郎同一著作的两种不同译本,但是也有学者误认为这两个译本是岛田三郎的两本不同著

---

① 谈敏. 回溯历史——马克思主义经济学在中国的传播前史[M]. 上海:上海财经大学出版社,2008:272-277.

② 章开沅,严昌洪. 辛亥革命与中国政治发展[M]. 武汉:华中师范大学出版社,2011:81.

作。① 第二，关于《概评》日文本作者的错误。国内有学者误将日文原著作者"岛田三郎"当作"岛四三郎"。② 第三，关于书名的错误。有学者将《世界之大问题》误作为《世界三大问题》。③ 第四，关于作新社译本的出版时间。如前所述，《社会主义概评》出版于1903年8月，但是，有学者将其出版时间误作为1903年底、1904年初等。④

An Analysis of the Chinese Version of *She Hui Zhu Yi Gai Ping*

Wei Lei

Abstract: Shortly after the publication of *The Serious Problem of the World: An Overview of Socialism* by Saburo, there were three Chinese translations in China, namely, *The Serious Problem of the World* translated and published by Tong She, *An Overview of Socialism* translated and published by Zuo Xinshe, And *Qun Yi Heng Lun*. For a long time, scholars do not understand these three versions, so there have been many misunderstandings. This paper examines and analyzes the specific situation of the three versions. At the same time, it also preliminarily analyzed the dissemination of the three versions after publication.

Key words: *The Serious Problem of the World: An Overview of Socialism*; *The Serious Problem of the World*; *An Overview of Socialism*; *Qun Yi Heng Lun*

---

① 《社会主义思想在中国的传播》编写组. 社会主义思想在中国的传播（资料选辑）：第一辑[M]. 北京：中共中央党校科研办公室，1985：12.
② 杨鹏. 中国近代史学兴起发展中的日本影响因素研究[M]. 北京：中国文史出版社，2013：146；张付. 马克思主义传播研究[M]. 北京：中国传媒大学出版社，2014：140.
③ 张志强. 面壁斋研书录[M]. 南京：江苏教育出版社，2001：254.
④ 中国人民解放军政治学院党史教研室. 中共党史参考资料：第12册[M]. 1986：253.

关于康民尼斯特丛书第一至第四种文本说明

仝 华

摘要：康民尼斯特丛书，即共产主义者丛书。它是20世纪20年代初期和中期，中国共产党为加强党的建设和推动马克思主义在中国的进一步传播而出版发行的系列丛书之一。它由1921年9月1日在上海创办的中国共产党第一个地下出版机构——人民出版社出版发行。本组的4篇论文：《关于〈共产党底计划〉的翻译、发行及其影响研究》《关于希曼译〈俄国共产党党纲〉及其评价》《关于墨羹译〈国际劳动运动中之重要时事问题〉研究》《关于成则人译〈第三国际议案及宣言〉研究》，是各位作者在对康民尼斯特丛书第一种至第四种原书分别进行考证、校注的基础上，通过进一步研究而写成的。在该丛书各种原书中，除正文外，其他部分有相同或相近的内容，为避免重复介绍，在此特作专门说明。其包括："关于康民尼斯特丛书的由来""关于出版发行康民尼斯特丛书的人民出版社""关于入编研究的四种书及其主要内容""关于入编研究的四种书共同涉及的有关内容"等。

关键词：康民尼斯特丛书；人民出版社；马克思；列宁；共产党；第三国际

作者简介：仝华，北京大学马克思主义学院教授、博士生导师。为国家社会科学基金党史党建学科规划组评审组成员、教育部"中国近现代史纲要"课教学指导委员会委员。

本组的四种文本说明：《关于〈共产党底计划〉的翻译、发行及其影响研究》《关于希曼译〈俄国共产党党纲〉及其评价》《关于墨羹译〈国际劳

动运动中之重要时事问题〉研究》《关于成则人译〈第三国际议案及宣言〉研究》，是各位作者在分别对康民尼斯特丛书第一种至第四种进行考证、校注的基础上，通过进一步研究而写成的。在该丛书各种原书中，除正文外，其他部分有相同或相近的内容，为避免重复介绍，在此特作专门说明。

一、关于康民尼斯特丛书的由来

康民尼斯特丛书，即共产主义者丛书。"康民尼斯特"是英语"communist"即"共产主义者"的音译。康民尼斯特丛书，是20世纪20年代初期和中期，中国共产党为加强党的建设和推动马克思主义在中国的进一步传播而出版发行的系列丛书之一。

关于"康民尼斯特丛书"翻译和出版的信息，最初登载于1921年9月1日中国共产党的机关刊物《新青年》①第九卷第五号的通告中。该通告的发布者是刚刚成立的中国共产党的地下出版机构——人民出版社。通告全文近两千字，主要内容如下：

> 近年来新主义新学说盛行，研究的人渐渐的多了，本社同人为供给此项要求起见，特刊行各种重要书籍，以资同志诸君之研究。
>
> 本社出版品底性质，在指示新潮底趋向，测定潮势底迟速，一面为信仰不坚者去除根本上的疑惑，一面和海内外同志图谋精神上的团结。各书或编或译，都经严加选择，内容务求确实，文字务求畅达，这一点同人相信必能满足读者底要求，特在这里慎重申明。

通告列出了该社已陆续出版或正在印刷中和准备出版的四大类的各种书籍：

马克思全书（共15本）。分别是：马克思传（王仁②编）、工钱劳动与资本③（印刷中；袁湘④译）、价值价格与利润⑤（李定⑥译）、哥达纲

---

① 《新青年》自1920年9月第八卷第一期起，成为上海共产党早期组织的机关刊物。1921年中国共产党成立后，该刊成为中共中央的机关刊物。
② "王仁"，即戴季陶（1891—1949）。《马克思传》是由戴季陶根据威廉·里布列布的《马克思传》翻译而来，原载于《星期评论》第三十一号。
③ "工钱劳动与资本"，今译《雇佣劳动与资本》。
④ "袁湘"，又名袁让。该书正式出版时译者为袁让。
⑤ "价值价格与利润"，今译《工资、价格和利润》。
⑥ "李定"，即李汉俊（1890—1927）。

领批判（李立译）、共产党宣言（已出版，定价一角：陈佛突①译）、法兰西内战（孔剑明译）、资本论（李漱石②译）、剩余价值论（刘英译）、经济学批评③（李漱石译）、革命与反革命④（李漱石译）、自由贸易论⑤（吴智译）、神圣家族（钱润译）、哲学之贫困（黄式遵译）、犹太人问题⑥（胡琰译）、历史法学派之哲学的宣言⑦（张九思译）。

列宁全书（共14本）。分别是：列宁传（印刷中；张亮译）、国家与革命（印刷中；康明烈译）、劳农会之建设⑧（已出版；定价一角六分；李立译）、无产阶级革命（张空明译）、现在的重要工作⑨（成则人⑩译）、劳工专政与宪法会议选举⑪（成则人译）、讨论进行计划书⑫（印刷中；成则人译）、写给美国工人的一封信（孔剑明译）、劳农政府之效果与困难⑬（李墨耕译）、共产主义左派的幼稚病⑭（张空明译）、帝国主义，资本主义的末局⑮（罗慕敢译）、第二国际之崩溃⑯（孔剑明译）、共产党星期六⑰（印刷中；王崇译）、列宁文集（孔剑明译）。

康民尼斯特丛书（共11本）。分别是：共产党计划（印刷中；布哈林著，张空明译）、俄国共产党党纲（印刷中；张西望⑱译）、共产主义与无政府主义（布哈林著，彭成译）、世界革命计划（胡友仁译）、入门（布哈林著，罗雄译）、共产主义（鲍尔著，张松严译）、创造的革命（鲍尔著，李又新译）、到权力之路（柯祖基著，孔剑明译）、第三国际

---

① "陈佛突"，即陈望道。
② "李漱石"，即李汉俊。
③ "经济学批评"，今译《政治经济学批判》。
④ "革命与反革命"，今译《德国的革命与反革命》。
⑤ "自由贸易论"，今译《关于自由贸易问题的演说》。
⑥ "犹太人问题"，今译《论犹太人问题》。
⑦ "历史法学派之哲学的宣言"，今译《历史法学派的哲学宣言》。
⑧ "劳农会之建设"，今译《苏维埃政权当前的任务》。
⑨ "现在的重要工作"，待考证。
⑩ "成则人"，即沈泽民（1901—1933）。
⑪ "劳工专政与宪法会议选举"，待考证。
⑫ "讨论进行计划书"，待考证。
⑬ "劳农政府之效果与困难"，今译《苏维埃政权的成就与困难》。
⑭ "共产主义左派的幼稚病"，今译《共产主义运动中的"左派"幼稚病》。
⑮ "帝国主义，资本主义的末局"，今译《帝国主义是资本主义的最高阶段》。
⑯ "第二国际之崩溃"，今译《第二国际的破产》。
⑰ "共产党星期六"，今译《伟大的创举》。
⑱ "张西望"，张西曼的笔名之一。

议案及宣言（成则人译）、共产主义与恐怖主义（托洛茨基著，罗慕敢译）、国际劳动运动中紧要时事问之题①（印刷中；李墨耕译）。

其他（共 9 本）。分别是：马克思学说理论的体系（布丹著，李立译）、空想的与科学的社会主义（恩格斯著，陈佛突译）、伦理与唯物史观（柯祖基著，张世福译）、简易经济学（阿卜列特著，张空明译）、多数党的理论（波斯格特著，康明烈译）、俄国革命纪实（托洛茨基著，周诠译）、多数党与世界和平（托洛茨基著，周诠译）、马克思经济学（温特曼著，杨寿译）、家庭之起源（伯伯尔②著，张空明译）。

通告写道："以上各书，已有十种复印，其余的均在编译之中，预定在明年内完全出版。购读者请直接寄函本社接洽。寄售处全国各省各新书店。"

落款为：广州昌兴马路二十六号　人民出版社启。

在此公告后另起一页，该期《新青年》还刊登了广东群报的广告，内容如下：

> 本报是中国南部文化运动的总枢纽、是介绍世界劳动界消息的总机关、是在广州资本制度底下奋斗的一个孤独子、是广东十年来恶浊沉霾空气里面的一线曙光。诸君有关心文化消息、世界趋势和社会问题的吗？请看
> 　　文化运动的中心
> 　　世界消息的总汇
> 　　改造社会的前驱

该广告还写明：

> 编辑兼发行所在广州市第七甫一百号门牌
> 　　　　广东群报社启

上述通告和广告，不仅说明了康民尼斯特丛书的由来，更从一个重要方面反映了中国共产党初创伊始，即高度重视引领全党学习马克思主义经典著作和国际共产主义运动有关文献，说明中国共产党是以马克思列宁主

---

① "问之题"，底本误写，应为"之问题"。
② "伯伯尔"，即"倍倍尔"。

义为指导思想的中国工人阶级的先锋队。

二、关于出版发行康民尼斯特丛书的人民出版社

1921年8月中共一大闭幕后，根据中共中央局的决定，同年9月1日，中国共产党第一个地下出版机构——人民出版社在上海创建。同日发行的《新青年》第九卷第五号，刊登了人民出版社成立通告。通告简述了创社的宗旨与任务，并列出了计划出版的书目。其工作由时任中共中央局宣传主任的李达主持，他同时兼任编辑、校对和发行工作。社址就设在李达的寓所——南成都路辅德里625号（今老成都北路7弄30号），这里也是党的宣传主任的办公处所。据李达回忆，"因为是秘密出版的，所以把社址填写为'广州昌兴马路'"①。当时的广州是孙中山领导下的南方革命力量的大本营，写这个地址，有利于保护党的出版机构和出版发行进步书籍。"广州昌兴新街二十六号"是新青年社迁至广州后的第一个落脚点。李达曾是《新青年》的编辑，新青年社的前身就是《新青年》杂志编辑部。1921年底，新青年社从上海迁址广州，落户于昌兴新街26号。1923年，人民出版社并入广州新青年社。在人力和物力十分困难的条件下，作为党的重要宣传阵地，人民出版社为马克思主义的广泛传播作出重要贡献。②中华人民共和国成立后，人民出版社于1950年12月1日重建。

三、关于入编研究的四种书及其主要内容

1922年6月30日，中共中央执行委员会书记陈独秀就中国共产党的"现在状况"和"将来状况"向共产国际报告。报告在"现在状况"的第6条写道：

中央机关设立之"人民出版社"所印行书如左：
马克思全书2种

---

① 中共中央党史研究室，中央档案馆. 中国共产党第一次全国代表大会档案文献选编[M]. 北京：中共党史出版社，2015：108.
② 参见中共上海市委党史研究室，上海市档案局（馆）. 日出东方 中国共产党诞生地的红色记忆：上册[M]. 上海：上海锦绣文章出版社，2014：73-75；宋镜明，熊崇善. 中共党史人物传：第11卷[M]. 西安：陕西人民出版社，1984.

　　　　Communist Manifesto①,
　　　　Lohn Arbeit und Kapital②,
　　列宁全书 5 种
　　　　Lenin's Life③,
　　　　Soviet at Work④,
　　　　讨论进行书,
　　　　Erfolge und Schwiergkeiten der Sowjetmacht⑤,
　　　　共产党礼拜六,
　　康民尼斯特丛书 5 种
　　　　共产党计划⑥（布哈林）,
　　　　俄国共产党党纲,
　　　　国际劳动中之重要时事问题,
　　　　第三国际议案及宣言,
　　　　Trosky's From October to Brest　Litovsk⑦。
　　（附注）以上书 12 种各印 3000 份。⑧

　　上述报告中所列的 5 种康民尼斯特丛书，其前 4 种即是本次入编研究的康民尼斯特丛书。

　　康民尼斯特丛书第一种《共产党底计划》。原作者为俄国尼古拉·伊万诺维奇·布哈林，译者太柳，人民出版社于 1921 年底出版发行。该书俄文原版于 1918 年 5 月由莫斯科共产主义者出版社出版，此后俄全国各地出版社多次再版，发行量达百万册以上，并被译成达 45 种之多的西方语言。这本宣传共产主义的小册子写于十月革命胜利后不久，布哈林结合俄

---

① "Communist Manifesto"，即《共产党宣言》。
② "Lohn Arbeit und Kapital"，即《雇佣劳动与资本》，当时译为《工钱劳动与资本》，袁让译。
③ "Lenin's Life"，当时译为《列宁传》。
④ "Soviet at Work"，当时译为《劳农会之建设》，列宁著，李立译，1921 年 12 月初版。
⑤ "Erfolge und Schwiergkeiten der Sowjetmacht"，当时译为《劳农政府之成功与困难》。列宁著，李墨耕译，1922 年 2 月初版。
⑥ "共产党计划"，有误，应为"共产党底计划"。
⑦ "Trosky's From October to Brest Litovsk"，即托洛茨基著《从十月革命到布雷斯特和约》，当时译为《俄国革命纪实》。
⑧ 参见中共中央党史研究室第一研究部. 共产国际、联共（布）与中国革命文献资料选辑（1917—1925）：第 2 卷[M]. 北京：北京图书馆出版社，1997：305-306.

国的实际情况阐述了共产主义的基本纲领。该书中译本具有选译、编译的性质。继1921年底由人民出版社发行后，该书还于1926年由长江出版社发行再版本，发行量应超过3 000册。该书作为马克思主义理论的科普读物，对中国共产党人和先进分子学习、了解科学社会主义的基本知识提供了有益的指导。

康民尼斯特丛书第二种《俄国共产党党纲》，即1919年3月俄共八大正式通过的《俄国共产党（布尔什维克）纲领》。原作者为俄国共产党（由列宁起草），译者希曼（张西曼），人民出版社1921年1月出版发行。此后，1926年、1927年，该书由人民出版社、长江出版社再版发行。该书向中国民众传播了马克思列宁主义若干基本原理；对中国民众正确认识十月革命以及正确认识俄共（布）对新生苏俄的领导等提供了宝贵的帮助；为中国共产党制定和完善党的纲领及相关决议等提供了重要启示；对促进以孙中山为首的中国国民党的改造和第一次国共合作的形成发挥了重要作用。

康民尼斯特丛书第三种《国际劳动运动中之重要时事问题》。原作者为俄国季诺维埃夫，即季诺维也夫（拉多梅斯尔斯基），格里戈里·叶夫谢耶维奇，译者墨耕（李梅羹），他是根据德文版翻译的，人民出版社1921年1月出版发行。季诺维也夫在共产国际一大上当选为共产国际执行委员会主席，参与了共产国际战略、策略、方针的制定，共产国际代表大会和执行委员会的许多重要决议、提纲都出自他的手笔。该书是他为共产国际二大需要解决的主要议题撰写的。其绝大部分内容与共产国际执行委员会为共产国际二大拟定的提纲相关内容基本相同，经过共产国际二大讨论修改，作为共产国际二大文档正式公布。墨耕翻译的该书中文版，对中共二大的若干决策产生了重要影响。

康民尼斯特丛书第四种《第三国际议案及宣言》。译者成则人（沈泽民），人民出版社1922年4月出版发行。1927年，中国共产党领导的长江书店重印。该书议案部分包括：国际共产党的法典，国际共产党的根本事业，加入国际共产党的诸条件，共产党在无产阶级革命中的任务，共产党与议会主义，劳动组合运动，工厂委员会与第三国际，在什么时候，在什么情形下，方应组织劳工代表的劳农会，关于民族问题与殖民地问题的议案，农民问题的议案等。成则人翻译的该书中文版，是将列宁民族殖民地问题理论传入中国的重要文本，对列宁的民族殖民地理论在国内的早期传播起了媒介作用；为中国这样一个殖民地半殖民地国家进行民族民主革命提供了理论指导；为中国共产党人制定民主革命纲领提供了学理基础。

四、关于入编研究的四种书共同涉及的有关内容

入编的四种书共同涉及的一些内容主要是：

第一，关于1921年9月1日，人民出版社刊登于《新青年》第九卷第五号的通告和广东群报社的广告。这是四种书都全部刊登的。鉴于此，我们将该通告和广告的内容，在本文中，以"关于康民尼斯特丛书的由来"为题，作了完整的介绍。

第二，关于人民出版社。这也是四种书共同涉及的。我们也是在本文中作了统一介绍。

第三，关于部分人物、党派和组织机构。人物，如张西曼；党派，如多数党（布尔什维克）、少数党（孟什维克）；组织机构，如第二国际、第三国际（共产国际）。但论文作者对四种书（或其中的两种书）所共同涉及的上述内容分别所作的说明，详略不尽一致。这主要是考虑不同书的主题和内容不同，因此，同一个人物、一个党派或一个组织机构，在有的论文中需要详介，而在其他论文中则只需要简介。例如，《共产党底计划》和《俄国共产党党纲》都涉及张西曼，但《共产党底计划》的有关说明，涉及张西曼的内容，主要是指出，根据目前考证的情况，尚"未见太柳就是张西曼笔名的直接证据"。而《俄国共产党党纲》的有关说明，则对张西曼作了较多的介绍，因为他是该书的译者。再如，关于"多数党"和"少数党"也是四篇论文都涉及的。但《俄国共产党党纲》就是俄国共产党（布尔什维克）的党纲，因此，论文作者在对《俄国共产党党纲》的有关说明中对"多数党"和"少数党"的情况作了比较详细的介绍，而其他论文，则只作扼要介绍。又如，对"第三国际"，只在对《第三国际议案及宣言》的有关说明中作较多的介绍，其他论文只作简介。类似情况不一一赘述。

总之，这四种康民尼斯特丛书中译本的出版发行，使我们从一个重要方面了解和感悟到在俄国十月革命的影响和感召下，中国共产党在其初创时期为引领全党学习马克思列宁主义理论所作的卓有成效的工作。它激励着我们在中国特色社会主义新时代更加努力地加强党的思想理论建设和各方面的建设，以使党领导的伟大事业不断取得新的胜利。

An Introduction to the First Four Books of the Original Communist Series

Tong Hua

Abstract: The Communist Series was one of the series published by the Communist Party of China (CPC) to strengthen party building and promote further spread of Marxism in China in the early and middle 1920s. This series was published by People's Publishing House, the first underground publishing institute set up by the CPC in Shanghai on September 1, 1921. Four papers, *A Research on the Translation, Circulation and Influence of the Book Programme of the Communist Party*, *Research and Evaluation on the Program of the Russian Communist Party Translated by Ximan*, *Study on the Important Current Affairs in the International Labor Movement Translated by Mo Geng*, and *Study on the Proposal and Manifesto of the Communist International Translated by Cheng Zeren*, which were written based on careful textual research of Book 1 to Book 4 of the original Communist Series, are explored in this article. The same or similar contents of the original Communist Series (main texts excluded), such as the origin of the Communist Series, introduction of People's Publishing House which was responsible for publication and distribution of the Communist Series, why the four books are selected for the study and the main content of each book, as well as topics discussed in all the four books, are examined in this paper and will not be interpreted again in the following four papers.

Key words: the Communist Series; People's Publishing House; Marx; Lenin; the Communist Party; the Communist International

关于《共产党底计划》的翻译、发行及其影响研究

李红霞

摘要：俄国布哈林所著的《共产党底计划》于1918年出版，之后曾大量再版并译成多国语言，但研究者关注很少。1921年其作为康民尼斯特丛书第一种译成中文后，加快了马克思主义在中国的传播，对中国早期共产主义者的思想启蒙和教育作出了重要贡献。由于该书通告所列和实际发行的版本上译者分署两个笔名（前者为张空明，后者为太柳），使考证工作遇到了一定的困难，尽管研究取得了一定的进展，但有关译者和译文原版究竟是俄文版还是英文版的问题还有待进一步考证。通过与俄文、英文版本的对比发现，译文带有选译、编译性质，很多章节有未翻译的内容，有些内容又是俄文、英文版没有译者添加的，此次编纂将未翻译的内容进行了补译。该书是《共产主义 ABC》的基础蓝本，被称为"所有共产主义纲领的骨架"，因此该书中译本的发行和传播对于深刻理解科学社会主义的基本特征，以及无政府主义和科学社会主义的区别具有一定的研究价值。

关键词：《共产党底计划》；布哈林；张空明；太柳；张国焘；张西曼

作者简介：李红霞，法学博士，北京体育大学马克思主义学院副院长。北京市特级教授，从事马克思主义理论、大学生思想政治教育、俄罗斯问题研究。

1918年5月，俄国布哈林出版了《共产党底计划》，受到了广大读者的欢迎，该书曾多次再版并译成多国语言。1921年其作为康民尼斯特丛书第一种译成中文后，对马克思主义在中国的传播发挥了重要作用。但长

期以来学界对此关注很少。幸于首批《马藏》编纂与研究工作的进行，使该译本有机会得到挖掘和整理，其翻译、发行经过得以重现并逐渐清晰。

一、俄文版的作者、发行及其影响

（一）布哈林

尼古拉·伊万诺维奇·布哈林（Николай Иванович Буарин，1888—1938），俄国人。1888 年生于莫斯科小学教师家庭。中学时期就已成为莫斯科布尔什维克学生团体的组织者，1906 年加入俄国社会民主工党（布尔什维克党）。其毕业于国立莫斯科大学法学院经济系。曾因参加布尔什维克党的活动多次被捕，1911 年从流放地逃往国外，七年间旅居德国、奥地利、美国、瑞士、瑞典、挪威六国。侨居期间积极投身欧美各国工人运动实践和社会民主党反对帝国主义战争的活动，掌握英、法、德等几国语言，利用各国图书馆的数据钻研马克思主义的经济学理论，对奥地利经济学派的观点进行了分析和批判。1912 年在奥属波兰的克拉科夫第一次与列宁会见相识，在列宁的影响和引导下，从事了大量的马克思主义理论宣传工作。1917 年 5 月回到俄国后，当选为党的莫斯科委员会委员和莫斯科苏维埃执行委员会委员，成为十月革命的政治领导人之一。担任过《真理报》《消息报》主编、联共（布）中央政治局委员、共产国际执行委员会委员、共产国际执行委员会主席等职务，曾被列宁称为"党的最宝贵的和最大的理论家""全党最喜欢的人物"①。

布哈林在与德国签订《布勒斯特和约》，以及在民族自决权、帝国主义国家理论、关于无产阶级的任务和策略、工会的作用和任务等问题上同列宁产生过分歧，曾组织"左派共产主义者"集团反对与德国签订《布勒斯特和约》，组织"缓冲集团"调和列宁、斯大林与托洛茨基派关于工会问题的争论。但他后来认识到自己在一些问题上的错误，解散了"左派共产主义者"，并作了自我批评。在支持新经济政策、批判托洛茨基、反对"托季联盟"、捍卫一国建成社会主义理论等问题上站在列宁的立场上，在社会主义建设模式方面，如农业集体化、工业化速度等问题的争论中与斯大林为首的党中央多数派发生了分歧，被指责为组织"布哈林——李可夫集团"，推行"右倾投降主义"。1929 年 4 月，斯大林在苏共中央联席

---

① 列宁. 列宁全集：第 43 卷[M]. 北京：人民出版社，1987：339.

会议上作了《论联共（布）党内的右倾》的报告，随后《真理报》宣布布哈林为右倾机会主义分子，7月被撤销共产国际的领导职务，11月中央全会通过了关于"布哈林集团"的决议，将布哈林开除出政治局。1937年被指控组织"右派与托派联盟"阴谋集团并开除出党。1938年3月5日被公开审讯，13日被判处死刑，时年50岁。1988年2月，苏联最高法院撤销了50年前军事法庭对布哈林等人的判决，随后恢复了布哈林的党籍和科学院院士称号。①

布哈林一生著述丰厚，如《食利者政治经济学》《无价值的政治经济学》《卡尔·马克思与现代资产阶级政治学》《国家资本主义和马克思主义》《无政府主义与科学共产主义》等。据美国科罗拉多州立大学的悉尼·海特曼教授统计，其著作各种版本及译本共937本，仅在1930年至1938年，发表的文章就有40多篇。1918年5月，布哈林发表了马克思主义宣传小册子《共产党底计划》，被多家出版社用多种语言再版。1919年10月，他与普列奥布拉任斯基合作出版了《共产主义ABC》，该书通俗地诠释了共产主义基本理论，被翻译成20种语言，曾作为教育党员的标准教科书。这两本书籍对早期中国共产党人起到了重要的启蒙作用。

（二）发行及影响

该书俄文原版为1918年5月莫斯科共产主义者出版社初版（64页，见图1），此后全国各地出版社多次再版，发行量达几百万册，并被译成西方多种语言②。据美国科罗拉多州立大学的悉尼·海特曼教授统计，此后再版的各种版本（包括不同语言）达45种之多③，其中不包括中文版（书中未见记载）。再版俄文的机构有莫斯科波涛出版社（1918年，64页，见图2）；彼得格勒工人红军代表委员会出版社（1919年，59页，见图3）；基辅教育人民委员会中央出版局（1919年，64页，见图4）；国家出版社伊尔库茨克分社（1920年，见图7）；俄罗斯共产党

---

① 参见赵邯方. 布哈林思想评传[M]. 长春：东北师范大学出版社，1993；何承艰等. 马克思主义人物辞典[M]. 北京：中国广播电视出版社，1989.

② 悉尼·海特曼. 列宁和斯大林之间：尼古拉·布哈林[M]//苏绍智. 世界评布哈林. 北京：东方出版社，1988：13.

③ 悉尼·海特曼. 布哈林著作目录[M]. 田大畏，章云，等译. 北京：书目文献出版社，1985：52-55.

托姆斯克分部印刷中心（1920 年，78 页，见图 8）；德国汉堡的红色警钟出版社（1920 年，64 页，见图 9）；乌克兰中央出版宣传局（1919 年，见图 5）；1919 年俄罗斯共产主义者英语集团发行了英文版（1919 年，79 页，见图 6）。

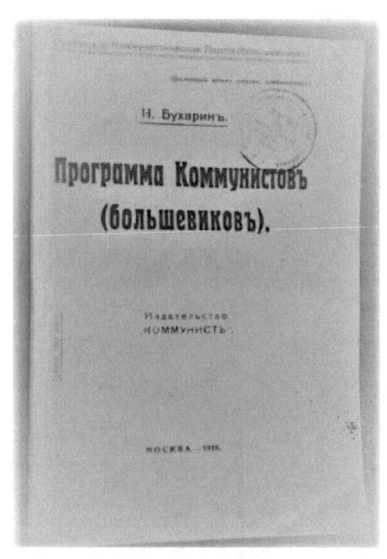

图 1　1918 年莫斯科共产主义者出版社初版

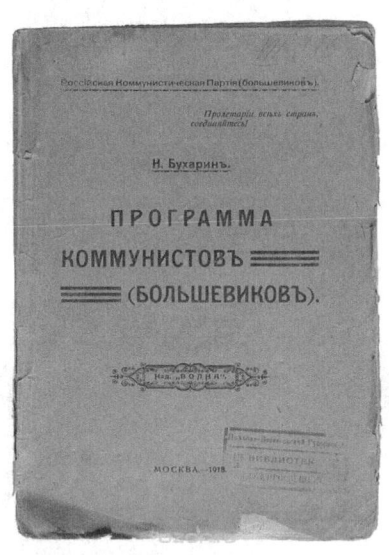

图 2　1918 年莫斯科波涛出版社再版

图 3　1919 年彼得格勒工人红军代表委员会出版社再版

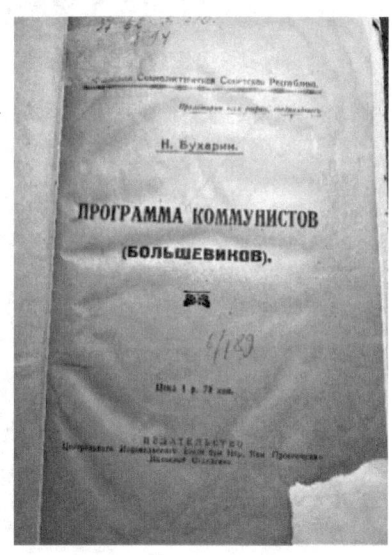

图 4　1919 年基辅教育人民委员会中央出版局再版

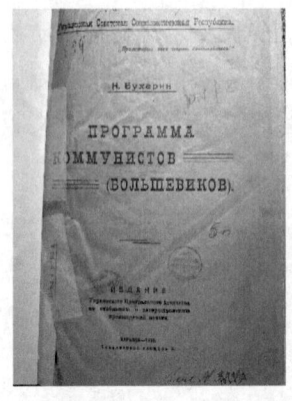 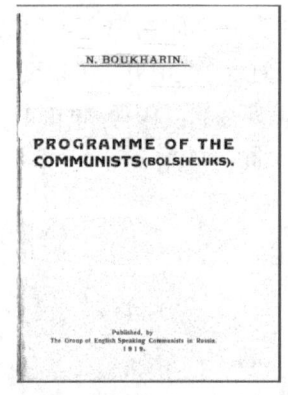

图5　1919年乌克兰中央出版宣传局再版　　图6　1919年俄罗斯共产主义者英语集团发行的英文版

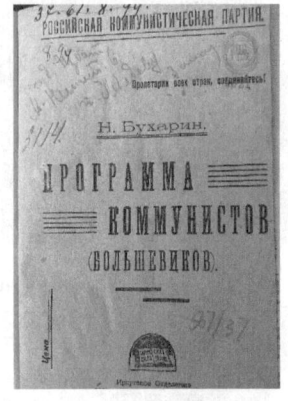 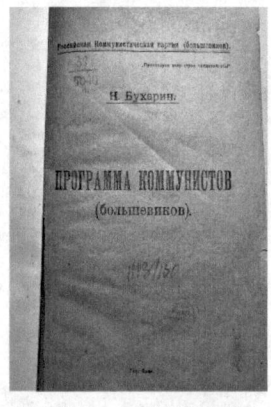

图7　1920年国家出版社伊尔库茨克分社再版　　图8　1920年俄罗斯共产党托姆斯克分部再版

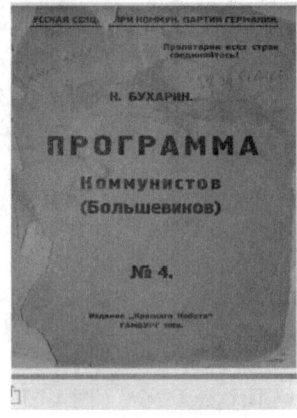

图9　1920年德国汉堡的红色警钟出版社再版

这本宣传共产主义的小册子写于十月革命胜利后不久，布哈林结合俄国的实际情况阐述了共产主义的基本纲领（俄文"программа"既有计划之意，又有纲领之意）。一年后，布哈林与普列奥布拉任斯基撰写了新的纲领《共产主义 ABC》，比此书的发行范围更广，发行量更大，成为党员学习的标准教科书。后者是在前者的基础上完善而成的，正如德国共产党俄罗斯分部在再版此书的序言中所写："布哈林的这本书是所有共产主义纲领的骨架"①。

二、中文版的译者、翻译、发行及影响

（一）译者之谜

据《新青年》1921年第9卷第5号刊布的"人民出版社通告"，此书为计划出版的十一种"康民尼斯特丛书"的第一种，译者为张空明，而馆藏实物版本所写译者为太柳。

据中共早期领导人之一罗章龙在回忆北方劳动组合书记部工作时说："张特立足智多谋称为张孔明（转为张空明与Коммунизм谐音）"②，张特立为张国焘的别名，由此得知张空明应是张国焘的外号，因此人民出版社通告上注明的译者张空明应是张国焘。

五四运动后，张国焘受李大钊的影响，在北京大学图书馆对马克思主义展开了系统的研究，并被李大钊和张申府发展为中共党员，三人组成了北京共产党早期组织。当时由李大钊组建的马克思主义研究会以翻译介绍马克思主义为己任，组建了亢斋（德文共产主义小室的谐音"亢慕义斋"的简称，罗在书中常简化为此二字）翻译组。据翻译组成员罗章龙回忆，翻译组吸收了很多外语系的同学，共有三四十人，其中德语十多人，英语二十多人，俄语四五人。先后规划20多种书籍，陆续由人民出版社出版。人民出版社编译的社会主义新书和重版书籍有48种之多，"其中标明康明尼斯特丛书10种，列宁全书14种，均系亢慕义斋翻译任务。又马克思全书14种，是亢慕义斋与上海、广州同志分任编译的，书中编译者大都用笔名，其他9种亦同"。③

---

① Н. Бухарин. Программа Коммунистов（Большевиков）[M]. Гамбург：Красного Набата，1920：2.

② 罗章龙. 记北方劳动组合书记部[J]. 社会科学战线，1980（3）.

③ 罗章龙. 回忆"亢慕义斋"[M]//肖卫主编.《北大岁月》第一辑《北大回忆》[M]. 海拉尔：内蒙古文化出版社，2001：45.

张国焘是亢斋翻译组成员,但他不懂俄语。他在《我的回忆》中提到1921年10月自己第一次踏入苏俄国境时,"我们这儿十个代表中,没有一个能说俄语"。如果他是译者,那么只能从英文版翻译过来。在此基础上进一步查证,发现1919年俄罗斯共产主义者英语集团就已发行过该书的英文版,张国焘作为马克思主义研究会翻译组的成员是有可能接触到英文版的。据他回忆,北京大学俄文系有位俄国籍教员叫柏烈伟,与李大钊先生来往密切,"常能供应一些莫斯科出版的小册子,布哈林的《共产主义ABC》的英文本,就是这个时候带到北大图书馆的,也是我所阅读过的第一本由莫斯科出版的小册子"。

那么,为什么实际发行时该书中译本所写的译者为太柳呢?目前还没有找到解释这个问题的证据,也没有找到太柳为张国焘笔名的证据,因此还不能断定张空明和太柳是否为同一人,即该书的实际译者还不能完全肯定是张国焘。

那么,该书实际发行版本的译者太柳究竟是谁?关于太柳真实身份的考察,张小曼撰文认为,太柳是其父张西曼的笔名,认为该书是张西曼从俄文翻译过来的。张西曼(1895—1949)又名张百禄,湖南长沙人,系中国早期留俄学者,回国后在北京大学图书馆编目室担任过馆员,与张国焘同是马克思主义研究会翻译组的成员,是康民尼斯特丛书第二种《俄国共产党党纲》的译者。据张西曼本人回忆,1918年他曾随中日军事联络员周家树进入俄国的符拉迪沃斯托克,获读了布尔什维克党人的宣传材料,将《俄国共产党党纲》和俄国苏维埃政权下所有党政结构和各方民众运动的方案详加阐明,以为改造国民党提供参考①。他称孙中山1922年下定决心,虚心参考了他所提供的自己编译的苏俄党政建构的各种资料②。还提到曾以希曼等笔名在《新青年》等著名刊物上译出《俄国共产党党纲》和编著其他有关十月革命后苏俄、苏联党政建构的重要资料,以供国父孙中山改造中国国民党的参考③。然而目前掌握的文献中并没有找到太柳就是张西曼笔名的直接证据,张小曼主要是通过上述文献推断出来的,理由是张西曼具有留俄经历和翻译能力,也是北京大学马克思主义研究会翻译组的成员,俄国十月革命爆发后,

---

① 张西曼. 民国八年二月改造革命方略的企图[M]//历史回忆. 济南:东方书社,1949:86.
② 张西曼. 二十一年前与今日的联苏决策[M]//历史回忆. 济南:东方书社,1949:128.
③ 张西曼. 五四中的社会主义运动[M]//历史回忆. 济南:东方书社,1949:146.

他在 1920 年中俄边境方才解除封锁的环境下，随军队进入西伯利亚接触到了俄国共产党人和相关书籍。总之，实际发行版本的译者仍是待解之谜。

（二）翻译情况

中译本具有选译、编译性质。同1918年5月共产主义者出版社发行的俄文原版进行比对发现，两者章节数目相同，但中译本有些章节的标题是重新概括的，有的段落经过了整合，有的内容又作了重新分段，很多章节有未译的内容，有些内容又是俄文版没有译者添加的。具体情况如下表（表1）。

表1　中译本与俄文原版内容对比表

章节	题目重新概括的章节		未译的内容	译者补充的内容
	俄文版	中文版	俄文版	中文版
一、资本制度之罪恶	资本统治、工人阶级和贫苦农民	资本制度之罪恶	—	—
二、打破资本主义	掠夺战争、对工人阶级的压迫与资本主义的毁灭	打破资本主义	—	—
七、劳农阶级的自由，有产阶级的抑制	—	—	在"他们不敢提起这些事因为这是三月里得到权力的有产阶级所作的事"之后，原版还列举了六类反对派的名称：古契科夫之流（临时政府陆海军部长）、后文中提到的"米里阔"之流（米留可夫或米柳科夫，临时政府外交部长）、罗江科之流（二月革命后国家杜马临时委员会首领）、捷列先科之流（临时政府财政部长），以及他们忠实的奴仆克伦斯基（临时政府司法部长）和后文中提到的"周来脱利"（策列铁里，又译为采列捷利，临时政府邮电部长）。	—
十一、实业上的劳工管理	—	—	第一段：我们不但要把管理耕地的职能逐渐转移给贫农组织——农民事务委员会，还要把管理工业的职能移交给（这正是党的要求）工人组织和工农政权机关。	—

214 《马藏》研究（第一辑）

续表

章节	题目重新概括的章节		未译的内容	译者补充的内容
	俄文版	中文版	俄文版	中文版
十三、出产品的适当分配；商业利润和投机事业的废除；消费公团	—	—	1. "为什么这些商人渴望这种专卖权的取消呢？"译者只翻译了一个原因，第二个原因未译。 2. 在关于粮食消费品的社会化分配问题上，有两段半关于小农意识的分析和批判未译。	—
十五、金钱权力的终了	—	—	关于"有产阶级，在他们的剩余被没收了之后"的下一段未译：如果是这样的话，则较为明白，付费少些，要比发放高额薪水然后再从高额薪水中以税收的形式扣除掉简单得多，也不必把精力和钱财花费在这样的车轱辘话上了。	—
十七、经济解放后的智识解放	—	—	1. 关于近代科学对宗教初形的解释之后有段关于"上帝"词源的分析未译。 2. 关于宗教本质的论述中省略了俄国沙皇时期神甫对大众的欺骗和精神统治未译。	—
十八、武装人民	—	—	1. 关于解散旧军队，成立人民武装的必要性的问题：有五段关于农民进城转变成工人的例子未译。 2. 关于加强对工农红军训练的紧迫性问题有一段关于懒惰者常用的口头语"也许"的插话未译。	—
二十、结论	—	—	—	关于社会民主党的流派第三党（极左党），除列举德国的里布克奈西（李卜克内西）外，还列举了匈牙利的白拉孔（库恩·贝拉），还有奥大利的欧特洛（马克斯·阿德勒），1918年俄文版中只有德国社会民主党领导人，未提及后两者。

从总体上看，该译本大体反映了原著的内容，只对少数章节的题目进行了重新概括。尽管对很多段落进行了重新编排，但还是遵从了原文的顺序，未译的内容不是很多，并不影响对俄文原版内容大意的掌握。从译文看，译者不仅对马克思主义的理论有深刻、准确的理解，还具有较好的语言组织和概括能力。其余大段未译的内容如下。

第十三章 出产品的适当分配；商业利润和投机事业的废除；消费公团

关于商人渴望取消食品专卖权的第二个原因：

现在发生了一种十分荒谬的事情，富人沉着地吃着偷偷买来的白面包，至于黑面包更不必说了，他们花了很贵的价钱，应有尽有。是谁在帮他们？当然是投机倒把分子。要知道他们关心的不是让百姓吃饱，而是让口袋里的钱挣得更多。很显然富人要比穷人支付的价钱高，所以他们不是把面包运到最需要的地方去，而是运到能卖好价钱的地方，而且还不能规定界限。

在粮食消费品社会化分配的问题上：

不幸的是，我们国家有很多不觉悟的贫农，绕过工农粮食组织，自担风险地买卖粮食，破坏了统一的计划。每个人都在想：不管怎么说，我最好先保护自己。在去买面包的路上发生了由面包引发的各种冲突，于是产生了不满：不让自己管自己。实际上事情往往是这样的，想象一下，火车在行驶，车厢里塞满了人，站在过道上或躺在地板上，连插脚的地方都没有，突然一个人闻到了焦糊味，拼命喊叫"着火了"，用拳头疯狂地推开所有人，向出口冲去，发狂的人们立即冲破了大门，发生了野蛮的拥挤和倒塌，人们互相撕咬，彼此争斗，折断了肋骨，压伤了孩子，结果死伤无数，这样好吗？这样的事情完全可以不发生。如果我们是一群理智的、安静的人，按着顺序走向出口，不会有丝毫的损伤！为什么还是总会发生那样的事情呢？因为每个人都这样想：个人只管自己的事，别人的事与我无关。结果你看，他第一个被拧了脖子。

这样的故事的确在那些不顾工农粮食组织的规定独立买卖粮食的人中间发生了，每个人都在想：他们自己帮助自己。结果怎么样？这些买卖阻碍了现在进行的正确的核算。这些行为使得正确的粮食分配成为不可能。我们需要把粮食分配到真正匮乏的地方，却售给了另外一个生活可以度日的地方，抢购一空，而真正需要的地方面临饿死。一旦公共有组织的采购被破坏了，就会出现投机奸商，借着私下买卖发不义之财。这些不觉悟的贫农自己完全不理解,他们赞同剥削者、投机者的行为,这些人是应该待在绞刑架上的。现在我们明白了,为什么投机分子利用农民本能的不满反对苏维埃政权了,为什么这些恶棍、吸血鬼和投机倒把的富农成为各省市反对苏维埃政权的暴乱首领了。工人们要永远明白,通过退回老路的办法是拯救不了自己的,只有向前走,通过消灭投机和贸易,由工农组织统一分配产品的途径才能做到。

关于其他产品的分配也有必要这样做。工人阶级完全不应容忍让富人通过阔绰的支付拥有一切,另一方面,工人阶级也不应容许投机分子获得巨大的暴利,他们就像黑麻雀飞来飞去,做着自己肮脏的生意。

第十七章 经济解放之后的智识解放
(略)

第十八章 武装人民
关于解散旧军队,成立人民武装的必要性的问题:

现在我们举个其他领域的例子。老工人们都记得,白匪时期当农民转变成工人进城后,他们首先变成了不可救药的流氓无赖、淘气顽皮的孩子、手艺人,那时候手艺人和工人这些词几乎是骂人的话。的确,这些工人曾是胡闹、说龌龊下流话、骂人和贪淫好色的能手。据此所有害怕一切新生事物的反动分子宣扬回到奴隶制社会去。

他们还说:因为城市在堕落,因为他们在城市里变懒散了,他们需要农村和地主专门的棍棒,只有在那里,美德才会盛行开来。他们恶毒地嘲笑那些把工人阶级视为社会精英的人,他们对我们的马克思主义者和伟大的共产主义者卡尔·马克思的学生们说:"瞧啊,你们的工人阶级!要知道,这是一群猪,不是人,这是一群整天骂粗话的人,而你们却说,他们是社会中坚!掌马官手里的皮鞭还是好的,这样他们才会知道不能肆意妄为"。

这一切让很多人相信了这些话。事实上,问题的实质在于,当农民脱离农村进入城市,旧的农村秩序随之瓦解。农村里依旧这样生活着：看老者的脸色行事，听从他的话，虽然他早已年老糊涂，安静地坐在自己的菜园里，再也不迈入菜园一步，对一切新生事物的害怕比怕火还厉害。这便是所谓的农村智慧，这不是什么好智慧。但它是一种建立农村秩序的约束，这些秩序在城市里瞬间消失，这里一切都是新鲜的：新的人群，新的人际关系，还有大量没有经历过的各种诱惑。旧的农村道德消失很简单，而建立新的道德规范却需要漫长的时间，在这期间有一个瓦解阶段。

然而最终要在新的基础上生长出新的智慧：无产阶级的联合。工厂把工人们集中起来，资本的压迫教会了他们共同斗争，在古老、陈腐的地方，在这种毫无用处的智慧中却生长出无比高尚的无产阶级的新思想。正是它将无产阶级转变为社会中坚，这是一个最先进的、最具有革命性的、最有创造性的阶级。站在正义一方的是共产主义者，而不是奴隶主、地主。

如今孟什维克和社会革命党人在对待军队的态度上恰恰站在奴隶主的立场上。他们唱着各种关于瓦解军队的调子，指责布尔什维克。这很相似，就像奴隶主叫嚷回到农村去，回到地主们的台阶前，回到皮鞭下一样，孟什维克和社会革命党人叫嚷着回到旧的制度下，回到他们建立的议会机关里，在此基础上找回资本主义和其他美好的事物。而我们这些共产主义者们在向前看。我们知道，旧事物已腐朽，它终将不可避免地腐烂掉，如果不这样，工人和贫农阶级就不可能把国家的政权掌握在自己手里，从而在旧军队的基础上建立新的、更先进的社会主义国家的红军。

上述内容之所以没有译出，可能是因为译者考虑到主要是以俄国为例的内容，讲的都是俄国的国情，国内读者不太了解，但也不妨碍对本书中心大意的理解，所以有所省略。

（三）基本内容

该书由 20 个部分组成，围绕共产党的计划阐述了八个逻辑关系递进的内容。第一至第二部分阐述了资本主义的弊端，指出了"两个必然"的趋势。布哈林首先在第一部分运用马克思主义的阶级和国家学说分析了资本主义的罪恶及其产生的根源，指出资本家阶级凭着占有生产资料奴役失去生产资料的劳动者阶级，这种剥削制度之所以能够长期维持下去，是因为资产阶级拥有着强大的国家机器。接着在第二部分里继续揭露资本主义的弊端，并指出资本主义灭亡的趋势，各资产阶级国家为瓜分世界市场挑起的掠夺战争，将激起人民的反抗，代表劳动群众的共产党领导无产阶级革命的时代就要到来，从而引出共产党的计划也是全世界无产阶级革命的计划。

第三部分到最后属于共产党的计划的具体内容，可细分为七个方面。第三部分阐述了共产党打破资本主义制度后建立未来理想社会首先要做的行动，即剥夺资产阶级的经济权力（私有财产权）和政治权力，从总体上描绘了共产党关于未来社会的基本设想。财产归全社会所有，由社会管理中心组织有计划的生产和分配，阶级消失，也不需要作为阶级统治工具的国家组织。

第四部分比较了无政府主义和共产主义的区别，批判了无政府主义的错误。认为二者的区别不在于一个有国家，一个无国家，而在于无政府主义主张自由组成的小团体无组织、无计划，会减少人类征服自然的能力，是阻止人类进步的障碍。从第五部分开始详细阐述共产党实施的具体计划。

第五到第七三个部分首先阐述了共产党要实施的政治计划，强调无产阶级专政是实现共产主义的重要手段，如同劳工手里握着一把抵抗资产阶级的斧子，过渡时期更不可丢弃。劳动阶级只有通过暴力革命的手段才能得到这种专政的权力，不应对暴力持有偏见，暴力并不总是万恶的，反对剥削和压迫、解放劳动阶级的暴力是正当的。因此，只有用无产阶级专政才能达到共产主义，从这种意义上说，共产党的计划，就是无产阶级专政的计划。无产阶级专政是一种劳动共和的新型专政，与有产阶级共和在阶级立场上是完全对立的，意味着劳动阶级的自由和对有产阶级的抑制。

从第八到第十六九个部分阐述了共产党的经济计划，包括银行、工业、土地、管理、商业、银行、国际贸易的国有化，以及根据劳工簿记有计划有组织的分配和消费，金钱的地位和作用及影响将渐渐消失，等等。

第十七到第十八两个部分阐述了共产党在文化教育、军事方面的计划，强调要在政治解放和经济解放的基础上，实现无产阶级的精神解放。布哈林从词源上揭示出上帝的观念来源于现实社会中有钱有权的人物，认为宗教是蒙蔽劳工阶级的一个工具，是迷惑人民知觉、荼毒百姓心智的毒药,是统治劳动阶级的精神手段,共产党将实现教会与国家分离,通过普及科学的教育启发人民心智,是共产党的标语,要用社会主义赤卫军解除并代替为有产阶级服务的旧军队。

第十九部分指出了共产党计划的国际主义特点,它不是一国无产阶级的解放计划,而是全世界无产阶级的解放计划,是万国革命的计划,目前爱国的社会民主主义是帝国主义时期领导社会主义革命的主要障碍。

在全书的结论部分重点说明了党的名称问题,指出俄国社会民主党因世界大战爆发产生分裂后形成了立场、观点上的很大分歧,为正确理解党的计划和纲领,作者提出恢复马克思领导的革命党的旧称"共产党"。

(四)发行与传播

1920年6月,中共中央执行委员会书记陈独秀在给共产国际的报告中称,该书是已出版的五本康民尼斯特丛书之一,各印3 000册[①]。当时进步杂志《新江西》对康民尼斯特丛书等马克思主义图书进行了介绍和推荐。目前除本文所校注和说明的中文译本外,还发现有长江出版社1926年发行的再版本,发行量超过3 000册。长江出版社下属的长江印刷所曾翻印过人民出版社等出版的大量革命书刊,一经开张很快销售一空。

共产主义者丛书在中国的成功刊行,扩大了马克思主义在中国的影响,加快了马克思主义传播的进程,适应了中国革命形势发展的需要,满足了革命民众对马克思主义理论如饥似渴的需求,为早期中国共产党党员的思想启蒙和培养乃至中国共产党的成立作出了重要贡献。

《共产党底计划》是对共产党行动纲领通俗易懂的解释,是学习领会党章的很好的辅助材料,作为马克思主义理论的科普读物,尽管对有些理论的阐述还显得粗浅,但在当时该书同《共产主义ABC》一样,发挥了共产主义思想启蒙的作用。很多早期的中国马克思主义者正是接触了包括该书在内的共产主义者丛书,懂得了马克思主义关于科学社会主义的基本结论和无产阶级政党的政策主张,理解了未来共产主义理想社会的基本特征。

---

① 中共中央党史研究室第一研究部. 中共中央执委会书记陈独秀给共产国际的报告(1922年6月30日)[M]//共产国际、联共(布)与中国革命档案数据丛书:第2卷. 北京:北京图书馆出版社,1997:305.

三、《共产党底计划》中译本对马克思主义研究的意义

该书是我国早期研究马克思主义的重要文献。首先对弄懂什么是社会主义这一科学社会主义的基本问题具有重要的参考价值。认清科学社会主义的基本特征，是现实社会主义国家坚持科学社会主义基本原则、确保社会主义方向的重要前提。该书描述了未来共产主义社会的基本特征，对共产党的行动计划进行了通俗易懂的阐述。作者认为，未来共产主义社会有以下基本特征：生产资料社会所有制，统一的生产计划，消费品按劳分配，国家政权的消亡等。强调只有通过劳农共和的无产阶级专政、人民的武装、宗教信仰的革命和教育的平等，才能达到这一理想的社会。因此俄国在从资本主义向社会主义的过渡时期，应推行一系列经济改革，包括工业、土地、银行、贸易的国有化，成立工人管理机构和大型农业合作社组织，让居民结成劳动联合体和消费公团等，上述主张构成了共产党行动计划的基本内容。当时由于战时形势紧迫，布哈林对落后国家走社会主义道路的特殊性还缺乏充分的考虑，对新经济政策实施的必要性还缺乏认识，认识不到推行新经济政策是落后国家迂回过渡的必经之路。当然，现实中的社会主义国家无论国情如何特殊，也不能偏离科学社会主义的基本原则，它决定着社会主义的发展方向。

书中关于无政府主义与共产主义的论述有助于更清楚地区分二者。作者认为，二者的区别不在于要不要国家，而在于前者主张无计划的小生产的简单集合，后者主张有计划地组织社会化大工业。此外，作者对社会主义国家无产阶级专政必然性的论述入木三分。这对于正确理解马克思主义关于无产阶级专政的理论，特别是社会主义初级阶段的治国理政有启发意义。

国内学者对布哈林思想的研究主要集中在他的农业合作化、新经济政策、帝国主义理论、平衡理论及其与斯大林观点的分歧上，对其思想的挖掘还远远不够，对《共产党底计划》这一马克思主义大众读物缺乏足够的关注。国内近年来有关布哈林思想的研究成果较少，《共产党底计划》一书更是无人触及，目前仅停留在对译者身份的确认层面。此次考证虽取得一定进展，但离最终确定的结论还有很大差距，需要继续查找相关线索。

Study on the Translation, Publication and Influence of *Programme of Communist*

Li Hongxia

Abstract: *Programme of Communist* by Bukharin from Russia was published in 1918, and subsequently reprinted in a large amount and translated into several languages, however, researchers paid little attention to it. In 1921, it was translated into Chinese as the first book of the Communist series, thus accelerated the spread of Marxism in China and made important contributions to the ideological enlightenment and education of early communists in China. Because the translator used different pseudonym in notification and actual published version of the book (for the former it is Zhang Kongming, for the latter it is Tai Liu), it presented some difficulties for the textual research. Although the study has made some progress, it still needs further research to confirm translator and original version for the translation (Russian or English version). Comparison between Russian and English version show that the translation has characteristics of selected translation and compilation. There are untranslated parts in many sections, and some contents which are included in Russion version might be added by the translator. The untranslated parts are translated in this compilation. This book is the basis of *Communist ABC*, known as "the skeleton of all communist programs". Therefore, the publication and dissemination of its Chinese translation can help to profoundly understand the basic characteristics of scientific socialism and the difference between anarchism and scientific socialism.

Key words: *Programme of Communist*; Bukharin; Zhang Kongming; Tai Liu; Zhang Guotao; Zhang Ximan

《马藏》第一部第一卷至第七卷内容述要

巩 梅

摘要：《马藏》第一部第一卷至第七卷共收入1894年到1904年出版的马克思主义早期传播的中文著作37本。本文在列出每一卷具体著作的基础上，对这些著作的主要内容进行了概述和评析。

关键词：《马藏》；马克思主义早期传播

作者简介：巩梅，北京大学马克思主义学院副研究馆员，主要从事文献中心建设和早期马克思主义传播文本研究。

《马藏》是对马克思主义发展过程中相关文献的汇集与编纂，旨在通过对文献的系统整理及其文本的再呈现，把与马克思主义在中国和世界传播与发展的相关文献集大成地编纂荟萃为一体，是马克思主义理论研究的重大基础性学术文化工程。2015年《马藏》编纂与研究工作启动后，经过文献调研普查、专家咨询论证、查找复制原文等工作后，确定了编纂体例和编纂格式。第一批文献主要收集从1871年巴黎公社到1917年俄国十月革命的中文文本，包括专著、译著、期刊文章、报纸新闻、广告等。《马藏》首批编纂完成将于2018年出版的文献集中于1894年到1904年，共有37本译著或专著①，以编年形式呈现，共分为七卷。这些著作中，有被学界公认为在马克思主义早期传播中最有影响的《近世社会主义》；也有学界很少有人提及的《群义衡论》《极乐世界》；有同一日文著作的多个不同译本在同一年先后

---

① 其中个别著作的出版年不在这个时间段，因为是同一日文著作的不同中文译本，为呈现译著的全貌，特别收入本卷。

出版；也有先在报刊中多期连载，后又出版单行本的著作。

在文献收集过程中发现，学界对这段时间内中文文本的研究和早期西方社会主义、马克思主义传播研究的部分成果多有讹夺、失真或者误写等。所以文本呈现是《马藏》编纂与研究的首要工作。在文本呈现的基础上，以页下注释的方式，对原书中的人名、地名、著述、历史事件、组织机构进行注释介绍，对原书中书写、翻译、排版错误进行更正，对于生僻字、异体字、通假字、过去经常使用现在很少使用的字词用语进行说明。在以上两部分工作的基础上，再进行文本评述，以"编者说明"的方式对文本形成的流传过程进行描述，包括介绍底本的原貌、作者、译者、出版机构、历史背景、不同译本和版本演变情况，还包括文中涉及的重要概念和史实、文本传播状况、文本的思想倾向等问题。

一、《马藏》第一部前七卷译介著作

《马藏》首批七卷本第一卷共有七本著作，分别是《百年一觉》（1894年①）、《回头看》（1904年）、《富民策》（1899年）、《大同学》（1899年）、《帝国主义》（1902年）、《二十世纪之怪物帝国主义》（1902年）、《俄罗斯大风潮》（1902年）。

第二卷含五本著作，分别是《第十九世纪欧洲政治史论》的两个不同译本（1902年）、《十九世纪大势变迁通论》（1902年）、《社会改良论》（1902年）、《近世社会主义》（1903）。第三卷包括四本著作，分别是《近世政治史》（1903年）、《人群进化论》（1903年）、《社会进化论》（1903年）、《世界进步之大势》（1903年）。第四卷包括五本著作，分别是《社会主义神髓》在1903年和1907年出版的两本，以及1912年出版的不同译者、不同出版社的两本，共四个译本；《万国历史》（1903年）。第五卷共有七本著作，分别是《广长舌》（1903年）、近世社会主义评论（1903年）、《社会主义》在1903年的三个译本、《社会党》（1903年）、《最新经济学》（1903年）。第六卷收入五本著作，分别是《世界之大问题》（1903年）、《社会主义概评》（1903年）、《群义衡论》（1903年）、《无政府主义》（1903年）、

---

① 出版年以收入《马藏》底本的版权页的出版年为准，个别著作因无版权页，根据序言中提到的时间为据，下同。

《自由血》（1904 年）。第七卷含著作四本，分别是《社会问题》（1903 年）、《新社会》（1904 年）、《极乐世界》（1904 年）、《新大陆游记》（1904 年）。

主要集中在 1894 年到 1904 年出版的三十七本著作中，只有梁启超的《新大陆游记》为中文原著，其他三十六本均为译著。其中，译自英文原著的有《百年一觉》（译自 Looking Backward, 2000—1887）、《回头看》（译自 Looking Backward）、《富民策》（译自 Progress and Poverty）、《大同学》（译自 Social Evolution）、《俄罗斯大风潮》（译自 A History of Socialism 中的一章）五本，另外的三十一本著作均由日文翻译过来。这些作品或者直译，或者转译，或者节译，或者缩译，或者加入译者的个人观点，或者联系当时的国内情况进行阐述。涉及哲学、政治学、经济学、历史学、社会学、文学等各个学科，无论是空想社会主义的小说，还是介绍西方历史、政治、经济、社会发展的译著；无论是整本著作围绕早期社会主义和马克思主义这一主题，还是仅仅提到一下马克思、恩格斯和他们的学说；无论是有的著作先有期刊连载后以单册本出版，还是有的著作被不同作者翻译、不同出版社出版发行，还是有的同一著作被多次印刷再版；无论是在国内印刷，还是在日本留学生群体中发行后漂洋过海传入国内。所有这三十七本著作，呈现出了马克思主义在晚清时期，通过西方来华的传教士、中国留学生，特别是留日学生、封建主义改良派知识分子、资产阶级革命派、无政府主义者、早期进步的知识分子等的介绍和翻译，传入中国的特征。

在对这三十七本著作进行研究和校注、完成编者说明的过程中，《马藏》编纂与研究中心注重求本溯源，从文献源头上入手，对社会背景进行分析研究，充分挖掘马克思主义传入中国的历史条件、社会背景和国际国内环境。不仅仅从国内主要公共图书馆、高校图书馆找到中文本的不同版本和收藏，还通过日本、美国等途径，找到了三十六本著作的英文或者日文原文。因为有的日文著作转译自英文或者德文，我们就继续追根溯源，力求所有研究从最初的著作开始。在研究外文原文和中文译著中发现，译者对原文的理解和把握受到客观条件、主观水平和认识的影响，错译、曲解原意、漏译等现象时有发生，把自己的思想、中国的文化、个人的认知等因素都融入其中，反映出鲜明的个人思想倾向。针对这些情况，《马藏》在编纂过程中进行了纠正和梳理。

二、《马藏》前七卷译介著作评析

美国作家爱德华·贝拉米(Edward Bellamy, 1850—1898)的英文小说《回顾》(*Looking Backward: 2000—1887*),是一部带有空想社会主义性质和改良主义性质的小说。英国传教士李提摩太(Timothy Richard, 1845—1919)译为《回头看纪略》,在《万国公报》1891—1892 年的第 35—39 期连载了部分章节。1894 年广学会将其结集出版,更名为《百年一觉》,采用文言文形式,全书共二十八章。这本译著在世界范围内影响非常大。1904 年 5 月到 10 月,商务印书馆出版的《绣像小说》第 25—36 期中,以《回头看》为名,用白话文形式连载了这部译著。这部译著的中文译本还有多个,在《百年一觉》的编者说明中详细列出,此处不再赘述。因为这本著作影响深远,至今还被收入商务印书馆出版的汉译名著丛书中。

先在《万国公报》上连载,后作为单行本出版的还有《大同学》(1899 年)。1899 年《万国公报》第 121—124 期上连载了由李提摩太和上海蔡尔康合作的翻译之作。原著《社会进化》(*Social Evolution*)由英国社会学家本杰明·基德(Benjamin Kidd,1858—1916)于 1894 年出版。《万国公报》连载只有四章,单行本共十章,以译述的方式表达了《社会进化》的基本内容。这部译著在马克思主义传播史上,是目前能找到的中文文献中第一次提到"马克思"和"恩格斯"的著作。个别研究因为受康有为先生《大同书》的影响①,错把《大同学》误认为《大同书》,实在是学界的误会。马克思和恩格斯的姓名在汉译过程中有多种不同的译法,但是 1899 年在《大同学》中,不仅仅是第一次被译成中文,而且与现在通行的译名一致。学界对于《大同学》的研究很多,无论是集中于早期社会主义思潮、马克思主义研究,还是翻译方法的研究,抑或是进一步研究部分章节和语句是否来源于《共产党宣言》《资本论》的研究,总之,值得学界继续探索。

同样先在《万国公报》(最早见于1894年12月第71册)上连载,后单册出版的还有英文译著《富民策》(1899 年,上海广学会),其原著

---

① 九院校《科学社会主义》联合编写组. 科学社会主义教学参考[M]. 西宁:青海人民出版社,1983:15.

是美国 19 世纪末期著名的社会活动家和经济学家亨利·乔治的 *Progress and Poverty*，1880，其译者是国外传教士马林和马林的中文老师李玉书。这一译著在 1903 年由商务印书馆再次印行，1911 年第三次刊行，由上海美华书馆出版。马林在翻译的过程中，舍弃了原著的部分章节，选择了他认为有助于中国人救国富国的章节，并尽量采用中国人熟知的孔孟之言和俗语。他宣传社会平等、共同富裕的思想，认为"国富不如民富，富一二有资本殖民，不如富天下无衣食之民"。这些思想对孙中山先生的影响非常大。

在这三十七本著作中，有同一日文原著，具有多个中文译本的情况出现，有的是几个中文译本的译名完全相同，有的是译名不同。幸德秋水的著作《社会主义神髓》日文本 1903 年（明治三十七年）7 月 5 日在日本初版，7 月 25 日再版，9 月 5 日第三版，11 月第六版。在 1917 年前出版的，目前找到的中文译本就有四个，题名都是《社会主义神髓》，它们分别是 1903 年 10 月的"达识译社译本"、1907 年的"蜀魂译本"和"创生译本"、1912 年的"高劳译本"。《马藏》第四卷为了将不同的四个译本完整呈现，打破了完全按照年代组成一卷的规律。达识译社译本在日文原著第一版出版两个月后就发行了，足见这本著作在当时的影响。1912 年的高劳译本是目前国内最常见的译本之一，先是在 1912 年由《东方杂志》连载，到 1923 年出版单行本。1906 年（丙午十二月）蜀魂译，日本东京乐群编译社发行的《社会主义神髓》国内学界见到者很少，这次收入《马藏》的版本收藏于日本长野市立图书馆。在之前三十多年来学界对这部译著的提法中，一是把译著"蜀魂"误认为"蜀魂遥"[①]；二是认为还有一位译者是"龙言生"，看到中文文本后，两个误会全部澄清。在该书正文第一页上，写有"蜀魂移译"，"移"被学界当作"遥"字误传。正文前面有"序"，最后署名"誊生识于日本"，封面"社会主义神髓"五个字的左边有三个字"誊生题"，繁体竖排，这显然是封面题字者的签名，却被学界一是误传为"龙言生"三个字，二是认为"龙言生"也翻译了这本著作。比较遗憾的是，"蜀魂""誊生"究竟是谁，还没有结论，期待学界继续研究探索。

此外，本次收入《马藏》第一部的，幸德秋水先生的著作还有《二十

---

① 胡曲园. 马克思主义研究的几个问题[M]. 上海：复旦大学出版社，1983：92.

世纪之怪物帝国主义》（赵必振译，广智书局出版，光绪二十八年七月）和《广长舌》（中国国民丛书社译，上海商务印书馆印行，光绪二十八年壬寅孟冬）。目前找到的《二十世纪之怪物帝国主义》有两个，国家图书馆藏本和南京图书馆藏本，从版权页判断二者是同一个版本，国家图书馆藏本无日文原序，南京图书馆藏本有日文原序。经国家图书馆古籍专家鉴定判断，国家图书馆藏本疑为当年装订时漏装。收入《马藏》的文本含日文原序。《广长舌》的日文原书为《长广舌》，中文译本名为《广长舌》（1902 年）和《社会主义广长舌》（1912 年），两个版本内容相同，但书名和出版时间不同。然而，国内不少著作在介绍本书时，往往将上文所述的中文译本的信息混淆。例如，有学者提出：1902 年，商务印书馆出版了《社会主义广长舌》①。也有学者在译本的出版时间和原著名的表述上有误。例如，有学者在其著作中写道："1902 年 12 月，幸德秋水的《广长舌》由中国国民丛书社翻译，商务印书馆出版。"②这种表述有几个错误：第一，该书的出版时间是光绪二十八年十月，而非十二月；第二，《广长舌》是中文译名，日文原著书名为《长广舌》。

村井知至的《社会主义》日文本于1899年7月出版，现在找到的中文译本一共三个，全部收入《马藏》第五卷，它们分别是《翻译世界》连载本（光绪二十八年至光绪二十九年分三期连载，译者不详）、罗大维译本（光绪二十九年三月，广智书局）、侯士绾译本（光绪二十九年五月，文明书局发行）。《社会主义》在日本的出版时间早于片山潜先生的《我的社会主义》（1903 年）和幸德秋水先生的《社会主义神髓》（1903 年），被认为是最早让日本人了解社会主义思想的概说书③。清末年间中国知识分子在一年内翻译为三个不同版本。充分说明了当时社会主义思想的传播和影响。目前国内对这本著作的研究并不是很多，特别是对作者、著作本身以及翻译者很少提及。《马藏》将三个版本一起呈现，并提供校注专家的编者说明，希望未来有学者继续研究。

---

① 例如，高瑞泉指出：1902 年"商务印书馆出版《社会主义广长舌》一书"。参见高瑞泉. 中国近代社会思潮[M]. 上海：上海人民出版社，2007：274. 冯志杰也认为，"1902年商务印书馆出版的幸德秋水的《社会主义广长舌》"。见冯志杰. 中国近代翻译史：明清卷[M]. 北京：九州出版社，2011：121. 张陟遥也将 1902 年出版的书名为《社会主义广长舌》。参见张陟遥. 播火者的使命——幸德秋水的社会主义思想及其对中国的影响[M]. 北京：社会科学文献出版社，2013：200.

② 皮明麻. 近代中国社会主义思想觅踪[M]. 长春：吉林文史出版社，1991：54.

③ 田中真人. 村井知至："社会主义"以后[J]. キリスト教社会问题研究，1996（12）：167.

岛田三郎先生的日文著作《社会主义概评》出版于 1901 年（明治三十四年，警醒社书店），其日文著作的封面上还有"世界之大问题"六个字。这本著作的不同中文译本，目前《马藏》收集到了三个，分别是《世界之大问题》（通社译，光绪二十九年二月）、《社会主义概评》（光绪二十九年八月，作新社）、《群义衡论》（光绪癸卯，即 1903 年）。前两个译本被学界提到的较多，但也有误传，如把《世界之大问题》当作《世界三大问题》[①]。而《社会主义概评》的封面因为印刷为"社界主义概评"，在查找底本的过程中经历了一番周折。这次收入《马藏》的《社会主义概评》以美国加利福尼亚大学伯克利分校东亚图书馆的馆藏为底本，这也是《马藏》向全世界征集本子的成果。底本上写有"由江亢虎捐赠"。《群义衡论》现在依据的底本无版权页，译者为金匮侯明杰广。该译本的最大特点是把"社会主义"翻译为"群义"，把"社会党"翻译为"群党"。在近代翻译史上，严复先生把斯宾塞的《社会学研究》译为《群学肄言》，但是把"社会主义"翻译为"群义"的例子不多见，"群党"的传统意义与"社会党"也并不一致。《群义衡论》在马克思主义传播史上的意义，目前在学界研究甚少。《马藏》在编纂中以中文序言注明的时间作为出版时间，期待将来有更多的研究。

无政府主义在中国早期社会主义传播史上起到非常重要的作用，1902年至1905年被学界认为是无政府主义传入中国的时期[②]。《马藏》收入的1905 年前的相关著作有《俄罗斯大风潮》（英国克喀伯著，中国独立之个人译，光绪二十八年）、《无政府主义》（自然生译）和《自由血》（金一编译，镜今书局，中历甲辰年）三本。《俄罗斯大风潮》译自英文《社会主义史》（*A History of Socialism*）的第十章，无政府主义。在查找原文中，以《大风潮》为题名的书也找到另一个版本，内容、出版时间与《俄罗斯大风潮》基本一致，但印刷刻板技术粗糙很多。经过研究，认为是正版《俄罗斯大风潮》的盗版，这也只是《马藏》的一家之言，希望得到学界的斧正。《无政府主义》和《自由血》均被认为译自日本烟山专太郎的著作《近世无政府主义》（1902 年，东京专门学校出版部）。署名自然生的中文版《无政府主义》以黄帝纪年方式注明，经大量考察，认为

---

① 张付，刘东建. 马克思主义传播研究[M]. 北京：中国传媒大学出版社，2014：140.

② 蒋俊，李兴芝. 中国近代的无政府主义思潮[M]. 济南：山东人民出版社，1991：5.

出版时间是 1903 年。作为无政府主义代表译著中最为详细的《自由血》，也仅仅是对日文原著（《俄国虚无主义》）前编的编译。在对"无政府主义""民粹主义""虚无主义""虚无党"等术语的介绍中，也含有关于马克思、世界社会主义运动、国际共产主义运动的信息。该书共有 9 处地方提到了马克思，且包含了"马克思之主义"、"马克思之力"（实际上就是马克思主义的影响）、"马克思党"、"马克思派"、"马克思社会运动"、马克思的《资本论》等。

有贺长雄的日文原著《社会进化论》有两个中文译本，分别是《社会进化论》（侯官萨端译，闽学会，光绪二十九年四月）、《人群进化论》（顺德麦仲华，广智书局，光绪二十九年五月），两本中文译著前后只差一个月，虽然通篇没有提到马克思和马克思主义，但是越来越多的学者注意到社会进化论对马克思主义的影响。这一著作传入中国，加深了中国知识分子对竞争意识、忧患意识的认识，催生了民族主义思潮，建构了马克思主义进入中国的新环境。对于日后中国先进知识分子选择在社会形态上高于资本主义的社会主义奠定了基础。

同一日文原著有两个不同题名的中文译著的还有矢野文雄 1902 年由日本图书株式会社发行的《新社会》，中文译著分别是《新社会》（作新社，光绪二十九年一月）、《极乐世界》（中国披雪洞主译，广智书局，光绪二十九年二月）。二者又是前后相差一个月。《大陆报》曾经连载过《新社会》部分章节。这部理想小说反映出作者对现实的不满和对未来理想社会的美好想象。另外，因为"矢野文雄"又名"矢野龙溪"。国内有人在研究中把"龙溪"误写为"尤溪"。

19 世纪末和 20 世纪初，研究未来发展趋势的著作也不能绕开马克思主义。在这些著作中，《马藏》选取了两种，《十九世界大势变迁通论》和《世界进步之大势》。其他被学界提到的著作中有"大势"，或者"未来"的著作，如《现今世界大势论》[①]（光绪二十八年，广智书局）、《未来世界论》[②]（光绪二十九年，文明书局），因为对于马克思主义的传播作用不大而未收入《马藏》。

---

① 《社会主义思想在中国的传播》编写组. 社会主义思想在中国的传播（资料选辑之一）：第 1 辑：上[M]. 北京：中共中央党校，1985：12.
② 《社会主义思想在中国的传播》编写组. 社会主义思想在中国的传播（资料选辑之一）：第 1 辑：上[M]. 北京：中共中央党校，1985：12.

历史类书籍也谈及马克思主义和社会主义,《第十九世纪欧洲政治史论》《近世政治史》《万国历史》等书收入《马藏》第一部。酒井雄三郎的日文著作《第十九世纪欧洲政治史论》出版于 1900 年 3 月,1900 年 12 月和 1901 年 1 月,被《译书汇编》第一期和第二期连载,但是仅仅出版了前两章。华文祺译本(光绪壬寅季春,教育世界出版所)和作新社译本(光绪二十八年)在 1902 年春季和秋季先后出版,两本书中都提到了马克思和国际共产主义运动中的若干重大事件。前者将马克思译为"卡尔马格",后者译为"克豆麦鲁克斯",说明了马克思的名字在汉译过程中的不同译法。两个底本在排版、印刷、装订等方面完全不同,但保存 100 多年后至今仍清晰完整。

《近世政治史》在当时影响很大,先在《译书汇编》中连载,后又出版单行本,再后来又收入作新社 1903 年到 1905 年陆续出版的《政法类典·历史之部》中。收入《马藏》的《近世政治史》主要讲述了德意志、俄罗斯、法兰西三个国家在 19 世纪后期的政治历史。其中,在德国部分,讲述了马克思、拉萨尔、德国社会党、第一国际、李卜克内西、倍倍尔等马克思主义发展史、国际共产主义运动史上相关人物、事件、活动的介绍。这是汉译西学著作中对上述内容的较早传介。

《万国历史》作为当时的教材,在 1902 年一年中就出版了六版。书中有 10 幅精美的彩色地图,向中国人普及历史知识的同时也普及了世界地理知识。尽管篇幅不多,但是书中将德国马克思译为"德国之咖尔吗克司",并称其"皆思拯贫民之急"。还提到了"国家社会主义"。

这些不同学科的译著充分说明,晚清民国时期,马克思主义在中国的传播主题并不突出,理论并不完整系统,在认识和接受西方马克思主义的过程中,中国人是从多个方面逐步开始并逐渐深入的。

还有被学界提到的《近世外交史》(光绪二十九年,作新社)、《欧洲最近政治史》①(光绪二十九年,商务印书馆)、《法兰西近世史》(明治三十五年,出洋学生编辑所)、《政治原论》(光绪二十八年,广智书局)等著作,从内容上看,并不完全符合马克思主义在中国早期传播的范围,《马藏》最后没有收入。

---

① 《社会主义思想在中国的传播》编写组. 社会主义思想在中国的传播(资料选辑之一):第 1 辑:上册[M]. 北京:中共中央党校;1985,12.

几乎全部谈及中国早期马克思主义传播的文章、书籍都会提到《近世社会主义》《社会党》《社会改良论》《社会问题》《帝国主义》《最新经济学》等译著。这些文本此次全部收入《马藏》。由日本学者福井准造著、赵必振翻译的《近世社会主义》，于1903年2月出版，被学术界认为是"近代中国系统介绍马克思主义的第一部译著"[①]。书中以较大的篇幅和称颂的语言，第一次向中国读者系统地介绍了卡尔·马克思（书中译作"加陆马陆科斯"）的生平和学说，剩余价值理论；马克思和恩格斯的《哲学的贫困》《共产党宣言》《英国工人阶级状况》《政治经济学批判》《资本论》等著作的写作过程；第一国际的活动，以及巴黎公社的情况。书中称赞《资本论》是"一代之大著述，为新社会主义者发明无二之真理"。这本书对马克思主义在中国的早期传播，具有重要的意义[②]。

《最新经济学》（光绪二十九年，作新社版）作为《马藏》首批前七卷中唯一的经济学著作，具有非常重要的价值。它的日文原著是田岛锦治的著作《最新经济论》，（1897年，有斐阁书房发行）。在作新社的中文单行本出版之前，曾经在《大陆报》第一期（1902年12月）和第二期（1903年1月）上连载。译名为《最近经济学》。就在《大陆报》开始连载此文的同一月份，《翻译世界》也开始连载译文名为《最近经济学》的文章。从翻译风格上看，优于作新社版。《最新经济学》共有15处介绍或者讨论了与马克思经济学相关的内容，对于共产主义派和社会主义派这两项的介绍，基本保留了日文的原义，但是其中重要的内容并没有全部被译出。对马克思主义经济学相关理论的介绍比较粗略，主要还停留在空想社会主义的层面，它在马克思主义传播史上的意义和作用，有待进一步研究探讨。

《新大陆游记》（新民丛报社）是三十七本著作中唯一一本中文著作，是梁启超先生1903年自日本出发游历加拿大、美国的游记。其中第9节、11节、14节、15节等多处涉及"托拉斯"、社会主义、马克思主义等内容，真实体现了那一时期梁启超对待社会主义的矛盾心理。尽管如此，梁启超先生毕竟是直接接触了西方社会，接触了西方的马克思主义者，听取了他们讲述马克思的学说，接受了他们赠送的有关社会主义的纲

---

① 姜义华. 我国何时介绍第一批马克思主义译著[N]. 文汇报，1982-07-26.
② 熊月之. 西学东渐与晚清社会[M]. 上海：上海人民出版社，1994：643-645.

领和书籍，并将这些情况和学说介绍给中国读者的较早一人。

《马藏》首批前七卷绝大部分为1908年前的中文译著，在研究中发现，这部分书籍由于年代久远、有的发行量少、部分发行地在国外、部分书籍被清政府或者北洋政府列为禁书等原因，使得资料的收集工作难度较大。这也使得部分学者在研究中看到原始底本非常困难，造成了很多误传。在将这些尘封100多年的译著重新呈现时发现，除了对早期文本进行研究外，理清马克思主义在中国早期传播的过程、途径、影响，到逐渐被国人接受的过程，对于今天有非常重要的意义。《马藏》在编纂与研究中，非常注重对文中人名、地名、重要事件、主要思潮的研究，也非常注重对文本的译者、出版社、出版者、出版时间、后续版本的研究，但是根据现有的材料，对少量人名、地名、著者、译者等还是没有完全搞清楚，期待国内外更多的研究帮助。

Summary of the Contents of *Ma Zang*, Part I, Volumes 1-7

Gong Mei

Abstract: 37 Chinese-version books during the early spread of Marxism published from 1894 to 1904 are included in *Ma Zang*, Part I, Volumes 1-7. Based on listing the book titles in each volume, summary and comments to the main contents of these works are made in this paper.

Key words: *Ma Zang*; early spread of Marxism

《近世社会主义》所载《共产党宣言》结束语

"同盟者望无隐蔽其意见及目的，宣布吾人之公言，以贯彻吾人之目的。惟向现社会之组织，而加一大改革，去治者之阶级，因此共产的革命而自警。然吾人之劳动者，于脱其束缚之外，不敢别有他望，不过结合全世界之劳动者，而成一新社会耳。"

（巩梅摘）